Thomas Wilhelm Albrecht

Kampfrhetorik

Thomas Wilhelm Albrecht

KAMPF RHETORIK

So werden wir
gegen unseren Willen beeinflusst –
und was wir dagegen tun können

GOLDEGG
VERLAG

Bildrechte Autorenfoto: Picture People
Bildrechte Umschlag: Alexandra Schepelmann/donaugrafik.at

Der Verlag und seine Autoren sind für Reaktionen, Hinweise oder Meinungen dankbar. Bitte wenden Sie sich diesbezüglich an verlag@goldegg-verlag.com.

Der Goldegg Verlag achtet bei seinen Büchern und Magazinen auf nachhaltiges Produzieren. Goldegg Bücher sind umweltfreundlich produziert und orientieren sich in Materialien, Herstellungsorten, Arbeitsbedingungen und Produktionsformen an den Bedürfnissen von Gesellschaft und Umwelt.

ISBN: 978-3-99060-182-2

Unter den Linden 21 • D-10117 Berlin
Telefon: +49 800 505 43 76-0

Goldegg Verlag GmbH, Österreich
Mommsengasse 4/2 • A-1040 Wien
Telefon: +43 1 505 43 76-0

E-Mail: office@goldegg-verlag.com
www.goldegg-verlag.com

Layout, Satz und Herstellung: Goldegg Verlag GmbH, Wien
Printed in the EU

Inhaltsverzeichnis

Kampfrhetorik: Todeshammer oder Werkzeug? 12

Warum wir Menschen so leicht beeinflussbar sind 16
Aufmerksamkeit und Anerkennung bekommen 18
Brauchen Menschen Sicherheit und Gewissheit? 19
Zugehörigkeit ausdrücken 20

Wie wir uns täuschen lassen, und es nicht bemerken 23
Trance und hypnotische Zustände herstellen, die das Bewusstsein ablenken 24
Wie wissen Sie, was real und wirklich ist? 28
»Das weiß doch jedes Kind!« – Oder doch nicht jedes? . 30

Es geht um das »Wie« – wem schenken wir Glauben? 34
Persönliche Angriffe bringen aus dem Konzept
CDU-Abgeordneter Philipp Amthor zerpflückt den Burka-Antrag der AfD 37
Kontrasteffekte und Metaphern als Waffen
Vize-Kanzler Werner Kogler erklärt am 3. April 2020 die Corona-Maßnahmen der österreichischen Bundesregierung aus Sicht der Grünen 45
Am glatten Interview-Parkett – wer stolpert zuerst?
Bundeskanzler Sebastian Kurz am 6. April 2020 im ZiB2-Interview mit Armin Wolf über die Corona-Maßnahmen 50
Ist Provokation alles?
Herbert Kickl verurteilt am 22. April 2020 die Corona-Maßnahmen der Regierung 71
Attacke! – Im Angriffsmodus
HC Strache präsentiert am 15. Mai 2020 das Team HC Strache 85

Aktiviere den Herdentrieb!
Boris Johnson gibt am 10. Mai 2020 ein Update zum aktuellen Covid-19-Lockdown in den BBC News 106
Nutze die Gefühle!
Donald Trump am 29. Mai 2020 über den gewaltsamen Tod von George Floyd 116
Vage und verdreht
Gerald Grosz spricht am 7. Juni 2020 für den Deutschland Kurier über die Scheinheiligkeit europäischer Wohnzimmersolidarität 119
Angreiferisch, vorwurfsvoll, inhaltsleer
Sahra Wagenknecht kritisiert am 29. Juni 2020 die Maßnahmen der deutschen Bundesregierung im Rahmen des Corona-Konjunkturpakets 124
Ruhig und nur scheinbar sachlich
Angela Merkel spricht am 8. September 2020 zu den Herausforderungen für den öffentlichen Gesundheitsdienst 130

Die Sprache der Kampfrhetorik 135
Sprache findet in uns statt 138
Erfahrungen werden verändert: Tilgung, Generalisierung und Verzerrung 140
Was Oberfläche und Tiefe miteinander zu tun haben ... 143
Fragen über Fragen und die Suche nach Antworten 145

Einsichten in die Tiefe – das Meta-Modell 147
Was wird weggelassen? – Das Meta-Modell Muster der Tilgung 148
Was macht uns hilflos? – Das Meta-Modell Muster der Generalisierung 153
Was schränkt uns ein? – Das Meta-Modell Muster der Verzerrung 156

Warum Kampfrhetorik funktioniert 167
Trance als Zugang zum Unbewussten 169

Das Milton-Modell und das Meta-Modell 174
Rapport aufbauen und halten 175
Das Bewusstsein mittels Milton-Modell-Muster der Tilgung ablenken 181
Das Bewusstsein mittels Milton-Modell-Muster der Generalisierung ablenken 182
Das Bewusstsein mittels Milton-Modell-Muster der Verzerrung ablenken 183
Machen Sie sich unbewusste Ressourcen zugänglich ... 185

Geschichten, die die Welt verändern – Metaphern 191
Alltagsmetaphern 192
Ankern 195
Realitätsstrategien 196

Unsere täglichen fatalen Denk-fehler – kognitive Verzerrungen 202
Der Dunning-Kruger-Effekt 203
Der Selbstüberschätzungs-Effekt 204
Der HALO-Effekt 204
Der Priming-Effekt 206
Der Kontrast-Effekt 208
Der Bestätigungsfehler-Effekt 209
Der Verfügbarkeitsfehler-Effekt 210
Der Ankerheuristik-Effekt 211
Der Verlustaversionsfehler-Effekt 212
Der Truthahn-Illusions-Effekt 212
Der Verzerrungsblindheits-Effekt 214
Der Beharren-auf-Überzeugungen-Effekt 214
Der Aufmerksamkeitsfehler-Effekt 215
Der Kognitive-Dissonanz-Effekt 217
Der Social-Proof-Effekt 218
Der Autoritäts-Effekt 218
Der Reziprozitäts-Effekt 221
Der Knappheits-Effekt 222

Der Wahrheits-Effekt 223
Der Mitläufer-Effekt 223
Der Emotionale-Beweisführungs-Effekt 224
Der Default-Effekt 225
Der Decoy-Effekt 226
Der Einfachheits-Effekt 227

Haben Dinge Bedeutung oder geben wir sie ihnen? 228
Der Rahmen macht den Unterschied – Framing und Re-Framing 230

Die Kunst, Recht zu behalten 235
Kunstgriffe zur Ablehnung von Behauptungen 236
Kunstgriffe zur Einstreuung von Annahmen 237
Kunstgriffe in Form von Frage-und-Antwort-Spielen ... 239
Kunstgriffe, den Gegner zu Zugeständnissen zu bringen 243
Defensive Kunstgriffe zur Untergrabung von Behauptungen des Gegners 245
Kunstgriffe, die den Gegner dazu bringen, sich selbst zu widerlegen 248
Taktische Kunstgriffe, die den Verlauf des Disputs betreffen 250
Kunstgriffe zur Zurückweisung 252
Kunstgriffe zur unmittelbaren Beendigung des Disputs 254

Körpersprache und Stimme wirken 257
Der Mythos von Mehrabian 257
Wie wir durch den HALO-Effekt täuschen 258
Wie Satir-Typen ohne Worte sprechen 258
Stimme, Intonation und Augenkontakt 261

Zum Schluss … 264

Vorwort

Sie manipulieren andere Menschen bei jeder Form der Kommunikation zu jedem Zeitpunkt. Sie wenden Kampfrhetorik an, ohne es zu wissen. Ja, mit »Sie« meine ich Sie, verehrte Leserin und verehrter Leser! Ich möchte Sie etwas in Schutz nehmen: Sie können gar nicht anders, Sie machen es unabsichtlich. In Ihrer Umgebung gibt es jedoch Menschen, die es mit Absicht machen. Menschen, die versuchen, Sie zu manipulieren, Ihre Gedanken gefügig zu machen. Nicht zu Ihrem Vorteil, sondern ausschließlich zu deren Nutzen.

Das Wort »Manipulation« bedeutet wörtlich übersetzt »Handhabung«. Was hat Handhabung mit Kommunikation zu tun? Was davon ist *Kampfrhetorik*? Wie werden Manipulation und Kampfrhetorik verwendet und wie kann ich mich wehren? Diesen und weiteren Fragen gehe ich in diesem Buch auf den Grund. Gemeinsam analysieren wir Reden und Ansprachen und schauen, wie Menschen agieren, um zu überzeugen. Sie werden bemerken, die dahinterliegenden Muster aufzudecken, ist sogar relativ einfach, wenn man sie kennt. Darum geht es in diesem Buch, diese Muster aufzuspüren und kennenzulernen! Kampfrhetorik ist nicht eine einzelne Handlung oder ein einzelnes Sprachmuster. Kampfrhetorik ist Rhetorik, die für den Zuhörer nachteilige Konsequenzen hat. Sie verleitet ihn zu Gedanken und Handlungen, die für ihn nachteilig sind oder ihn schädigen.

Warum sind die Begriffe »Kampfrhetorik« und »Manipulation« so negativ besetzt? Der Grund ist einfach: Wenn wir von Handhabung sprechen, meinen wir, etwas zu gebrauchen oder zu verändern, und zwar zu unserem eigenen Vorteil. Die Handhabung von Geräten und Maschinen geschieht in der Form, dass wir etwas erreichen wollen. Das Gerät soll etwas hergeben, einen Dienst vollbringen, die Maschine soll produzieren, und zwar fehlerfrei. Dazu braucht es Befehle und Kommandos, die wir den Maschinen geben.

Früher über Schalter und Knöpfe, heute über Touchscreens. Übertragen wir den Begriff Handhabung auf Menschen, dann wird sehr schnell klar, dass er negativ besetzt sein muss. Die sprachliche Technik zur Manipulation bezeichnen wir als Kampfrhetorik. Wir verwenden Sprachmuster, die geeignet sind, in Menschen Befehle und Kommandos auszulösen. Den Ausdruck »Knöpfe drücken« kennen wir aus dem alltäglichen Sprachgebrauch, wenn andere auf scheinbar unbedeutende Aussagen überreagieren. Menschen sind keine Maschinen. Menschen handhabt man nicht. Mit Menschen geht man wertschätzend um. Dennoch manipulieren wir ununterbrochen. Warum ist das so?

Mit jedem Gedanken, den wir haben, lösen wir einen nächsten Gedanken aus. Stellen wir uns vor, wir möchten trotz der derzeitigen Umstände unseren nächsten Urlaub planen. Wir erinnern uns an Erlebnisse aus der Vergangenheit, wir machen Pläne für die Zukunft oder wir erstellen Checklisten, Einkaufslisten, Projektpläne oder Ähnliches. Jeder Gedanke lässt uns etwas fühlen. Wir fühlen, ob sich der Gedanke gut oder schlecht anfühlt. Wir vergleichen unbewusst mit unseren Werten, mit den Dingen, die uns wichtig sind. Passen Gedanken und Werte zusammen, dann ist das Gefühl positiv. Passen sie nicht zusammen, dann haben wir ein schlechtes, ein negatives Gefühl. Gefühle wiederum machen etwas mit unserem Körper. Sie haben sicherlich schon beobachtet: Menschen, die sich wohlfühlen, sehen gut aus und Menschen, die gut aussehen, fühlen sich wohl. Menschen, die sich schlecht fühlen, denen sieht man es an. Körperhaltung, Mimik, Gestik, Hautfalten, Bewegungsgeschwindigkeit und viele weitere Merkmale sprechen ihre eigene Sprache: die Körpersprache. Haben Sie schöne Erinnerungen und Vorstellungen, werden Sie ein Lächeln in Ihrem Gesicht bemerken, einen entspannten Körperzustand genießen. Sind die Erinnerungen nicht so prickelnd, dann kommt vielleicht ein leichter Ärger hoch, ein ernster Gesichtsausdruck macht sich breit und Ihre Schultern sind nach oben gezogen. Letztendlich ist unser gesundheitlicher Zustand ein Ausdruck von Körpersprache.

Jetzt haben wir in unserem Gedankenexperiment noch gar nicht mit anderen Menschen kommuniziert, sondern ausschließlich mit uns selbst – und schon haben wir uns selbst manipuliert. Durch die Handhabung unserer Gedanken, durch die Art und Weise, wie wir damit umgegangen sind, hat sich unser körperlicher Zustand verändert, und unsere Gedanken haben sich verändert. Überprüfen Sie an sich selbst, wenn Sie an die Herausforderung in Ihrem Beruf, Ihre Familie, die wirtschaftliche Lage oder an die aktuellen Reisemöglichkeiten denken: Wie verändern sich Ihr emotionaler und Ihr körperlicher Zustand?

Was passiert jedoch in der zwischenmenschlichen Kommunikation? Dort ist es nicht viel anders. Wir geben unsere Gedanken durch Sprache preis, wenn wir über unsere Urlaubsplanungen, den schwierigen Chef oder die aktuelle Wirtschaftslage sprechen. Durch Körperbewegungen des Mundes und Rachenraums verbunden mit Atmung werden Gedanken zu Schallwellen, die unseren Körper verlassen und am Körper unseres Gesprächspartners auftreffen, vornehmlich am Trommelfell unseres Gegenübers. Dort werden sie vom Gehör in Nervenimpulse umgewandelt und ins Gehirn geleitet. Die von uns produzierten Schallwellen werden also zu Gedanken im Gehirn der anderen Person, dort positiv oder negativ bewertet, kommen durch Körpersprache wieder zum Ausdruck und landen letztendlich wieder durch Schallwellen bei uns, wo sie wieder zu Gedanken werden … Eine unendliche Abfolge, wenn Menschen miteinander reden. Die gegenseitige Manipulation macht ihre Runden. Dasselbe gilt im übertragenen Sinne, wenn wir einem Gespräch zuhören, einer Rede folgen oder einen Artikel lesen.

KAMPFRHETORIK: TODESHAMMER ODER WERKZEUG?

Hat Ihr Gesprächspartner etwas für Sie Positives oder eher etwas Negatives im Sinn? Was auch immer seine Absicht ist, er wird danach handeln. Die Absicht des Redners macht den entscheidenden Unterschied. Es geht um Ethik. Ethik ist nach Aristoteles die Lehre vom Gelingen des Lebens. Beabsichtigt mein Gesprächspartner eine Kommunikation mit mir zu führen, die ihm beim Gelingen seines Lebens hilft, meinem aber schadet, dann ist es Manipulation in dem Sinne, wie Manipulation umgangssprachlich verstanden wird. Ist die Absicht, unsere beiden Leben zu verbessern, genauer gesagt, das Leben aller an der Sache beteiligten Personen zu verbessern, dann ist es ethisch korrekt.

> “ *Kampfrhetorik ist das sprachliche Werkzeug der Manipulation. Sie verleitet den Zuhörer zu Gedanken und Handlungen, die für ihn nachteilig oder schädlich sind. Im Extremfall hat der Zuhörer sogar ein subjektiv gutes Gefühl dabei.*

Die Absicht, die hinter der Kommunikation steckt, macht den entscheidenden Unterschied, ob es sich um wohlwollende Rhetorik oder um Kampfrhetorik handelt. Die verwendeten rhetorischen Werkzeuge sind dieselben, hier gibt es keinen Unterschied. Die Absicht der Anwendung macht es aus. Genauso, wie man einen Hammer dafür verwenden kann, um ein schönes Bild aufzuhängen, das den Wohnraum verschönert, oder damit eine teure Vase zertrümmern kann. Der Hammer ist in beiden Fällen derselbe. Die Verwendung auch. Die Absicht macht den Unterschied im Ergebnis.

Wir können rhetorische Muster und sprachliche Argumentationswerkzeuge dazu verwenden, unsere Absichten in die Tat, in die Realität umzusetzen. Hat Ihr Freund vor, eine Investition zu tätigen, von der Sie wissen, dass sie ihm nicht guttun wird, werden Sie alle Ihre sprachlichen argumentatorischen Fähigkeiten einsetzen, um ihn von diesem Fehltritt abzuhalten, und wenn Sie ihn dazu lautstark überreden und überlisten müssten. Würden Sie dies als Kampfrhetorik bezeichnen? Wahrscheinlich nicht. Wenn nun aber ein Verkäufer Sie mit feiner Sprache davon überzeugen möchte, eine Heizdecke zu kaufen, die Sie niemals brauchen werden, ist es dann Kampfrhetorik? Wahrscheinlich schon.

> “ *Die Absicht macht den Unterschied.*

Kampfrhetorik muss nicht laut sein, nicht ausfällig im Wortgebrauch sein. Sie kann sehr leise sein, sehr angenehm in der Sprache, und dennoch: Im Endergebnis wurde das Gelingen Ihres Lebens negativ beeinflusst. Vielleicht haben Sie sich beim Gespräch sogar wohlgefühlt, vielleicht haben Sie es bis heute nicht einmal bemerkt, von jemand anderem geschädigt, missbraucht und manipuliert worden zu sein.

In diesem Buch finden Sie ausgewählte Reden und Interviews von Philipp Amthor, dem ehemals jüngsten CDU-Abgeordneten im Deutschen Bundestag, Werner Kogler, Österreichs Vizekanzler von den Grünen, Bundeskanzler Sebastian Kurz im Gespräch mit Zeit-im-Bild-2-Moderator Armin Wolf, dem FPÖ-Parteiobmann Herbert Kickl, dem Obmann der Bürgerbewegung HC Strache – Allianz für Österreich Heinz-Christian Strache, dem britischen Premierminister Boris Johnson, US-Präsidenten Donald Trump, dem ehemaligen BZÖ-Abgeordneten Gerald Grosz, der deutschen Bundestagsabgeordneten der Linken, Sahra Wagenknecht, und der deutschen Bundeskanzlerin Angela Merkel.

Vielleicht fragen Sie sich, warum ich Politikerinnen und Politiker als Beispiele bringe, wenn doch Kampfrhetorik in allen Lebensbereichen Anwendung findet? Der Grund ist einfach. Wir finden von Politikern unzählige YouTube-Videos, die wir analysieren können. Aussagekräftige und nachvollziehbare Beispiele aus dem Privat- oder Berufsleben zu finden, ist jedoch eher schwierig.

Ich habe deren Reden transkribiert, analysiert und absatzweise kommentiert. Die URLs der als Quelle verwendeten YouTube-Videos finden Sie jeweils am Beginn eines jeden Kapitels. Die zusammenfassenden Ergebnisse stelle ich in den folgenden Kapiteln dieses Buchs dar. Die besagten transkribierten und kommentierten Reden finden Sie im Mittelteil. Im hinteren Teil dieses Buchs finden Sie als interessierter Leser und interessierte Leserin die dazugehörige Theorie mit vielen weiteren Praxisbeispielen für den täglichen Gebrauch.

Mir ist es ein Anliegen, dass Sie in die Lage versetzt werden zu erkennen, wann Menschen mit negativen Absichten sprachliche Muster, also Kampfrhetorik, verwenden, um zu versuchen, Sie zu manipulieren. Nur wer diese Muster kennt, kann ihnen begegnen. Der Trick der Abwehr kampfrhetorischer Muster liegt darin, konkret und richtig zu hinterfragen, was Sie von Ihrem Gesprächspartner oder der Rednerin serviert bekommen.

Sobald Ihnen Sprachmuster und Aussagen Ihres Partners, Ihrer Chefin oder Ihrer Kollegen, wie z. B. »*Das haben wir schon immer so gemacht*« oder »*Wann wirst du das endlich besser machen?*«, komisch vorkommen und Sie bis dato nur schweigend in Schockstarre fielen, so können Sie nach der Lektüre dieses Buchs mit einer gezielten Frage Klarheit bringen und den einen oder anderen Manipulationsversuch auffliegen lassen.

Sie werden erfahren, wie Politiker und Journalistinnen arbeiten und welche kampfrhetorischen Techniken diese zur Manipulation einsetzen. Mehr möchte ich an dieser Stelle jedoch nicht verraten, lesen Sie selbst.

Viel Spaß und zahlreiche Erkenntnisse wünscht Ihnen

Ihr

Thomas Wilhelm Albrecht

PS: Besuchen Sie meine Webseite zum Buch:
kampfrhetorik.info.

WARUM WIR MENSCHEN SO LEICHT BEEINFLUSSBAR SIND

Haben Sie sich schon einmal die Frage gestellt, welche Menschen Sie mehr mögen: jene, die Ihnen ähnlich sind, oder jene, die ganz anders sind als Sie? Ich glaube, die Antwort ist einfach: Wir Menschen mögen jene Menschen, die so sind wie wir selbst oder die so sind, wie wir gerne wären.

Warum ist das so? Wir nehmen unsere Umwelt, somit andere Menschen, über unsere Sinnesorgane wahr. Wir sehen, hören, fühlen, riechen und schmecken. Diese Wahrnehmungen vergleichen wir mit unseren bisherigen Lebenserfahrungen. Dieser Vorgang läuft vollkommen unbewusst und sehr schnell, in Bruchteilen von Sekunden, ab. Ist das Ergebnis des Vergleichs positiv, im Sinne von *»diese Person ist so wie ich, die kenne ich«*, dann entwickeln wir Sympathie. Ist das Ergebnis negativ, dann mögen wir diese Person zunächst nicht oder sind skeptisch. Alle unsere Erfahrungen mit Gruppen, wo wir dabei sein durften oder auch nicht oder Teil werden konnten, bestätigen dies. Genauso unsere Erfahrungen mit »Fremden«, mit Menschen aus anderen Kulturen, spiegeln dies wider.

Wenn uns also jemand beeinflussen möchte, wird diese Person alles daransetzen, einen guten Eindruck zu hinterlassen. Sie wird sich so wie ich zu präsentieren versuchen, wie es uns selbst entspricht, oder so, wie wir gerne wären. Sitzen zwei vertraute Menschen im Kaffeehaus tief ins Gespräch vertieft an einem Tisch, können wir oft bemerken, dass deren Körperhaltungen sehr ähnlich sind, meist spiegelsymmetrisch. Das ist ein äußeres Zeichen von Beziehung zueinander. Man bezeichnet den Zustand, in dem sich die beiden befinden, als *»Rapport«*.

Rapport herzustellen ist einfach: Verhalten Sie sich so, wie Sie es an der anderen Person gerade erleben. Dies betrifft Körperhalten, Sprechgeschwindigkeit, Lautstärke, Tonlage, Wortwahl, Ausdrucksweise, Kleidung und vieles mehr. Einfach alle Parameter, die Sie an einem anderen Menschen beobachten können und die Sie in einer Personenbeschreibung anführen würden. Diesen Prozess bezeichnet man als *»Spiegeln«* oder *»Mirroring«*.

Wir Menschen haben unterschiedliche Bedürfnisse. Befriedigt eine andere Person das eine oder andere dieser Bedürfnisse, so entwickeln sich Sympathie und Zutrauen. Ein guter Rhetoriker mit edlen Absichten wird auf die Bedürfnisse seiner Gesprächspartnerinnen und Gesprächspartner eingehen, er wird ebenso Rapport aufbauen. Ein guter Rhetoriker mit schlechten Absichten allerdings auch.

Aber Achtung: Bemerken Sie, dass Ihnen jemand zu allem, was Sie sagen, dauernd zu hundert Prozent zustimmt, ist Vorsicht geboten! Finden Sie jemanden, der Ihnen komplett fremd ist, innerhalb weniger Minuten super sympathisch und Sie stellen mit ihm außerdem fest, dass Sie viele Gemeinsamkeiten haben, seien Sie sehr wachsam! Möglicherweise hat gerade jemand mit dem Versuch begonnen, Sie zu manipulieren.

Aufmerksamkeit benötigen wir von unserer ersten Lebenssekunde an. Sie sichert uns unser Überleben. Wir messen uns an unserer Umwelt und vergleichen unsere Leistungen mit jenen anderer Menschen. Ich bin der Überzeugung, dass dies ein großer Fehler und der Ursprung allen Übels ist, dass wir uns ständig an anderen messen. Besser wäre es, wenn wir uns nur mit früheren Versionen von uns selbst vergleichen würden, um unser eigenes Wachstum zu erkennen. Doch dies tun wir nicht, da wir es so nicht gelernt haben. In unserer Kultur herrscht die Überzeugung, dass wir sogar noch als Erwachsene die Anerkennung anderer Menschen benötigen.

Es gibt unzählige Literatur über Lob und Anerkennung, die dieses Thema breit und tief behandelt. Hier werden Sie mir wahrscheinlich zustimmen: Wenn wir Anerkennung von anderen erwarten und diese nicht bekommen, fühlen wir uns oft nicht so gut. Wenn wir sie erhalten, freuen wir uns. Egal, welcher der beiden Fälle eintritt, in beiden machen wir unseren inneren Gefühlszustand vom Verhalten anderer Menschen abhängig. Wenn Menschen sich nur dann gut fühlen, wenn ihnen jemand anderer dies bestätigt, dann sind diese Menschen vom Lob der anderen Person abhängig, damit sie sich gut fühlen. Ich bin der Überzeugung, dass Abhängigkeit keine gute Idee ist. Sie machen sich dadurch anfälliger für kampfrhetorische Manipulationsversuche aus Ihrer Umgebung. Geben Sie sich lieber selbst die Anerkennung, die Sie benötigen! Freuen Sie sich über Anerkennung von außen, das dürfen Sie natürlich!

Anerkennung zu geben ist in unserer Gesellschaft ein leicht anzuwendendes Werkzeug, um mit anderen Menschen Beziehung aufzubauen. Komplimente zu geben, ebenfalls. Wir kennen den »Above-Average-Effekt«, den ich in einem späteren Kapitel in diesem Buch genau beschreibe. In kurzen Worten: Die meisten Menschen glauben, besser zu sein als der Durchschnitt. Das kann natürlich nicht stimmen. Durchschnitt bedeutet, genau im Mittelmaß zu sein. Durchschnitt bedeutet, eine Hälfte ist besser, die andere schlechter. Wenn Sie jemandem Anerkennung zuteilwerden lassen, dann fühlt sich diese Person in der Selbsteinschätzung bestätigt, und Rapport wird ein Stück mehr aufgebaut.

Brauchen Menschen Sicherheit und Gewissheit?

Viele Menschen fühlen sich wohl, wenn die Dinge so bleiben, wie sie sind, oder wenn sie Kontrolle über das Veränderungsgeschehen haben. Das ist leicht nachvollziehbar. Die meisten von uns haben eingespielte Tagesabläufe, die jeden Tag gleich ablaufen. Aufstehen, Zähne putzen, Frühstück machen, zur Arbeit fahren, wie und was es auch bei Ihnen ist, es ist jeden Tag identisch. Wir haben Routinen, die uns helfen, den Alltag zu beherrschen. Wir gehen von der Annahme aus, dass die Dinge gleich bleiben. Das gibt den meisten von uns Sicherheit und Gewissheit.

Großen und kleinen Veränderungen stehen wir skeptisch gegenüber. Es braucht oft eine große Portion Mut, Dinge im Leben zu verändern, weil wir nicht wissen, wie es sein wird. Gute Rhetoriker und Rhetorikerinnen geben Sicherheit und Gewissheit. Sie stellen sich und ihre Erfahrungen in einen Rahmen, der Vertrauen schafft, sie wenden Framing an. Sie zeigen durch Beispiele, Referenzen und Testimonials, dass sie die Sache im Griff haben. Framing bedeutet, unsere Wahrnehmungen und Gedanken in einem bestimmten Zusammenhang, in einem Rahmen zu betrachten. Dies tun wir grundsätzlich immer. Der Rahmen kann jedoch von außen vorgegeben und verändert werden. Durch Framing werden Erfahrungen und Wahrnehmungen umgedeutet. Ein Beispiel: Regen ist für Landwirte, die eine lange Trockenheit erleben mussten, ein Segen, für die Gastgeber einer Sommerparty jedoch ein Schaden. Der Regen selbst ist in beiden Situationen derselbe.

Durch gezieltes Framing wird Rapport generiert. Warum? Diese Menschen verhalten sich absichtlich so, wie Sie vielleicht gerne wären – ein gezielter Angriff. Sie nutzen auch den *Social-Proof-Effekt*, den Sie vielleicht aus Social Media kennen: Menschen folgen gerne der Herde. Sie glauben, wenn viele etwas tun, dann *muss* es richtig sein. Die meisten Menschen lassen sich durch Mehrheiten, auch wenn diese irren, leicht beeinflussen.

Autoritäten geben ebenfalls Sicherheit und Gewissheit. Stanley Milgram hat im später nach ihm benannten *Milgram-Experiment* gezeigt, dass die überwiegende Zahl der Menschen durch eine pseudowissenschaftliche Autorität dazu gebracht werden können, in bedingungslosem Gehorsam eine ihnen vollkommen unbekannte Person zu quälen, zu foltern und sogar zu töten. Ein erschreckendes Ergebnis. Es zeigt, wie leicht wir Menschen beeinflussbar sind.

Zugehörigkeit ausdrücken

Verbundenheit und Zugehörigkeit zu einer Gruppe ist für viele Menschen wichtig. Sei es die eigene Familie, ein Sportverein, eine Partei, eine Interessensgemeinschaft oder eine Charity-Vereinigung. Sie haben eines gemeinsam: Sie geben Aufmerksamkeit, Anerkennung, Sicherheit und Gewissheit.

Dies öffnet natürlich Tür und Tor für Manipulation. Gruppenzwang, eine Form von Autorität, kann leicht ausgeübt werden. Der Social-Proof-Effekt spielt eine große Rolle. Wir neigen zusätzlich dazu, das Verhalten der Gruppe, die wir ja selbst gewählt haben, positiv zu beurteilen. Wir tendieren außerdem dazu, Bestätigungen für unsere eigenen Annahmen und für die Auswahl dieser Gruppe zu erhalten, anstatt nach Widerlegungen zu suchen. Somit finden wir auch mehr Bestätigungen, die uns wiederum recht geben.

Der *Verlustaversionsfehler-Effekt* ist ebenfalls nicht zu vernachlässigen. Menschen bewerten Informationen und Dinge, die bereits in ihrem Besitz sind, höher als jene, die nicht in ihrem Besitz sind. Deswegen haben wir Angst, z. B. die Zugehörigkeit zu verlieren. Natürlich wollen wir konsistent handeln. Eine Gruppe, für die wir uns einmal entschieden haben, wieder zu verlassen, kann für viele Menschen inkonsistentes Handeln bedeuten. Der *Kognitive-Dissonanz-Effekt* verdeutlicht dieses Verhalten. Er beschreibt einen inneren Widerspruch in der Form, dass innere Überzeugungen und Erfahrungen sich widersprechen. Ein innerer Konflikt zwischen »Soll ich lieber bleiben oder besser gehen?« wäre die Folge, den wir selbstverständlich vermeiden wollen. Innere Konflikte führen über die Zeit zu gesundheitlichen Schäden.

Ein weiterer Effekt, der in Gruppen eine große Rolle spielen kann, ist der *Reziprozitäts-Effekt*. Reziprozität bedeutet wechselseitigen Vorteilstausch nach dem Schema: Heute helfe ich dir, morgen hilfst du mir. Dahinter steckt die ungeschriebene Norm, niemandem etwas schuldig zu bleiben. Diesen Erziehungsgrundsatz sehen wir in unserer Kultur sehr häufig. Menschen fällt es deswegen oft schwer, Komplimente anzunehmen, da sie sich danach in einer Bringschuld in Bezug zu der anderen Person sehen würden, die sie vielleicht nicht erfüllen können. Zwischenmenschliche Beziehungen sind oft auf Reziprozität und gegenseitiger Abhängigkeit aufgebaut. Diese macht aber das Leben schwer, da das eigene Wohlbefinden daran geknüpft wird.

Ein weiterer interessanter Effekt in Bezug auf Zugehörigkeit ist der *Mitläufer-Effekt*. Er besagt, dass wir Menschen uns lieber jener Gruppe anschließen, die voraussichtlich erfolgreich sein wird oder bereits erfolgreich ist. Das ist einer der wesentlichen Gründe, warum bei politischen Wahlen die ersten Wahlprognosen erst nach Schließen des letzten Wahllokals bekannt gegeben werden. Würde man dies nicht tun, so bestünde die Gefahr, dass einige Wähler ihre Stimme nicht mehr ihrer präferierten Partei geben würden, sondern dem vermeintlichen Gewinner.

Sehr verehrte Leserin, sehr verehrter Leser, die obigen Beispiele zeigen Ihnen bereits, wie leicht wir Menschen beeinflussbar sind und wir uns gleichzeitig wohl dabei fühlen. Ein guter Manipulator stellt immer sicher, dass sich seine Opfer wohlfühlen, dass guter und tiefer Rapport aufgebaut ist und ihm bedingungslos gefolgt wird.

Im nächsten Kapitel widmen wir uns daher kampfrhetorischen Techniken, die zur Manipulation verwendet werden. Sie setzen voraus, dass Rapport bereits aufgebaut wurde und gehalten wird. Danach analysieren wir ausgewählte Reden und Interviews, in denen verschiedene dieser Techniken verwendet werden. Im dritten Teil des Buchs gehen wir weiter in dahinterliegende Theorien und besprechen alle Feinheiten, besonderen Merkmale und vor allem, wie Sie sich persönlich wehren können.

WIE WIR UNS TÄUSCHEN LASSEN, UND ES NICHT BEMERKEN

Rapport ist eine wesentliche Voraussetzung, sich täuschen zu lassen. Ist eine andere Person mit uns in Rapport, dann hat sie eine Verbindung zu unserem Unbewussten aufgebaut, einen direkten Zugang zu unseren Denkmustern und Wertesystemen. Die Wahrscheinlichkeit, der anderen Person Glauben zu schenken, steigt massiv an.

In diesem Kapitel zeige ich Ihnen drei Möglichkeiten auf, wie Menschen es bewerkstelligen, andere zu täuschen und sie zu missbrauchen. Diese drei Möglichkeiten sind:

- Trance und hypnotische Zustände herstellen, die das Bewusstsein ablenken
- Realitätsstrategien von Menschen triggern
- Argumentationslogik und Emotion missbrauchen

Trance und hypnotische Zustände herstellen, die das Bewusstsein ablenken

Trance ist ein Bewusstseinszustand, bei dem die Aufmerksamkeit auf einen bestimmten Punkt gerichtet ist. Dieser »Punkt« kann sich, wie bei der Meditation, aus Gedanken und Gefühlen zusammensetzen. Dieser Punkt kann auch ein Gegenstand sein, wie das eigene Handy, wenn wir scheinbar darin versinken und jede äußere Wahrnehmung unterbrochen ist. Ebenso kann diese Aufmerksamkeit von einer anderen Person völlig in Anspruch genommen werden, wie z. B. durch einen Hypnotiseur oder eine Gesprächspartnerin.

Trancezustände lassen sich an unterschiedlichen physiologischen Merkmalen erkennen. Man beobachtet Muskelentspannung. Menschen in Trance, egal ob bei Meditation, beim Im-Handy-Versinken oder in Hypnose, bewegen sich wenig, und wenn, dann sehr entspannt und fließend. Ein wesentliches Merkmal von Trance ist anhand der Gehirnwellen feststellbar. Die Gehirnwellenfrequenz sinkt deutlich in den Alpha- und Theta-Bereich. Das sind jene Bereiche, die wir bei Kindern in der Prägungsphase bis zum sechsten oder siebten Lebensjahr feststellen können. Wenn unsere Gehirne in diesem Bereich schwingen, sind wir sehr offen für äußere Vorschläge und Empfehlungen, die wir auch *Suggestionen* nennen.

Voraussetzung, solch einen Trancezustand bei anderen herzustellen, ist, wie bereits besprochen, aufgebauter Rapport. Die Anwendung der Sprachmuster des Milton-Modells führen zu Trancezuständen. Sie gehen auf Milton Erickson (1901–1980) zurück. Er war ein außergewöhnlicher Hypnotherapeut. Mit seinem Ansatz begründete er die Erickson'sche Hypnotherapie. Das *Milton-Modell* beschreibt Sprachmuster, die mehrdeutig sind. Sie lösen beim Gesprächspartner eine innere Suche aus, die »transderivationale Suche«. Damit bezeichnen wir den unbewussten Vorgang, die eigenen Erinnerungen, Erfahrungen und Überzeugungen zu durchkämmen, um einen Sinnzusammenhang zum gehörten Sprachmuster herzustellen, eine Assoziation zu bilden.

Hier ein Beispiel, in dem ich die unterschiedlichen Sprachmuster des Milton-Modells einfach aneinandergefügt habe. Stellen Sie sich vor, jemand, mit dem Sie eine emotionale Verbindung haben, spricht im Rahmen einer geschäftlichen Besprechung so zu Ihnen, verwendet einzelne oder mehrere der folgenden Ausdrücke:

»… Das ist wichtig. Fehler wurden gemacht. … Sie machten Eindruck auf mich. Das hier ist eine wirkungsvollere Vorgangsweise. … Es ist wichtig zuzuhören. … Sie dürfen keinen Fehler mehr machen. … Ich kann es Ihnen sagen. Jeder weiß das. Wir müssen eine Veränderung vornehmen. Ich weiß, was in Ihnen vorgeht. … Ihre Stimme reizt mich. Ihr Bericht ist unvollständig, weil Ihnen anderes wichtiger ist. Wann werden Sie das endlich richtig machen?«

Kommen Ihnen diese Sprachmuster bekannt vor? Haben Sie sie in ähnlicher Form schon einmal gehört oder gelesen? Sie sind in jedem Fall sehr Trance-induzierend und lösen beim Zuhörer eine transderivationale Suche aus. *Das Modell der Welt des Zuhörers wird geschockt, durcheinandergebracht und in Zweifel gezogen.* Er findet sich selbst mit hoher Wahrscheinlichkeit als Schuldiger wieder. Diese Wahrscheinlichkeit ist noch höher, wenn sich der Sprecher im Vergleich zum Zuhörer in einer Autoritätsposition befindet, also z. B. sein Vorgesetzter ist.

Wehrt sich der Zuhörer jetzt nicht, sondern nimmt er

diese »Trance-Einladung« an, hat der Sprecher nun die Gelegenheit, Suggestionen zu installieren. Diese können z.B. sein:

> *»Haben Sie eine Idee, wie wir das nun machen sollen?« »Sie können das sicherlich noch heute umsetzen, oder?« »Das haben Sie doch schon gemacht, stimmt's?« »Ich frage mich, ob Sie wissen, wie wichtig dieses Thema für Ihr Weiterkommen ist.« »Ich weiß nicht, sollten Sie nicht endlich mit der Arbeit anfangen?«*

Wie kann es gelingen, sich zu wehren und Trance-Einladungen auszuschlagen? Der Trick ist, sofort Fragen zu stellen, die *hinterfragen.* Es ist wesentlich, auf die Form, auf das Sprachmuster Bezug zu nehmen und nicht auf der Inhaltsebene zu widersprechen.

Hier nochmals die verwendeten Sprachmuster von vorhin mit den entsprechenden Hinterfragungen:

- Das ist wichtig. – *Was genau ist wichtig?*
- Fehler wurden gemacht. – *Wer hat welche Fehler wann gemacht?*
- Sie machten Eindruck auf mich. – *Wer machte welchen Eindruck auf Sie und was hat Sie genau beeindruckt?*
- Das hier ist eine wirkungsvollere Vorgangsweise. – *Wirkungsvoller im Vergleich wozu?*
- Es ist wichtig zuzuhören. – *Wer behauptet das?*
- Sie dürfen keinen Fehler mehr machen. – *Welche Fehler konkret meinen Sie?*
- Ich kann es Ihnen sagen. – *Was können Sie mir sagen?*
- Jeder weiß das. – *Wer ist jeder?*
- Wir müssen eine Veränderung vornehmen. – *Wen meinen Sie mit »wir« und was soll eine Veränderung bewirken?*

- Ich weiß, was in Ihnen vorgeht. – *Wie können Sie in mich hineinschauen und wie können Sie meine Gedanken lesen?*
- Ihre Stimme reizt mich. – *Wie ist eine angenehme Stimme für Sie?*
- Ihr Bericht ist unvollständig, weil Ihnen anderes wichtiger ist. – Was genau *fehlt und woraus schließen Sie, dass mir anderes wichtiger wäre?*
- Wann werden Sie das endlich richtig machen? – *Was genau soll ich richtig machen und was sind die Kriterien, dass es richtig ist?*

Es passiert leider viel zu oft, dass wir überhaupt nicht kontern und in Schockstarre, also in Trance, verfallen oder auf der Inhaltsebene widersprechen, was zu Streit führt. Zwei Beispiele für Widerspruch auf der Inhaltsebene, der zwecklos ist, da inhaltlicher Widerspruch in einen Konflikt münden kann und Sie bereits in die Manipulationsfalle getappt sind:

- Das ist wichtig. – *Nein, das ist nicht wichtig.*
- Fehler wurden gemacht. – *Ich habe keine Fehler gemacht.*

Die wirkungsvolle Methode ist es, Aussagen mit *Wer-, Wie-, Was-Fragen* zu hinterfragen und somit die Trance-Einladung abzulehnen. Es reicht vollkommen, wenn Sie sich diese Fragen innerlich stellen, und die versuchte Manipulation bleibt wirkungslos, da Sie die Trance-Einladung ausgeschlagen haben und Sie für manipulative, kampfrhetorische Suggestionen nicht empfänglich sind.

Wie wissen Sie, was real und wirklich ist?

Sie kennen sehr wahrscheinlich folgende Situation: In einem Gespräch über ein gemeinsames Erlebnis, wie z. B. als Zuschauer bei einem Fußball- oder Tennisspiel, kommen Sie ins Diskutieren, was bei diesem Spiel wirklich passiert ist. Sie und Ihr Gesprächspartner haben unterschiedliche Erinnerungen. Sie stellen sich die Frage: Wer hat recht? Welche Erinnerung ist wahr, welche ist falsch? Diese Frage ist nicht so leicht zu beantworten. Auf jeden Fall ist es ein Gefühl, das wir entwickeln, ob wir etwas für wahr oder für falsch halten.

Wir alle haben einen unbewussten Gedankengang, den wir zur Wahr-/Falsch-Bewertung heranziehen. Wir nennen diesen Gedankengang *Realitätsstrategie*. Sie hat als Ergebnis, ob eine bestimmte Erfahrung oder ein Ereignis als wahr oder als falsch eingestuft wird. Sie besteht aus einer Sequenz von mentalen Tests und Kriterien, die vollkommen unbewusst ablaufen. Kinder z. B. halten Dinge für real, die sie geträumt haben. Wir Erwachsene wissen das auch nicht immer so genau, da unser Gehirn zwischen Erfahrungen, die wir gemacht haben, und Vorstellungen nicht gut unterscheiden kann. Wir wissen also nicht genau, was Wirklichkeit wirklich ist.

Wir müssen uns vor Augen halten, dass Wahrheit nicht absolut oder objektiv ist, sondern auf Verstehen beruht. Wie eine Person eine Aussage versteht, hängt von den persönlichen Erfahrungen dieser Person, von ihren Einstellungen ab. Drückt sich jemand unverständlich aus, so kennen wir aus dem Sprachgebrauch die Gegenfrage: *»Wie soll ich das verstehen?«*

Unsere Realitätsstrategie überprüft, ob und wie wir unsere aktuellen Wahrnehmungen in etwas bereits Bekanntes einordnen können. Je intelligenter jemand ist, je höher der Intelligenzquotient ist, desto länger wird sie oder er versuchen, eine Einordnung erfolgreich durchzuführen. Menschen mit geringem IQ geben schneller auf.

Möchte z. B. eine Rednerin oder ein Sprecher erreichen, dass die Zuhörerschaft ihr oder ihm Glauben schenkt, dann muss es gelingen, die Realitätsstrategien der Zuhörer erfolgreich zu triggern. Wie macht man das? Man bringt Beispiele aus dem Leben des Publikums, die sie für wahr halten. Diese Beispiele haben meist einen gemeinsamen strukturellen Aufbau. Dieser könnte folgendermaßen aussehen:

> “ *Viele von uns haben ein Bild davon, was sie gerne hätten, nicht wahr? Wie z. B. ein nettes Haus, ein flottes Auto oder vielleicht ein paar Schuhe. Entdecken oder finden Sie es, dann wollen Sie es anschauen, Probe fahren oder anprobieren, stimmt's? Fühlt es sich gut an? Entspricht es Ihren Kriterien? Ja? Nun noch ein Blick auf den Preis. Passt er oder lässt er sich finanzieren? Okay, dann wird gekauft.*

Dieser hier angeführte Ablauf ist eine typische Einkaufsstrategie von Menschen. Möchten Sie jemanden für ihre Sache gewinnen, dann wird er diese Strategie auf seine Sache ummünzen, wie dieses Beispiel zeigt:

> “ *Wir sind uns doch alle einig, dass wir der Regierung nicht länger zusehen können, wie sie … macht. Wir hätten doch alle gerne … Stellen Sie sich doch vor, es wäre schon erreicht! Wie fühlt es sich an? Was spüren Sie noch? Wählen Sie uns – wir haben mehrfach gezeigt, dass wir die Richtigen sind – und Sie bekommen es!«*

Es ist ein typisches Muster, das Menschen triggert und sie zur Zustimmung bewegt, weil sie, was auch immer inhaltlich gesagt wurde, nun für wichtig halten und als erstrebenswert eingestuft haben, vom Redner gleichsam »gekauft« haben.

Das ist der Grund, warum Storytelling und Metaphern so gut funktionieren. Sie tauchen uns in eine Parallelwelt ein, die wir leicht verstehen und für wahr halten und deren Schlussfolgerungen wir auf die aktuelle Lage und Situation übertragen. Mehr dazu in einem späteren Kapitel.

»Das weiß doch jedes Kind!« – Oder doch nicht jedes?

Die Psychologie bezeichnet die Summe der geistigen Prozesse und Strukturen des Individuums als Kognition. Diese können als Informationsverarbeitungsprozesse verstanden werden.

Kognitive Verzerrungen sind Denkfehler, die uns Menschen vollkommen unbewusst unterlaufen. Wir kennen aus dem Alltag viele Wahrnehmungs- und Denkfehler, die uns regelmäßig passieren. Magier nutzen dieses Phänomen, indem sie die Aufmerksamkeit ihres Publikums auf etwas führen, das mit dem Trick nichts zu tun hat, um sie im selben Atemzug zu überraschen.

Wir kennen unzählige kognitive Verzerrungseffekte, die ich in einem späteren Kapitel dieses Buchs behandle. Hier eine kleine Auswahl:

- Der *HALO-Effekt* beschreibt den Vorgang, von bekannten Eigenschaften einer Person auf deren unbekannte Eigenschaften zu schließen. Ist eine Frau attraktiv, ist sie sicherlich auch eine gute Geschäftsfrau.

- Der *Selbstüberschätzungs- oder Above-Average-Effekt*: Die meisten Autofahrer schätzen sich als überdurchschnittlich gut ein, die meisten Anwälte als überdurchschnittlich erfolgreich usw. Wer würde schon zugeben, ein schlechter Liebhaber zu sein?
- Der *Bestätigungsfehler-Effekt* bezeichnet die Neigung, Informationen so auszuwählen, dass sie unseren Erwartungen entsprechen. Tageszeitungen sind täglich gefüllt mit negativen Nachrichten, darum glauben wir sie jeden Tag.
- Der *Kontrast-Effekt*: Wir nehmen Informationen intensiver wahr, wenn sie in Kontrast zu einer anderen Information stehen. Deswegen wird bei Preisnachlässen immer auch der »Statt-Preis« mit angegeben, um den Unterschied deutlich zu machen.

Kognitive Verzerrungen bieten sich an, Menschen zu manipulieren. Daher ist es wichtig, diese zu kennen und zu erkennen. Die Liste an möglichen kognitiven Verzerrungen scheint unendlich lang zu sein. Die aus meiner Sicht wesentlichen kognitiven Verzerrungen finden Sie im Kapitel »Unsere täglichen fatalen Denk-fehler – kognitive Verzerrungen« auf Seite 202. Wiederholungen führen übrigens dazu, dass eine Sache eher geglaubt wird – auch das ist eine kognitive Verzerrung. Denn nur durch Wiederholung einer Information wird diese nicht plötzlich wahr oder falsch, oder?

Bereits Arthur Schopenhauer sprach von *38 Kunstgriffen*, um in einer Diskussion als Sieger hervorzugehen – unabhängig davon, ob die eigene Position der Wahrheit entspricht oder nicht.

Wir kennen:
- Kunstgriffe zur Ablehnung von Behauptungen
- Kunstgriffe zur Einstreuung von beliebigen Annahmen
- Kunstgriffe in Form von Frage-und-Antwort-Spielen

- Kunstgriffe, um den Gegner zu Zugeständnissen zu bringen
- Defensive Kunstgriffe zur Untergrabung von Behauptungen des Gegners
- Kunstgriffe, die den Gegner dazu bringen, sich selbst zu widerlegen
- Taktische Kunstgriffe, die den Verlauf des Disputs betreffen
- Kunstgriffe zur Zurückweisung
- Kunstgriffe zur unmittelbaren Beendigung des Disputs

Sagt der Gegner z. B. etwas gegen unser Argument, so können wir das Gesagte als nicht plausibel kategorisieren und in folgende Aussage einflechten: *»Es weiß ja jedes Kind, dass …«* Oder man reagiert, indem man sagt: *»Ihrer Argumentation zu folgen, würde jetzt unseren Rahmen sprengen«*, und man macht mit der eigenen Argumentation weiter.

Der österreichische Bundeskanzler Sebastian Kurz verwendete Kunstgriff 35, den Appell an die Interessen seiner Widersacher, indem er im Zuge der Ankündigung der Covid-19-Maßnahmen sagte: *»Bald wird jeder jemanden kennen, der an dieser Krankheit verstorben ist.«* Ein Versuch, die Diskussionen um die Notwendigkeit der Covid-19-Maßnahmen zu beenden. Tatsächlich ging es in der öffentlichen Diskussion nicht mehr so sehr um die von der österreichischen Bundesregierung vorgeschriebenen Maßnahmen, sondern vielmehr darum, dass Kurz der Bevölkerung Angst machen würde.

Durch Anwendung dieser Kunstgriffe wird Argumentationslogik missbraucht, werden schlüssige Argumente als unglaubwürdig dargestellt oder der Gegner persönlich angegriffen. Alle 38 Kunstgriffe finden Sie in einem weiteren Kapitel sowie deren Verwendung in der Analyse der Reden und Interviews im mittleren Teil dieses Buchs.

Die kombinierte Verwendung von kognitiven Verzerrungen und den 38 Schopenhauer'schen Kunstgriffen stellt eine Manipulationstechnik dar, die lediglich auf diesem Gebiet ausgebildete Zuhörer tatsächlich erkennen können. Nur durch Kenntnis dieser Techniken sind wir in der Lage, diese aufzuzeigen und uns zu wehren.

ES GEHT UM DAS »WIE« – WEM SCHENKEN WIR GLAUBEN?

Ob Sprecher kampfrhetorische Sprachmuster absichtlich oder unabsichtlich verwenden, ist irrelevant. Die Wirkung ist die gleiche.

Die von mir gewählten Beispiele sind öffentlich in YouTube verfügbar. Damit haben Sie die Gelegenheit, die Videos anzusehen und anzuhören sowie den in diesem Buch transkribierten Text in Händen zu halten und mitzulesen. Die Reden wurden von mir absatzweise kommentiert und erläutert. Eine genaue Beschreibung aller verwendeten Ausdrücke, Sprachmuster, rhetorischen Kunstgriffe und der kognitiven Verzerrungen finden Sie weiter hinten in diesem Buch.

Beachten Sie bitte Folgendes: Lassen Sie den faktischen Inhalt der Reden so weit wie möglich beiseite. Konzentrieren Sie sich auf die Formulierungen, auf die Art und Weise, wie etwas gesagt wird.

> “ *Die Form macht den Unterschied, wie wir den Inhalt der Nachricht aufnehmen und bewerten.*

In meinen Bemerkungen und Kommentaren lasse auch ich den Inhalt der Reden so weit wie möglich beiseite. Manchmal ist es notwendig, mich darauf zu beziehen, um zu zeigen, welche logischen oder oft auch unlogischen Argumente verwendet werden. Ich möchte an dieser Stelle betonen, dass ich die faktischen Inhalte der Reden nicht bewerte. Ich lasse völlig beiseite, ob ich mit dem Inhalt einverstanden bin oder nicht. Die Beispiele wurden natürlich so gewählt, dass sie einerseits eine gewisse Brisanz haben und andererseits umstritten sind.

Mein Ziel ist es, dass Sie, verehrte Leserin und verehrter Leser, in die Lage versetzt werden, ab sofort auf die *Form von Reden und Gesprächen* zu achten. Ich möchte gerne, dass Sie in Zukunft sowohl den Inhalt hören als auch die Art der Formulierungen wahrnehmen.

Ein kleiner Hinweis: Die kursiven Texte sind Transkripte der YouTube-Videos. Ich habe so genau wie möglich transkribiert. Sprach- und Grammatikfehler sind daher 1:1 wiedergegeben. Im Einzelnen geht es um folgende Reden:

- Philipp Amthor am 23. Februar 2018 über den AfD-Burka-Antrag, https://www.youtube.com/watch?v=XN70irb6-iE
- Werner Kogler am 3. April 2020 über die Corona-Maßnahmen der österreichischen Regierung, https://www.youtube.com/watch?v=Eu7Xl3rwjHM
- Sebastian Kurz am 6. April 2020 im ZiB2 Interview mit Armin Wolf über die Corona-Maßnahmen in Österreich, https://www.youtube.com/watch?v=u3V9NbSaxbM
- Herbert Kickl am 22. April 2020 über die Corona-Maßnahmen der Regierung, https://www.youtube.com/watch?v=gpdIUunAPys
- Heinz-Christian Strache am 15. Mai 2020 über die offizielle Präsentation des Teams HC Strache – Al-

lianz für Österreich, https://www.youtube.com/watch?v=TwmddXC4GVE

- Boris Johnson am 10. Mai 2020 über den Covid-19-Lockdown, https://www.youtube.com/watch?v=P8HC5sOHzus
- Donald Trump am 29. Mai 2020 über den Tod von George Floyd, https://www.youtube.com/watch?v=otqkKN-wdl8
- Gerald Grosz am 7. Juni 2020 über die Scheinheiligkeit europäischer Wohnzimmersolidarität, https://www.youtube.com/watch?v=PVpJlMiM1_8
- Sahra Wagenknecht am 29. Juni 2020 zu den Maßnahmen der deutschen Bundesregierung im Rahmen des Corona-Konjunkturpakets, https://www.youtube.com/watch?v=9lPoke3HXd4
- Angela Merkel am 8. September 2020 zu den Herausforderungen für den öffentlichen Gesundheitsdienst, https://www.youtube.com/watch?v=ruvpy8RQF_Q

Persönliche Angriffe bringen aus dem Konzept

CDU-Abgeordneter Philipp Amthor zerpflückt den Burka-Antrag der AfD

Philipp Amthor ist seit 2008 Mitglied der CDU. Mit dieser Rede bekam er große Aufmerksamkeit. Der damals 25-Jährige zerpflückte am 23. Februar 2018 den »Burka-Antrag« der AfD mit großer Leidenschaft und erklärte, warum dieser Antrag für ihn grober Unfug war.

Hier der YouTube-Link zur Rede aus dem Deutschen Bundestag: https://www.youtube.com/watch?v=XN70irb6-iE

Bevor wir uns mit der Rede selbst beschäftigen, betrachten wir den Gesamteindruck, den Amthor bei dieser Rede macht. Seine Körperhaltung wechselt zwischen dem *Satir-Typ des Levelers* und des *Anklägers.* (Ausführliche Erklärungen zu diesen Typen finden Sie übrigens in meinem Buch »Die Rhetorik des Sebastian Kurz«.) Die Körperhaltung des Levelers ist aufrecht und symmetrisch. Er möchte die Eigenschaften Offenheit und Wahrheit zeigen. Der Ankläger hingegen signalisiert Stärke und Dominanz. Er steht asymmetrisch nach vorne gebeugt und gestikuliert mit seinem rechten Arm und ausgestrecktem Zeigefinger. Amthor wechselt zwischen diesen beiden Positionen. Sein permanentes Nach-vorne-gebeugt-Sein, sein Anhalten am Pult und sein labiler Stand auf oft nur einem Bein schwächen sowohl seine Leveler- als auch seine Ankläger-Körperhaltung. Er spricht sehr flüssig und relativ laut. Seine Intonation lässt Satzbeginn und Satzende erkennen. Amthor hält Augenkontakt zu seinem Publikum und er spricht und sieht seine Zuhörerschaft direkt an.

Um das noch mal ganz deutlich zu sagen: Die CDU/ CSU Bundestagsfraktion hat sich dafür eingesetzt, die

Vollverschleierung im öffentlichen Raum zu begrenzen, und wir werden das auch fortsetzen. Das ist vereinbart mit den Sozialdemokraten und dafür setzen wir uns ein. Und wir wollen das alles aber verfassungskonform tun und dem wird einfach der Antrag der AFD nicht gerecht. Also, bevor ich dazu komm, will ich aber hier, weil das in der Debatte bisweilen unterging, überall, wo es rechtlich möglich ist, werden wir uns der Vollverschleierung entgegenstellen. Einfach deshalb, weil wir fest überzeugt sind, dass Burka und Niqab in keiner Weise unserer Vorstellung von einem Rechtsstaat und von einer deutschen Werte-Kultur entsprechen.

Amthor begründet das Entgegenstellen zur Vollverschleierung damit, dass die CDU/CSU dagegen ist, weil diese nicht ihren Vorstellungen entspreche. Hier handelt es sich um einen *Zirkelschluss*. Man postuliert eine Behauptung, die durch die eigene Behauptung selbst gestützt wird.

Und ich sage das hier ausdrücklich: Die Religionsfreiheit gehört zu Deutschland, aber der politische Islam, der gehört nicht zu Deutschland, und dagegen werden wir uns wenden. Und überall dort, wo der politische Islam versucht, unsere offene Lebensweise zu beschränken, da werden wir ihm die Härte des Rechtsstaats entgegenhalten und da sind mir auch die Zahlen egal, wie wenige das sind, das wird es mit uns nicht geben.

Hier wird der »politische Islam« als negatives Framing verwendet, ohne zu erklären, was der politische Islam ist. Religion und Politik werden absichtlich vermengt. Gleichzeitig wendet er *Priming* an. Er stellt alle weiteren Aussagen in das Licht des politischen Islams. So stark sogar, dass ihm auch die Zahlen egal sind. Hier müsste ein aufmerksamer Zuhörer die Frage stellen, wen er mit der Generalisierung »der politische Islam« konkret meint.

> *Und dann aber, dann aber in Richtung jetzt der AfD, bevor Sie sich zu früh freuen, wissen Sie, wenn wir von den Moslems verlangen, dass die sich an unsere Regeln halten, tun wir selbst auch gut daran, uns an unsere eigenen Regeln zu halten. Und Sie wissen vielleicht, mit Ihrem Vorschlag operieren Sie ganz deutlich im sensiblen, im Grundrecht sensiblen Bereich der Religionsfreiheit und ich kann Ihnen nur die Empfehlung geben, wenn Sie da operieren, sollten Sie auch OP-Besteck kennen, und es ist ja nicht nur so, es ist nicht nur so, dass Sie den Vorsitzenden des Ressourcenausschusses stellen, sondern ein Viertel Ihrer Fraktion sind Juristen.*

Amthor verwendet die *Metapher* des OP-Bestecks. Er bezieht sich auf die Medizin, wo jeder chirurgische Eingriff nur von Spezialisten durchgeführt werden soll. Indirekt wirft er der AfD vor, vom Grundrecht keine Ahnung zu haben.

> *Diese Expertise befindet sich in dem Antrag in keiner Weise wieder, sondern der Antrag ist mit heißer Nadel gestrickt, und ganz ehrlich, er strotz vor falschen Behauptungen und das fängt schon an mit dem Schutzbereich der Religionsfreiheit.*

Wieder eine *Metapher.* Diesmal, dass der Antrag mit »heißer Nadel gestrickt« worden sei. Damit erklärt er, dass er nichts wert sei.

> *Sie behaupten, Burka tragen unterfällt nicht dem Schutzbereich der Religionsfreiheit. Wissen Sie, ich finde das auch nicht toll, aber die ständige Rechtsprechung des Bundesverfassungsgerichts, und sogar das*

EGMR-Urteil, das Sie zitieren, sagt, die Religionsfreiheit schützt auch das Burkatragen im Schutzbereich. So, erster Fehler, zweiter Fehler: Natürlich kann man Eingriffe in den Schutzbereich der Religionsfreiheit rechtfertigen, aber nach ständiger Rechtsprechung eben nur durch kollidierendes Verfassungsrecht, und dazu führen Sie substanziell gar nichts aus, sondern das, was Sie hier behaupten, und das, was Herr Curio [Anm.: Dr. Gottfried Curio, AfD] behauptet hat, ist grober Unfug. Nehmen wir mal das Beispiel Menschenwürde. Die Menschenwürde ist eben kein Zwangskorsett, um das ganz deutlich zu sagen, also ich finde eine Burka ziemlich unwürdig und ich finde es unwürdig, dass die Frauen sich dadurch auch zum Objekt machen lassen.

Amthor verwendet die *kognitive Verzerrung des Emotionalen-Beweisführungseffekts* an. Aus seiner Emotion, dass er das Tragen einer Burka unwürdig findet, schließt er, dass der AfD-Antrag grober Unfug ist. Mit »Wissen Sie, ...« bringt er die Form eines *Konversationalen Postulats*, das beim Zuhörer indirekt Zustimmung beim darauffolgenden Satzteil hervorruft.

*Zwischenfrage von Jan Ralf Nolte (*30. Dezember 1988 in Bremen, deutscher AfD-Politiker, ehemals CDU):*

»Bitte, Herr Kollege, Sie reden viel über die Verfassung. War die Aufgabe der Grenzkontrolle durch die CDU verfassungskonform und war die Homo-Ehe verfassungskonform?«

»Ja, Herr Nolte, ich finde schön, dass Sie diese Frage stellen. Ich empfehle Ihnen zu sagen: Ja. Denn es gibt zu beiden noch kein entgegenlaufendes Urteil des Bun-

desverfassungsgerichts. Ich sage Ihnen ausdrücklich, zur Homo-Ehe habe auch ich damals verfassungsrechtliche Bedenken gesehen, darüber muss man reden, da wird's Entscheidungen geben, aber machen Sie sich mal eins klar: Hier jetzt so zu tun, wir wären die Rechtsbrecher, Sie haben ja nicht mal das Gutachten des wissenschaftlichen Dienstes gelesen, wo drinsteht, dass Ihr Entwurf hier verfassungswidrig ist, also völliger Unsinn, jetzt hier so zu argumentieren. Machen Sie lieber Ihre Arbeit richtig und hören Sie mir mal zu, dann können Sie nämlich noch was lernen über die Verfassung.«

Amthor wird hier sehr persönlich, wenn er sagt: *»Machen Sie lieber Ihre Arbeit richtig …«* Somit weicht er geschickt der gestellten Frage aus. Dies entspricht dem Schopenhauer'schen Kunstgriff »Angriff auf persönlicher Ebene«. Man wird grob und beleidigend. Interessant ist, dass der Angegriffene, Jan Ralf Nolte, dazu völlig schwieg – 1:0 für Amthor.

Menschenwürde, Menschenwürde als Stichwort, hat Herr Curio angeführt und er hat gesagt, die Menschenwürde sei jetzt hier das Entgegenstehende. Ich hab gesagt, ich finde die Menschenwürde auch befremdlich, sozusagen für die Burka, und das ist nicht würdig, aber Fakt ist, die Menschenwürde schützt gleichzeitig nicht vor der Autonomie, eine Burka zu tragen, sosehr wir das auch sinnlos finden. Ich mache das an einem Beispiel deutlich, das Sie vielleicht verstehen: Sie haben ja hier die Abgeordnetenfreiheit aus Art. 38, die zwingt Sie auch nicht dazu, richtige Anträge vorzulegen, sondern die erlaubt es Ihnen, so einen Quatsch hier vorzulegen, ganz ehrlich. Ja, und dann führen Sie noch an das Recht auf Kommunikation. Auch das ist absoluter Blödsinn. Wenn Sie sich da auf den EGMR stützen, kann ich nur empfehlen, wenn Sie nicht schon, vielleicht hätte mal einer Ihrer Referenten das EGMR-Urteil gelesen, da gibt's nämlich am Ende des Urteils ein Sondervotum der Richterin Angelika Nussberger, unsere deutsche EGMR-Richterin, die sagt, dass dieses Recht auf Kommunikation verfassungsdogmatisch schief ist. Hätten Sie zu Kenntnis nehmen können, und offene Kommunikation ist sonst auch nicht Ihre Stärke, wenn Sie Ihre Parteitage verhüllen und sagen, da sind keine Journalisten zugelassen.

Amthor bleibt auf der persönlichen Angriffsebene. Er bringt ein Beispiel, von dem er sagt, dass Nolte es *vielleicht verstehe.* Mit dem Vergleich zu Art. 38 zieht er den Schluss, dass die AfD einen »Quatsch« vorgelegt hat. Amthor nutzt seine Annahme, die Autonomie, eine Burka zu tragen, als sinnlos einzustufen, zur Herstellung einer Äquivalenz zu Art. 38 (Regelung der Abgeordnetenfreiheit) und des soeben erwähnten »Quatschs«. Also weil er eine Regelung in Art. 38 sinnlos findet, redet Nolte Quatsch, das ist die Argumentation. Eine Gegenfrage Noltes, um die Argumentation Amthors auszuhebeln, könnte lauten: »*Wie kommen Sie darauf, dass* Ihre Einstellung zu Art. 38 mit meinem Antrag etwas zu tun hätte?«

Es gibt noch meine Zwischenfrage …: »Ja, vielen Dank, Herr Amthor, für das Zulassen der Zwischenfrage. Ich möchte Ihnen ein Zitat vorlesen, und zwar vom CSU-Generalsekretär Andreas Scheuer, und dann möchte ich Sie bitten, da eine politische Bewertung vorzunehmen, auch hinsichtlich der in diesem Jahr stattfindenden Landtagswahl in Bayern. Der CSU-Generalsekretär Andreas Scheuer hat im Jahr 2017 Folgendes gesagt: »Ein Verbot, gemeint ist die Vollverschleierung, ist möglich und notwendig. Das deutsche, das deutsche Verbötchen zur Vollverschleierung muss, so wie in anderen Ländern Europas, ausgeweitet werden. Wir geben unsere Identität nicht auf, sondern sind bereit, dafür zu kämpfen. Die Burka gehört nicht zu Deutschland.« Wie ist das in Einklang zu bringen mit den Reden, die ich aus Ihrer Fraktion bisher gehört habe?«

Der zweite Fragesteller beruft sich auf eine Aussage, die auf die Identität des deutschen Volkes abzielt, die gefährdet sei. Es handelt sich hier um ein *Dammbruchargument.* Dabei geht es darum, jemanden davon zu überzeugen, dass man einen Präzedenzfall mit katastrophalen Folgen schaffen würde, wenn man auch nur ein kleines Zugeständnis machen würde.

Amthor weiter:

Ganz ehrlich, hätten Sie zuhört, genau das ist das, was ich gesagt habe. Und ich unterschreib das eins zu eins, was Andi Scheuer gesagt hat, und schauen Sie nach Bayern. Da kann man nämlich kompetenziell das beschränken, das hat man in Bayern gemacht. In Bayern gibt es an keiner Schule, in keiner Universität eine Vollverschleierung und deswegen wollen wir das weiter ausweiten.

Dass es in keiner Schule in Bayern eine Vollverschleierung gibt und dies Nicht-Existente daher für das restliche Bundesgebiet auch haben zu wollen, ist wiederum ein Zirkelschluss nach dem Schema: *Weil es dort ist, ist es für uns auch gut.* Er müsste ergänzen, wie es in Bayern genau funktioniert, und nicht nur, dass man das Tragen einer Burka dort beschränken kann.

Und ich sage Ihnen zum Abschluss eins: Sie stellen sich hier hin und wollen die Retter des christlichen Abend-

landes sein, wir müssen die Verfassung ändern, und wenn man das machen würde, würden Sie die Axt anlegen an die Wurzel der Religionsfreiheit, und dieses Schrankensystem, was ich gerade erklärt habe, hat das Bundesverfassungsgericht entwickelt, um christliche Minderheiten zu schützen. Und das sollte für Sie einfach das Entscheidende sein. Sie sind weder die Retter des christlichen Abendlands noch eine Rechtsstaatspartei. Machen Sie Ihre Arbeit ordentlich, dann können wir im Innenausschuss darüber diskutieren. Herzlichen Dank.

Auch hier geht Amthor in den persönlichen Angriff. Auch hier erfolgt keine Gegenwehr. Beide Fragesteller haben Amthor geschickt provoziert und ihm damit Redezeit, die er für seine Argumentation nutzen hätte können, genommen.

Wenn wir die Rede aus rhetorischer Sicht betrachten, stellen wir fest, dass die Behauptung, der AfD-Antrag sei grober Unfug, in keiner Weise argumentiert wurde. Es ist Amthor nicht gelungen, seinen Antrag zum Burka-Verbot als den besseren und verfassungskonformeren darzustellen. Die beiden AfD-Mitglieder, die Fragen gestellt haben, brachten Amthor geschickt aus der Fassung hinein in die Ebene des persönlichen Angriffs. Sie haben ihn durch ihre Fragen provoziert. Somit blieb Amthor offensichtlich im Rahmen der parlamentarischen Zeitvorgaben keine Zeit mehr, seine Argumentation bis zum Ende auszuführen. Amthors Argumentation bestand im Wesentlichen aus Zirkelschlüssen, indem er seine Annahmen auf selbst erstellte Behauptungen begründete. Er versuchte, die kognitive Verzerrung des Kontrasteffekts zu nutzen, indem er sich laufend mit den Personen der AfD verglich und diese persönlich angriff.

Kontrasteffekte und Metaphern als Waffen

Vize-Kanzler Werner Kogler erklärt am 3. April 2020 die Corona-Maßnahmen der österreichischen Bundesregierung aus Sicht der Grünen

Werner Kogler ist seit Anfang des Jahres 2020 Vize-Kanzler der Republik Österreich. Es gelang ihm mit seiner Partei »Die Grünen« nach der Niederlage 2017 bei der Nationalratswahl 2019 ein fulminanter Wahlerfolg und ein Wiedereinzug in das österreichische Parlament. Die Grünen wurden Koalitionspartner der ÖVP unter Kanzler Sebastian Kurz. Nur ca. zwei Monate nach der Angelobung der neuen österreichischen Regierung brach auch in Europa die Covid-19-Pandemie aus.

Hier der YouTube-Link zur Rede aus dem Bundeskanzleramt: https://www.youtube.com/watch?v=Eu7Xl3rwjHM

Bevor wir uns mit der Rede selbst beschäftigen, betrachten wir den Gesamteindruck, den Werner Kogler macht: Er steht fest mit beiden Beinen auf dem Boden. Seine Körperhaltung gleicht eher dem Satir-Typen des Beschwichtigers. Seine Bewegungen sind symmetrisch zur Körperachse und signalisieren eine gewisse Hilflosigkeit aufgrund der schwierigen Situation, in der sich das Land befindet. Koglers Handflächen sind tendenziell nach oben gerichtet und signalisieren: »Ich möchte es dir recht machen.«

Koglers Stimmlage und Intonation sind ruhig und vollkommen unaufgeregt. Sein Akzent ist deutlich zu hören und macht ihn sympathisch. Bei Kogler ist auffällig, dass er sehr auf Konsens und auf das gemeinschaftliche »Wir« bedacht ist.

Ja, es ist allerdings tatsächlich so, es handelt sich, ausgelöst durch dieses Virus, um die größte Krise seit dem

Zweiten Weltkrieg, eben in ökonomischer und sozialer Hinsicht. In den Auswirkungen dann, wenn wir uns die globalen Zahlen anschauen, mittlerweile eine Million Infizierte weltweit, die Dunkelziffern sind ja noch viel, viel höher und zu den vielen, vielen, tausenden Toten werden leider, fürchte ich, und da bin ich ja nicht alleine, noch ebenso viele hinzukommen.

Kogler nutzt hier den» *Kontrasteffekt*«, nämlich, dass noch viele Tausende Tote hinzukommen werden und die heutige Situation somit erst der Anfang der Krise sei.

Und heute geht's um den Corona-Hilfsfonds, dotiert mit 15 Milliarden Euro, der Folgendes leisten soll: Er soll einerseits die große Engpasslage bei Liquiditäten, Liquiditätsengpässen überbrücken und zweitens Schäden, die entstehen, also untergegangene Kosten, fixe Betriebskosten, die man ned loswird und für die man quasi keine Gegeneinkünfte hat, diese sollen mit einem Zuschuss zu größten Teilen ersetzt werden. Wir wollen den Blutkreislauf in der Wirtschaft ja nicht zum Stocken bringen, wir haben die Situation, dass wir ein paar Branchen radikal runtergefahren haben, und wir wollen einen Ansteckungseffekt dieser Branchen auf andere Branchen verhindern.

Hier nutzt Kogler die Metapher des Blutkreislaufs und der Ansteckungsgefahr bei Krankheiten. Eine leicht verständliche Metapher, die zur aktuellen Situation einer Pandemie passt. Dieser Dysphemismus, also ein eher besorgniserregendes Gleichnis zu wählen, verstärkt den Ernst der Lage. Für manche seiner Zuhörerinnen und Zuhörer, die »kein Blut sehen können«, könnte der Vergleich zu drastisch sein und Kogler würde ihre Aufmerksamkeit verlieren.

Das kann man natürlich mit diesen Maßnahmen machen, wenn es Aussicht für die betreffenden Unternehmen gibt und Sicherheit, also Aussicht, was Liquidität betrifft, und Sicherheit, die Kosten, die hier nun einmal anfallen und für die es aber auf der einen Seite keine Gegenerlöse gibt, dass die auch getragen werden. Wie kann man das machen? Erstens mit einem Instrument garantierter Kredite, das wird noch näher ausgeführt werden, und zweitens mit tatsächlichen nicht rückzahlbaren Zuschüssen in dem Bereich der Betriebskosten. Bei den Garantien wird's so sein, dass wir bis zu 90 % staatlich garantieren, das ist eine sehr hohe Quote.

Die Aussage »... das ist eine sehr hohe Quote« ist ein unspezifischer Vergleich. Es wird »hoch« nicht in ein Verhältnis gesetzt. Das macht den Vergleich schwer greifbar. Man müsste z.B. als Journalist fragen: »Hoch im Vergleich wozu?«

Die Instrumente können beantragt werden ab nächster Woche und neben den Garantien ist es auch für die Zuschüsse der Fall. Die Zuschüsse messen sich, die Zuschusshöhen messen sich nach den Umsatzeinbrüchen, da gibt es ein sehr ausgeklügeltes, noch vorzustellendes Modell. Wie gesagt, die meisten dieser Kosten werden dann getragen. Da wird dann nach einer bestimmten Zeit, im Wesentlichen dem Geschäftsjahr, zurückgeblickt, um diese, um diese Schäden zu bemessen und zu refundieren. Ganz wichtig, weil's immer öffentliche Debatte war, wir haben uns darauf verständigt, die Dividendenauszahlungen zu beschränken, de facto ist es einmal ein einjähriger Dividendenauszahlungsstopp, terminlich abhängig von den Beschlüssen der Hauptversammlung, und desgleichen gibt's Einschränkungen bei den Auszahlungen für Boni bei Vorstandsmitgliedern solcher größerer Unternehmen.

Kogler begründet den Stopp der Dividendenauszahlung mit der öffentlichen Debatte. Das ist ein Scheinargument. Es wird eine scheinbare Kausalität angeführt, die nur eine Korrelation ist. Es wird der Vereinfachungseffekt genutzt, Menschen lieben Vereinfachungen. Diese Aussage dient auch zur Herstellung von Rapport zum Publikum in Form der Utilisation. Kogler nutzt das Weltmodell des Publikums, nämlich dass Dividendenauszahlungen in der aktuellen Situation nicht in Ordnung sind, und begründet damit die Entscheidung, Dividendenauszahlungen zu stoppen. Durch das Finden dieser Gemeinsamkeiten entsteht eine gemeinsame emotionale Verbindung, die als Rapport bezeichnet wird. Somit ist das Publikum in Folge bereit, seinen Ausführungen zu folgen und zuzustimmen. Kogler gelingt das im Allgemeinen sehr gut, über seine Äußerungen gibt es insgesamt wenig negative Kritik. Ein Zeichen, dass er mit seiner Art der Kampfrhetorik ankommt.

> *Das sind die ganz, ganz, groben Eckdaten, aber lassen Sie mich noch einmal das Motiv zusammenfassen, das die Bundesregierung hier antreibt: Wir wollen im Wesentlichen den Wirtschaftsbetrieb über diese Krise drüber retten und dass wir dann, bei denen, wo's geht, besser durchstarten können, da passt dieser Begriff, bei vielen wird's auch ein Neustart sein und dass die für das Ganze einen Beitrag zum Neuaufbau leisten können. Wir dürfen nie vergessen, Sie kennen mein Credo schon, wenn wir einzelnen Branchen helfen, einzelnen Unternehmen und deren Beschäftigten, helfen wir auch dem Ganzen, weil wir auf diese Art und Weise die Ansteckungseffekte in der Wirtschaft, wenn's schon nicht ganz aufzuhalten sind, so doch reduzieren können, und ja, wir hatten es gesagt, alles, was es braucht, und an der Stelle wird man es mit der Dotierung von den 15 Milliarden auch so nachvollziehen können. Damit*

kommen wir mit Sicherheit eine Zeit lang über die Runden, um diese Ziele zu erreichen.

Kogler nutzt hier sehr sympathisch die Metapher des gemeinschaftlichen *Wir's* und des gegenseitigen Helfens im Sinne der Gemeinschaft: Wir helfen dir, das hilft anderen, und die anderen helfen dann wieder uns. Am Ende nutzt er den Zirkelschluss, mit Sicherheit über die Runden zu kommen, der auf den vorhin selbst aufgestellten Behauptungen, wie das Corona-Hilfspaket verwendet werden soll, beruht. Eine Verallgemeinerung, die das menschliche Grundbedürfnis »Sicherheit« gut adressiert.

Am glatten Interview-Parkett – wer stolpert zuerst?

Bundeskanzler Sebastian Kurz am 6. April 2020 im ZiB2-Interview mit Armin Wolf über die Corona-Maßnahmen

Armin Wolf ist Moderator des österreichischen Nachrichtenjournals Zeit-im-Bild-2. Wolf ist als kritischer Moderator und insistierender Fragensteller bekannt. Er wurde für seine Arbeiten und vor allem für seine Live-Interviews vielfach ausgezeichnet. In letzter Zeit macht sich bei mir allerdings der Eindruck breit, dass Wolf mit der Art und Weise seiner Fragestellung und mit seinem Interviewstil an Grenzen kommt. Besonders, wenn er Sebastian Kurz interviewt. Es entsteht für mich mehr der Eindruck eines Hick-Hacks als eines für die Zuseherschaft interessanten Gesprächs.

Hier der YouTube-Link zur Rede aus dem ZiB2-Studio: *https://www.youtube.com/watch?v=u3V9NbSaxbM*

Bevor wir uns mit der Rede selbst beschäftigen, betrachten wir den Gesamteindruck. Sebastian Kurz ist bei diesem Interview nicht live im Studio, sondern nimmt via Online-Schaltung aus dem Bundeskanzleramt teil. Kurz' Körpersprache ist, wie die meiste Zeit, in der Satir-Kategorie des Levelers, eher unbewegt. Wenn er sich bewegt, dann sind es meist Bewegungen symmetrisch zur Körperachse. Wolf hingegen sitzt, wie üblich, und dreht sich nach rechts, um mit Kurz zu sprechen. Das trägt mit dazu bei, dass die beiden Gesprächspartner nur wenig bis keinen Rapport zueinander aufbauen. Sie zeigen keinerlei Ähnlichkeiten, die auf eine emotionale Verbindung schließen lassen würden.

> *Armin Wolf (AW): Herr Bundeskanzler, ich möchte bei diesem letzten Bild beginnen, das wir in dem Beitrag eben gesehen haben: Tragen Sie und die anderen Regie-*

rungsmitglieder jetzt eigentlich bei den Ministerratssitzungen und bei Ihren Besprechungen mit Ihren Kolleginnen auch immer Schutzmasken?

Wolf beginnt mit einer Frage, die aufgrund des fehlenden Rapports fast als Provokation betrachtet werden kann, die durch die Wörter »auch immer« ausgelöst wird. Aus meiner Sicht wäre das nicht notwendig. Wolf möchte von Kurz für die Bevölkerung interessante Informationen erfahren, da macht es wenig Sinn, als sein Gegenspieler aufzutreten.

Sebastian Kurz (SK): Das wäre schön, aber im Moment ist es sogar so weit, dass die Ministerratssitzungen nicht physisch stattfinden, sondern dass sie ausschließlich über Videokonferenz stattfinden dürfen, das wird doch noch einige Zeit so sein. Also es wird in den meisten Bereichen im öffentlichen Dienst, dort wo etwas möglich ist, weiterhin so bleiben, dass die Mitarbeiter mit Homeoffice arbeiten sollen, aber natürlich, wenn's wieder mehr Besprechungen gibt, werden dort auch Schutzmasken getragen werden.

Kurz reagiert wie gewohnt gelassen und lässt Wolf bereits mit der ersten Frage auflaufen.

AW: Sie haben vor genau einer Woche hier im Fernsehen gesagt, recht dramatisch, das, was wir jetzt haben, ist die Ruhe vor dem Sturm. Seither sind die Zahlen und Daten, die wir kennen, allerdings kontinuierlich besser geworden. Wann erwarten Sie den Sturm und was verstehen Sie darunter?

Wolf hinterfragt einen scheinbaren Gegensatz, nämlich dass der Sturm käme, gleichzeitig die Zahlen und Daten aber kontinuierlich besser geworden sind.

SK: Also zunächst einmal findet der Sturm ja gerade statt, allerdings nicht in Österreich, sondern in vielen anderen Ländern. Wir erleben, dass Österreich gerade eines der wenigen Länder ist, das gut durch diese Krise kommt. Wir haben uns bisher das Schlimmste erspart, aber in vielen anderen Ländern ist die Situation gerade sehr düster und der Sturm sehr dramatisch.

Kurz verwendet hier das Muster des *»Unspezifischen Vergleichs«*. Was versteht er unter dem »Schlimmsten«, wer sind diese »vielen anderen Länder«? Das öffnet Tür und Tor für Spekulationen, die die gute Lage in Österreich nicht genügend verständlich machen. Kurz weiter:

Was wir hoffen, ist, dass wir uns das Schlimmste in Österreich weiter ersparen können, aber das wird nur gelingen, wenn alle weiter zusammenstehen, jeder seinen Beitrag leistet und wir uns weiterhin so vorbildlich verhalten, wie das im Moment stattfindet, wenn sich alle weiter an die Ausgangsbeschränkungen halten, wenn jeder seinen Beitrag leistet, dann bin ich optimistisch, dass wir nicht nur gut durch die Krise kommen, sondern auch schneller aus dieser Krise herauskommen als andere, aber wichtig ist, glaube ich, schon festzuhalten, die Gefahr ist nicht gebannt, wir sind nicht über den Berg, die Zahlen sind jetzt gut, aber es kann sofort wieder ein Rückschlag kommen, wenn wir unser Verhalten ändern.

Kurz spricht in Schachtelsätzen und in Verneinungen, die Trance-erzeugend sind. Wir hören sehr stark die Generalisierung »wenn jeder seinen Beitrag leistet«. Sein Statement endet mit der Suggestion »… aber es kann sofort wieder einen Rückschlag geben, wenn wir unser Verhalten ändern«. Das soll unmissverständlich sein und ins Unbewusste der Zuhörerschaft eindringen.

> *AW: In den letzten Tagen wurde eine Zufallsstichprobe von 2000 Menschen in ganz Österreich getestet, um festzustellen, wie verbreitet das Virus überhaupt in der allgemeinen Bevölkerung ist. Die Resultate gibt's aber erst morgen. Warum haben Sie die Entscheidungen über den weiteren Fahrplan schon heute getroffen?*

Wolf stellt wieder eine Frage, die den Eindruck macht, Kurz bei etwas Falschem erwischen zu wollen.

> *SK: Weil wir die Zwischenergebnisse schon haben und die Zwischenergebnisse, die sprechen eine sehr eindeutige Sprache. Es ist genau das rausgekommen, was wir uns erwartet haben, nämlich die Zahl der Infizierten, die ist im Promillebereich, die Schätzungen, die wir da hatten, die waren sehr gut, und selbst wenn man jetzt alles kumuliert, was es jemals geben hätte können an Infizierten in Österreich, dann kommt man, was die Durchseuchung betrifft, auf eine Rate von maximal einem Prozent, wahrscheinlich eher darunter, und insofern ist klar, das Konzept der Herdenimmunität, das hätte nie funktioniert. Ich bin heilfroh, dass wir auf unseren Weg gesetzt haben, dass wir den richtigen Weg eingeschlagen haben, dass wir früh restriktive Maßnahmen gesetzt haben, schneller reagiert haben als andere und jetzt hoffentlich auch schneller wieder aus dieser Krise herauskommen. Aber ich betone noch einmal, das gelingt nur, wenn alle weiterhin ihren Beitrag leisten und wenn die Österreicherinnen und Österreicher weiter so mitmachen und so verantwortungsvoll sind wie auch in den letzten drei Wochen, die für viele ja schon sehr schwer und sehr herausfordernd waren.*

Kurz könnte hier mehr den Kontrasteffekt nutzen. Der Kontrasteffekt macht den Unterschied zwischen zwei Dingen deutlich. Hier könnte der Unterschied zwischen Österreich und anderen Ländern an einigen Beispielen klar gezeigt werden. Problematisch ist die Generalisierung, dass »die letzten drei Wochen für viele schon sehr schwer und sehr herausfordernd waren«. Damit wird eine Opferhaltung suggeriert, die der Regierung in den kommenden Monaten noch Probleme bereiten wird, da sich die meisten Menschen tatsächlich als Opfer sehen und somit wenig Eigeninitiative an den Tag legen.

AW: Viele Wissenschaftler sagen, wir wissen viel zu wenig nach wie vor über die Situation in Österreich, es werden viel zu wenige Daten erhoben und ausgewertet. Wir wissen zum Beispiel nicht, wie viele Menschen wirklich infiziert sind, da gibt es diese erste Studie, die aber doch recht klein ist. Die Zahl der positiven getesteten Fälle hängt ausschließlich davon ab, wie viel tatsächlich getestet wird. Letzte Woche wurden mit einem Schlag 40.000 bisher unbekannte Tests bekannt, aber die Fallzahl ist trotzdem kaum gestiegen, was irgendwie ungewöhnlich war. Wir wissen de facto nichts über die tatsächliche Sterberate. An welchen Daten machen Sie denn konkret fest in den nächsten Wochen, ob die Entwicklung passt oder ob Sie die Notbremse ziehen müssen, wie Sie es heute Vormittag formuliert haben?

»Notbremse ziehen« ist eine sehr einprägsame, fast bedrohlich scheinende Metapher. Wolf sucht in Kurz' Aussagen nach Widersprüchen.

SK: Wir haben unterschiedliche Parameter, auf die wir schauen. Das Erste, was leider Gottes dramatisch ist, aber was immer harte Fakten sind, die Frage der Sterbe-

rate, also wie viele Menschen sterben wirklich am Coronavirus. Das Zweite ist, wie viele sind in der Intensivstation, das Dritte ist, wie viele brauchen eine Betreuung im Spital, also die Zahl der Hospitalisierten, und darüber hinaus gibt's natürlich das Ergebnis der Tests, also wie viele werden positiv getestet, und nachdem wir wissen, dass ungefähr 80 % der Menschen keine Symptome haben, muss man das Ergebnis der Test natürlich dann noch mal hochrechnen, dann hat man ungefähr das Ergebnis der Infizierten. Und wir wissen, dass unser Replikationsfaktor sich sehr gut entwickelt hat, wir sind auf dem richtigen Weg, und sollte eine andere Tendenz auf einmal eintreten, dann werden wir natürlich auch die Notbremse ziehen. Wie Sie wissen, haben wir ja nicht entschieden, das Land von heute auf morgen wieder hochzufahren, sondern wir haben das gemacht, was ich auch versprochen hab, nämlich eine schrittweise Wiederauferstehung nach Ostern vorbereitet, und schrittweise bedeutet, die ersten Geschäfte, die kleinen Geschäfte, die öffnen am 14. April, aber die Menschen, die weiter von zu Hause arbeiten können, die sollen auch noch weiter Homeoffice machen. Die Schulen sind weiter nicht geöffnet, außer für Betreuung, die Gastronomie ist zu, und wir werden sehr genau schauen, wie sich die Zahlen dann entwickeln. Erst am 1. Mai wird's den nächsten Schritt geben, und insofern ist da genug Zeit dazwischen einberechnet, wo wir auf allfällige schlechtere Entwicklungen reagieren könnten. Unser Ziel ist es natürlich, dass die Dinge einen guten Verlauf nehmen, aber wir wissen es nicht, und daher haben wir auch diese Sicherheitsphasen eingezogen, um immer adäquat reagieren zu können, wenn's eine negative Entwicklung gibt.

Hier wird die Metapher der Auferstehung nach Ostern verwendet, allerdings als Dysphemismus. Es wird die aktuelle Situation als tödlich, als bereits verstorben, dargestellt. Das veranlasst die Menschen dazu, inaktiv zu sein und abzuwarten. Was soll ein Toter noch machen?

AW: Nun sagen Sie, Sie schauen auf die Zahl der Verstorbenen und nun ist diese Zahl ja nicht ganz eindeutig, weil da werden in der Statistik, zur Zeit sind es 220 Fälle, alle Menschen erfasst, die nach einem positiven Test gestorben sind, das heißt nicht, dass sie an dem Virus gestorben sind. Das heißt, niemand weiß momentan ganz genau, wie viele echte Corona-Fälle es in Österreich gibt. Es kommt immer wieder das Argument, und ich bin ganz sicher, Sie hören das auch ständig, dass an der normalen Grippe in Österreich zwischen 1.500 und 4.000 Menschen sterben in jedem Winter, und kein Mensch hat da je über Ausgangsbeschränkungen nachgedacht oder über einen Shutdown der Wirtschaft und es würde einfach die Verhältnismäßigkeit der Maßnahmen nicht stimmen. Was antworten Sie denn darauf?

Hier abermals der Versuch, Kurz in Widersprüche zu verwickeln. Die Fragestellung: »Was antworten Sie denn darauf?«, klingt nach Verhör. Es geht nicht darum, was Kurz darauf antwortet, sondern wie die Situation gemeistert werden kann. Es gelingt Wolf damit, Kurz zu provozieren, wie Sie gleich, verehrte Leserin und verehrter Leser, sehen werden:

SK: Also, ich führe gerne jede sachliche Diskussion, aber der das so sagt, der argumentiert einfach dumm. Das tut mir leid, das so direkt zu sagen, aber ich habe mich schon Anfang des Jahres darüber geärgert, dass viele das Coronavirus mit der Grippe verglichen haben, aber auch im ZiB2-Studio vor sehr langer Zeit damals argumentiert, warum ich glaube, dass dieser Vergleich falsch ist, und man kann das mittlerweile belegen.

Kurz lässt sich provozieren und macht eine wertende Aussage über jene Menschen, die die Zusammenhänge nicht verstehen. Es besteht kein Grund, sich darüber zu ärgern, dass Menschen das Coronavirus mit der Grippe verglichen haben. Kurz weiter:

Die Sterblichkeit beim Coronavirus ist wesentlich höher. Ich kann mich nicht erinnern, dass bei der Grippe so viele Menschen später Spitalsbehandlung oder Beatmung gebraucht haben, dass Intensivkapazitäten je nicht mehr gereicht hätten. Also auch das kann man nicht vergleichen. Und dann ist auch die Ausbreitung der Krankheit eine ganz andere. Bei der Grippe gibt's eine Impfung, beim Coronavirus nicht, und, das wichtigste Argument, das Coronavirus ist hoch ansteckend, ein Gutteil der Infizierten hat keine Symptome, kann also andere anstecken, ohne überhaupt zu wissen, dass sie selbst krank sind. Und auch bei denjenigen, die Symptome haben, treten diese Symptome oft erst nach einigen Tagen auf. Und insofern kann man die beiden Krankheiten schlicht und ergreifend nicht miteinander vergleichen und es ist absolut richtig, dass wir so gehandelt haben, wie wir gehandelt haben. Alle Studien belegen, hätten wir diese Schritte nicht gesetzt, dann gäb's eine massive Ausbreitung in Österreich mit bis hin zu über 100.000 Toten, und die wenigen Länder, die zunächst einen anderen Weg gehen Strategie verändert.

Kurz hätte hier, statt Zahlen, Daten und Fakten zu bringen, eine Metapher verwenden können, die die hohe Ausbreitungsgeschwindigkeit des Virus deutlich macht, um das Verständnis in der Bevölkerung zu erhöhen. Kurz weiter:

> *Wir sehen doch in unseren Nachbarländern wie Italien und auch in anderen Ländern in Europa, wie Spanien oder Frankreich, wie dramatisch die Situation ist, wenn man falsch reagiert. Drum bin ich heilfroh, dass die Österreicherinnen und Österreicher alle Maßnahmen so konsequent mitgetragen haben, dass wir richtig reagiert haben, dass wir schnell reagiert haben, und wenn wir jetzt durchhalten, wenn wir weiter konsequent bleiben, dann werden wir auch wirtschaftlich besser durch diese Krise kommen als alle andern. Wichtig ist nur, dass wir die Gefahr nach wie vor ernst nehmen, nur weil sich die Zahlen gut entwickeln, heißt es nicht, dass wir über dem Berg sind. Eines der diszipliniertesten Länder dieser Welt, Singapur, hat alles richtig gemacht in der Bekämpfung des Coronavirus und hat nach der Öffnung jetzt wieder einen zweiten Shutdown machen müssen, weil die Zahlen wieder ansteigen, und insofern, wir sind noch lange nicht über den Berg, aber es gibt eine positive Perspektive, die wir schaffen können, wenn alle ihren Beitrag leisten.*

Die Generalisierung »wenn alle ihren Beitrag leisten« ist bereits abgedroschen. Wer sind »alle« und um welchen Beitrag handelt es sich?

> *AW: Das war eine sehr wichtige grundsätzliche Frage, die sich viele Menschen stellen.*

Welche sehr wichtige grundsätzliche Frage meint Wolf hier, die sich viele Menschen stellen? Woher weiß er, dass sich diese (nicht gestellte) Frage viele Menschen stellen und dass diese Frage grundsätzlich wäre?

AW: Ich würde Sie jetzt bei ganz konkreten Punkten fragen, da Sie aber wenig Zeit haben, wie Sie mir vorhergesagt haben, würde ich Sie um kürzere Antworten bitten. Stichwort Handy-App. Die würde man brauchen, dass, wenn es gelingt, dass tatsächlich nur mehr sehr wenige Menschen infiziert sind, dass man deren Kontakte nachverfolgen kann. Das wollten jetzt hochrangige Funktionäre aus der ÖVP und vielleicht auch Sie verpflichtend machen, jetzt ist es doch freiwillig. Deswegen, weil der Koalitionspartner es verweigert hat, dass es verpflichtend ist, oder weil Verfassungsjuristen Sie überzeugt haben, dass es nicht geht nach der Verfassung?

Wieder eine Provokationsfrage durch Wolf, die den Eindruck macht, dass er mehr daran interessiert ist, Kurz aufs Glatteis zu führen, als für die Zuseherschaft interessante Fragen zu stellen.

SK: Es gab da immer unterschiedliche Zugänge über die Parteigrenzen hinweg. Zuständig ist der Gesundheitsminister und er wird einen Vorschlag machen. Es wird jedenfalls freiwillig sein und die digitale Unterstützung des Trackings ist auf jeden Fall ein wichtiger Grundstein, den wir brauchen, damit auch das Tracking funktioniert, die Testung und danach die Isolation derer, die entweder positiv getestet wurden oder eben potenziell Kontakt hatten. Wie genau das ausgestaltet sein wird, das wird der Gesundheitsminister zügig bekannt geben.

Kurz reagiert in seinem Arbeitsstil der Beteiligung: Jeder Minister hat seine Aufgabe eigenverantwortlich, jedoch unter Koordination des Kanzlers zu erledigen.

AW: Planen Sie irgendwelche Regelungen, dass jemand, der die Handy-App nutzt, weniger gesetzliche Einschränkungen hat als jemand, der sie nicht nutzt?

SK: Das liegt beim Gesundheitsminister, aber ich glaube, dass das nicht geplant ist.

AW: Kommen wir zum Fahrplan ab nächster Woche, den Sie heute bekannt gegeben haben, wenn die Geschäfte jetzt aufsperren, wo ja Hunderttausende Menschen im Handel arbeiten, wie wird denn da die Kinderbetreuung geregelt, die Kindergärten und Schulen sind ja nach wie vor nur sehr, sehr eingeschränkt in Betrieb?

SK: Ja, wie Sie sagen, die Kindergärten und Schulen sind eingeschränkt in Betrieb, es findet kein Unterricht statt, sie sind aber geöffnet. Wir haben derzeit eine sehr geringe Zahl an Kindern dort, betreut werden um 0,5 %, das heißt, es ist ausreichend Platz und Kapazität vorhanden. Wenn jetzt auch die Handelsangestellten ihre Kinder in die Kinderbetreuung bringen, und ich sag dazu, weil ich weiß auch in meinem eigenen Bekanntenkreis, dass es viele Familie gibt, die es fast gar nicht mehr aushalten gemeinsam, es ist doch keine Schande, seine Kinder ein paar Tage in die Kinderbetreuung zu bringen und dann wieder zu Hause fortzusetzen. Wir leben in einer sehr besonderen herausfordernden Zeit, und wer es gar nicht mehr aushält, der kann selbstverständlich auch jetzt das Betreuungsangebot nutzen, die Handelsangestellten sowieso.

Kurz bringt hier wieder die Überzeugung, dass die Zeiten extrem schwierig sind. Diese Einschätzung kann stimmen, jedoch sollte sie anders formuliert werden, um nicht als Vorwurf verstanden zu werden. Dass es viele Familien gibt, die es fast gar nicht mehr aushalten, ist eine gefährliche Generalisierung. Wie viele Familien sind viele? Was heißt es, es gar nicht mehr auszuhalten? Durch diese hypnotisierenden Sprachmuster des Milton-Modells werden Suggestionen ausgelöst, die für eine Problemlösung und Eigenverantwortung hinderlich sind. Es wäre viel geschickter, Beispiele von Familien und von Unternehmerinnen zu bringen, die die Situation meistern.

AW: Die Verordnung, mit der die Ausgangsbeschränkungen geregelt sind, sagt, man darf zur Deckung der notwendigen Grundbedürfnisse des täglichen Lebens hinaus. Da sind Läden gemeint, die jetzt schon offen haben, nämlich Lebensmittel, Trafiken, Apotheken usw., aber ein Modegeschäft oder ein Juwelier, die ab nächster Woche aufmachen, die gehören ja da wohl kaum dazu. Die dürfen jetzt zwar aufsperren, wenn ich die Verordnung ernst nehme, darf ich nicht hingehen. Kommt eine neue Verordnung?

Die Frage »Kommt eine neue Verordnung?« ist eine geschlossene Frage, die nur mit Ja oder Nein beantwortet werden kann. In Kurz' Antwort ist ein gewisser Zynismus zu bemerken. Wieder ein Hinweis, dass zwischen Wolf und Kurz unter dem Deckmantel eines Nachrichtenjournals ein Schlagabtausch stattfindet. Eine wesentlich interessantere Frage wäre doch, wie die Ausgangsregelungen ab nächster Woche angepasst werden.

SK: Das haben Sie ganz richtig bemerkt, Herr Wolf. Wie Sie sich wahrscheinlich denken können, kommt selbstverständlich eine neue Verordnung, die daran angepasst ist, und ich darf das vielleicht kurz zusammenfassen, damit es auch wirklich Klarheit gibt: Die Ausgangsbeschränkungen, die gelten, so wie wir sie ken-

nen, weiter, zumindest bis Ende April, das bedeutet, man darf, so wie bisher, hinausgehen, um zu arbeiten, um anderen Menschen zu helfen, um sich die Beine zu vertreten oder Sport zu machen. Und der vierte Punkt, das war bisher für die notwendigen Grundbedürfnisse einkaufen, und das wird jetzt ersetzt durch das Wort »einkaufen«, das heißt, man darf selbstständig in alle Geschäfte gehen, die geöffnet sind, aber die Ausgangsbeschränkungen mit diesen vier Gründen, die gelten weiter bis Ende April, danach wird's neu bewertet und wahrscheinlich in adaptierter, leicht veränderter Form auch fortgesetzt werden müssen.

Kurz antwortet wieder sehr formal in Regeln und Abläufen. Diese Sprache ist schwer verständlich, da sie keine Emotionen erlaubt. Interessanterweise hat Boris Johnson Piktogramme und Grafiken verwendet, um der Bevölkerung in UK die Regeln nahezubringen *(siehe Kapitel: »Boris Johnson am 10. Mai 2020 über den Covid-19-Lockdown, https://www.youtube.com/watch?v=P8HC5sOHzus« auf Seite 36).*

AW: Jetzt nehme ich an, Sie kriegen die gleichen Mails wie wir und das Gesundheitsministerium auch, von zahllosen Juristen, die sagen, wenn man sich diese Verordnungen anschaut, wo das geregelt ist, und weil Sie gerade gesagt haben, man darf eben hinausgehen, um sich zu erholen und Sport zu treiben, wenn man sich diese berühmte Ziffer 5 anschaut, in der das geregelt ist, da steht, wenn man ins Freie geht, alleine oder mit Personen aus dem gleichen Haushalt oder mit Haustieren, muss man Abstand halten, aber von Sport oder Erholung steht da gar nichts, jetzt sagen ganz viele Juristen, man darf aus jedem Grund hinaus, so wie diese

Verordnung formuliert ist, da gibt's keine Einschränkungen, auch für einen Besuch darf man raus.

Wolf beabsichtigt, Kurz mit dieser Formulierung, was zahllose Juristen sagen, wiederum zu provozieren und einen oder mehrere Widersprüche aufzudecken.

SK: Es wird immer Personen geben, die juristisch spitzfindig sind. Ich sage Ihnen nur, wir leben in einer Zeit der Krise, und aus meiner Sicht geht es jetzt da nicht immer darum, ein Maximum an Verwirrung zu stiften, sondern dass wir alle in Österreich zusammenhalten und das tun, was notwendig ist, um diese Krise zu bewältigen. Das ist ganz leicht auf den Punkt gebracht, nämlich: soziale Kontakte einschränken. Und das bedeutet, jeder sollte nur Kontakt mit den Personen haben, wo es absolut notwendig ist. Das sind im Normalfall die Personen, mit denen man zusammenlebt, oder die Personen, mit denen man zusammenarbeitet oder zusammenarbeiten muss. Dass es nicht sinnvoll ist, darüber hinaus soziale Kontakte zu haben, das, glaub ich, kann sich jeder denken, die Polizei wird niemals die Möglichkeit haben, in jede Wohnung hinein zu kontrollieren, und will das auch nicht tun, aber ich habe in den letzten Wochen gemerkt, wie groß das Verantwortungsbewusstsein der Bevölkerung ist, wie viel die Österreicher auch freiwillig beitragen, und drum habe ich großes Vertrauen, dass wir weiter gut durch diese Krise kommen, wenn sich alle an die Ausgangsbeschränkungen halten, und da ist ganz gleich sozusagen, was Juristen dazu sagen, wenn sich alle an diese Ausgangsbeschränkungen halten, wenn zu Ostern auch auf Familienfeiern verzichtet wird, wenn man einfach die Zeit mit den Menschen verbringt, mit denen man zusammenlebt, auch wenn's schwerfällt, auch wenn's eine

Durststrecke ist, auch wenn man glaubt, man erträgt es fast nicht mehr, dann bin ich sehr, sehr optimistisch, dass wir besser aus dieser Krise herauskommen als andere und dass nach Ostern auch wieder schrittweise zur Normalität übergegangen werden kann.

Kurz reagiert mit einer anderen Generalisierung, nämlich: »Es wird immer Personen geben, die spitzfindig sind.« Ein guter Konter. Leider malt Kurz wieder das düstere Bild, wie dramatisch es ist, Zeit mit den Menschen zu verbringen, mit denen man zusammenlebt. Wenn das stimmen sollte, dann haben wir ein großes Problem. Wiederum hätte Kurz hier die Möglichkeit gehabt, konkrete Beispiele zu nennen, anstatt sehr verallgemeinert darüber zu sprechen, dass sich »alle« daran halten sollten. Mit »alle« fühlen sich die Zuseherinnen und Zuseher nicht angesprochen.

AW: Ich glaube, das verstehen tatsächlich die allermeisten Menschen, aber der Public-Health-Experte Martin Sprenger von der Uni Graz, Mitglied im Corona-Expertenbeirat, sagt heute in einem Interview mit Addendum, er versteht die Ausgangsbeschränkungen im Freien überhaupt nicht, weil wenn man dort genügend Abstand hält, kann man sich praktisch nicht infizieren, deshalb hält er, ich zitiere: »alle Einschränkung der Bewegung im Freien, das Schließen von Parks und Wandergebieten, für falsch und für nicht nachvollziehbar«. Wie begründen Sie es?

Wolf bringt seine persönliche Meinung in einer verallgemeinerten Form, dass er glaube, dass dies tatsächlich die allermeisten Menschen verstehen würden. Die Frage »Wie begründen Sie es?« ist an dieser Stelle falsch. Wie soll Kurz eine Aussage einer anderen Person, namentlich Martin Sprenger, begründen?

SK: Ich begründe es gar nicht, das ist ja nicht meine Meinung. Es ist legitim, dass jemand diese Meinung vertritt, ich habe eine andere. Ich habe Gott sei Dank am Anfang auch den Experten nicht geglaubt, die Corona mit der Grippe verglichen haben, ich habe Gott sei Dank all jenen nicht geglaubt, die gesagt haben, Masken bringen gar nichts, ich hab Gott sei Dank all jenen nicht geglaubt, die gesagt haben, wenn man kürzer als 15 Minuten Kontakt hat, dann kann man sich nicht anstecken, weil all das hat sich als falsch herausgestellt. Und insofern kann ich nur sagen, wir sind bisher mit unseren Entscheidungen auf einem sehr guten Weg gewesen, wir sehen, dass viele andere Länder auch unsere Schritte kopieren, unsere Schritte nachmachen, all das, was wir bisher beschlossen haben, ist innerhalb von kürzester Zeit auch in Deutschland oder anderen Ländern so beschlossen worden, und insofern würde ich sagen, der Erfolg bisher zeigt, wir sind auf einem guten Weg. Gehen wir doch bitte diesen guten Weg weiter und stellen wir ihn nicht infrage. Wenn wir jetzt vom Weg abkommen, dann können wir innerhalb der kürzesten Zeit so etwas erleben wie in Italien oder Spanien, das können wir uns aber auch ersparen. Und insofern würde ich bitten, bleiben wir konsequent, auch wenn es eine harte Einschränkung ist, und natürlich kann man sich, um auf den Experten einzugehen, auch im Freien anstecken, wenn man mit jemandem im Freien intensiven Kontakt hat. Es hat sich in New York mittlerweile ein Tiger angesteckt und anscheinend danach andere Tiger angesteckt. Also, ich bitte da um Verständnis, dass wir uns durchaus bei den Regeln, die wir setzen, auch viel dabei gedacht haben und auch auf viele Expertengesprächen zurückgreifen können.

Kurz weist die Frage von Wolf als absurd zurück und nutzt die Gelegenheit, seine Statements zu wiederholen. Er wendet die kognitive Verzerrung des Wahrheitseffekts an, der besagt, dass die Wiederholung von Aussagen dazu führt, dass diese als wahr angenommen werden.

> *AW: Der Experte hat natürlich auch dazu gesagt, man muss im Freien Abstand halten, ganz, ganz wichtig! In Tirol enden morgen die besonders strengen Quarantänebeschränkungen, die Stadt Innsbruck, stark betroffen, öffnet morgen alle ihre Parks wieder, in Wien werden die großen Bundesgärten wie Schönbrunn aber erst nach den Osterferien wieder aufgesperrt, das heißt, der Stadtpark an der Ringstraße ist offen, aber der Volksgarten an der Ringstraße ist offenbar noch eine Woche lang zu gefährlich. Wie ist das begründbar?*

Wolf rudert mit seiner versuchten Provokation zurück, indem er das Statement des Experten ergänzt und relativiert. Wolf insistiert weiter und versucht, Kurz in Widersprüche zu verwickeln. Er versucht, auf einen Punkt, nämlich dass der Volksgarten noch geschlossen bleibt, Kurz zur Aussage zu bewegen.

> *SK: Es gibt hier einfach leicht unterschiedliche Einschätzungen und Zugänge, aber es gibt, würde ich sagen, viele internationale Beispiele, die sehr ähnlich sind. Wir haben in Madrid oder in Rom die Situation, dass dort alle Parks zu sind. Die Stadt Wien hat zum Beispiel alle Kinderspielplätze in Wien geschlossen, das Land Burgenland hat den Seezugang für den Neusiedlersee geschlossen. Wenn Sie mich nach meiner Meinung fragen, ich würde vorschlagen, dass wir uns alle Mühe geben, egal wie viel Kraft es kostet, noch einige Tage massiv durchzuhalten, dass wir uns einschränken,*

dass wir unser Leben massiv reduzieren, dass wir nur das Notwendigste tun und nur mit einer geringen Zahl an Menschen, mit denen wir zusammenleben, auch Kontakt haben. Wenn wir das machen, dann wird die Situation schnell eine deutlich bessere sein. Wenn wir das nicht machen und jetzt kurz vor dem Ziel aufgeben, dann kann die Krankheit sich innerhalb von kürzester Zeit wieder so stark ausweiten, dass wir das nicht stoppen können und vielleicht eine Situation erleben wie in Italien oder in Spanien. Was viele Menschen sich nicht vorstellen können, ist einfach, bei einem exponentiellen Wachstum, wie schnell es gehen kann, und daher mein dringendes Ersuchen, denken wir nicht nur drüber nach, wie groß die Einschränkung in diesen Tagen ist, sondern sehen wir lieber vor uns, wie groß die Freiheit ist, wie groß das Glück im Leben ist, das wir bald wieder zurückerlangen können, wenn wir diesen Weg konsequent weitergehen.

Kurz geht auf die Frage von Wolf nicht ein, sondern führt Wolfs Argumentation ins Allgemeine, indem er auf andere Städte und Länder in Europa verweist. Endlich bringt Kurz einen Lichtblick. Er lenkt die Gedanken des Publikums in Richtung Freiheit.

AW: Zwei ganz kurze praktische Fragen noch: Frisöre dürfen am 1. Mai wieder aufsperren und ganz viele Menschen fragen, was ist mit Physiotherapeuten, Heilmasseuren, Fußpflegerinnen und anderen Berufen, auch mit Körperkontakt, die oft auch einen ganz wichtigen gesundheitlichen Nutzen haben?

Eine praktische Frage ohne offensichtlichen Hintergedanken.

SK: Alle, die den Gesundheitsberufen zuzuordnen sind,

dürfen jetzt schon weiter ihrer Tätigkeit nachgehen und all jene, wie Kosmetik oder zum Beispiel auch Maniküre, das wird wieder möglich sein mit Mitte Mai, wenn alle weiteren Dienstleistungen auch wieder erlaubt sind.

Klare Antwort von Kurz.

AW: Viele Menschen vermissen die gesperrten Sportplätze und Fitnessstudios. Warum darf man ab nächster Woche in eine Boutique gehen, aber nicht auf einen Sportplatz oder Tennisplatz?

Wolf bringt Boutiquen und Sportplatz in einen kausalen Zusammenhang, der nicht besteht. Die Tatsache, dass das eine offen und das andere geschlossen hat, ist eine Gleichzeitigkeit, jedoch keine Abhängigkeit. Die Frage, warum das so sei, ist irreführend und eine Scheinfrage, da, wie gesagt, das eine vom anderen inhaltlich unabhängig ist. Zu sagen, wir sperren Boutiquen auf und deshalb auch Sportstätten, wäre ein unzulässiger Zirkelbezug.

SK: Für den Sport wird es eigene Regelungen geben. Nachdem es aber eine so Vielzahl an Sportarten gibt, haben wir uns dazu entschieden, das heute nicht in dieser Pressekonferenz alles kundzutun, weil das ein bisschen, glaube ich, die Österreicherinnen und Österreicher mit der Information überfordert hätte. Es wird eine eigene Pressekonferenz zum Bildungsbereich geben, eine zu Kultur und Veranstaltungen, eine zum Thema Reisefreiheit und eine zum Thema Sport, wo alle diese Fragen geklärt werden. Und es wird strikt unterschieden werden je nach Sportart; am Tennisplatz, wie Sie wahrscheinlich zu recht bemerken würden, gibt's einen großen Abstand, darum wird das sehr bald schon wieder möglich sein, und in anderen Bereichen, wie geschlossene Räumlichkeiten, nahe beisammen, wird das sehr, sehr lange nicht möglich sein.

Kurz' Annahme, die Österreicher möglicherweise mit Information zu überfordern, ist eine unzulässige Verallgemeinerung und somit eine unzulässige Bewertung der Österreicherinnen und Österreicher. Hier hätte Wolf einhacken können und fragen, wie Sebastian Kurz dies meint.

AW: Herr Bundeskanzler, vielen Dank für das Gespräch.

SK: Vielen Dank, Herr Wolf.

Dieses Gespräch hat mehr die Form eines Hick-Hacks und nicht den informativen Charakter, den ein Nachrichtenjournal des ORFs aus meiner Sicht haben soll. Armin Wolf macht leider den Eindruck, er wolle Aufdecker sein und jemanden bei einer verbotenen oder schlechten Sache erwischen wollen. Viel besser würde es ihm aus meiner Sicht stehen, informative und gehaltvolle Gespräche zu führen. Dazu wäre es notwendig, weniger Detailfragen zu stellen, sondern Fragen zu stellen, die die Tiefenstruktur der gemachten Aussagen ergründen.

Fragen zur Ergründung der Tiefenstruktur sind Wie-Fragen, wie z.B:

Wie meinen Sie das? Wie kann ich das verstehen? Wie sind die Zusammenhänge? Wie erleben Sie das? Wie fühlt sich dies an?

Wolf stellt anstelle dessen viele Was- und Warum-Fragen, die nach Zahlen, Daten, Fakten und Details fragen. Warum-Fragen führen im Speziellen zu Rechtfertigungen, die wir aus unserer Kindheit kennen. Wie oft wurden wir schon gefragt, warum wir dies oder jenes gemacht oder nicht gemacht haben. Warum-Fragen führen zur Konfrontation. Wie-Fragen hingegen führen zu gegenseitigem Verständnis und Respekt. Wir müssen mit den gewonnenen Antworten nicht einverstanden sein, wir können sie jedoch als Meinung einer anderen Person akzeptieren und hinterfragen, um neue Erkenntnisse zu gewinnen und um Klarheit zu schaffen.

Ist Provokation alles?

Herbert Kickl verurteilt am 22. April 2020 die Corona-Maßnahmen der Regierung

Herbert Kickl ist ehemaliger Innenminister der Republik Österreich. Nach dem Ibiza-Skandal im Mai 2019 hat Sebastian Kurz die Koalition mit der FPÖ aufgekündigt. Somit verlor Kickl das Amt des Innenministers. Seitdem ist er Klubobmann der Freiheitlichen Partei Österreichs und Abgeordneter zum Österreichischen Nationalrat.

Hier der Link zur Rede aus dem österreichischen Parlament:
https://www.youtube.com/watch?v=gpdIUunAPys

Bevor wir uns mit der Rede selbst beschäftigen, betrachten wir den Gesamteindruck, den Herbert Kickl macht. Kickls Körperhaltung entspricht dem Satir-Typen des Anklägers. Er signalisiert Stärke und Dominanz, er spricht schuldig. Der rechte Arm wird zum Gestikulieren benutzt, während die linke Hand in der Hosentasche verweilt. Kickl spricht klar und deutlich. Er hält Augenkontakt zu seinem Publikum.

> *Sehr geehrte Mitglieder der Bundesregierung, geschätztes Hohes Haus, liebe Österreicherinnen und Österreicher!*
>
> *Nach fünf Wochen Ihrer Anti-Corona-Maßnahmen ist es wirklich angebracht, eine Bilanz zu ziehen, und Sie werden sich nicht wundern, dass sie aus meiner Sicht ein wenig anders aussieht, als es die Ihre tut. Aber zunächst einmal zu den positiven Aspekten. Ja, es ist unbestritten, dass im Gesundheitsbereich die Entwicklung in Österreich eine positive ist. Wir freuen uns über rückgängige Zahlen, was die Infektionen betrifft, wir*

freuen uns über rückläufige Raten, was die Todesfälle betrifft, wir freuen uns darüber, dass es mehr Menschen gibt, die gesund sind oder die gesund werden, als Menschen, die sich neu infizieren. Das ist eine positive Entwicklung, das ist ausgezeichnet und das freut auch mich, aber es ist nur der erste Blick auf die Dinge, Herr Bundeskanzler.

Kickl beginnt mit einem positiven Statement. Damit beeinflusst er das Publikum positiv, was die Arbeit der Regierung betrifft, obwohl dies vermutlich nicht in seinem Sinne ist. Seine in Folge negative Bewertung der Arbeit der Regierung wird daher nicht so negativ wahrgenommen, als wenn er gleich ausschließlich mit den negativen Aspekten begonnen hätte. Man nennt diesen Effekt »Priming«.

Ich glaube, wenn man ehrlich sein will und wenn man den Dingen auf den Grund gehen will, dann braucht es auch einen zweiten Blick, einen tiefergehenden Blick, und den möchte ich jetzt gemeinsam mit Ihnen versuchen und, Herr Bundeskanzler Kurz, jetzt dürfen Sie sich angesprochen fühlen und alle anderen Mitglieder auf der Regierungsbank, die glauben, dass der Ort hier dafür da ist, dass man der Debatte folgt, und nicht, dass das ein besonders toller Platz ist, der sich dafür eignet, dass man permanent mit dem eigenen Handy herumspielt. Damit ich das auch einmal angebracht habe, Sie alle dürfen sich angesprochen fühlen.

Kickl greift Kurz und die anderen Mitglieder der Bundesregierung persönlich an. Dies macht man normalerweise nur dann, wenn man auf verlorenem Posten zu sein scheint, wenn man auf der Sachebene nichts mehr auszurichten hat. Kurz begeht diesen Rapport-Bruch durch die Beschäftigung mit dem Handy vermutlich bewusst, um Kickl zu provozieren.

Ich habe nämlich ein paar ganz einfache Fragen an Sie. Warum, Herr Bundeskanzler, ist eigentlich die Entwicklung im Bereich der neu Infizierten auch in Schweden eindeutig eine positive? Warum ist das so? Warum ist eigentlich die Tendenz im Allgemeinen, was die Todesrate betrifft, auch in Schweden eine positive, verglichen mit vielen anderen Ländern, die so wie Sie ganz restriktive Maßnahmen gesetzt haben? Und vor allem, Herr Bundeskanzler, warum ist eigentlich in Schweden weder das Gesundheitssystem im Allgemeinen noch die Intensivmedizin vollkommen in sich zusammengebrochen? Ich glaube, dass das sehr berechtigte Fragen sind, berechtigte Fragen deshalb, weil Schweden sehr vieles, um nicht zu sagen fast alles, anders macht, als Sie es machen.

Kickl provoziert durch Warum-Fragen. Er formuliert Annahmen wie zum Beispiel, dass die Todesrate in Schweden auch eine positive ist, die Kurz an dieser Stelle nicht widerlegen kann. Kickl erklärt nicht, mit welchen Ländern er die Tendenz der Todesrate vergleicht. Es gibt genügend Länder, wo Schweden bezüglich der Todesrate schlechter abschneidet.

Sie wissen, dass in Schweden das öffentliche Leben eigentlich ohne große Einschränkungen im gesamten Jahr 2020 vonstattengeht, dass dort die Geschäfte und die Restaurants geöffnet sind, dass die Leute einkaufen gehen, dass sie sich treffen, dass die Kinder in den Kindergärten sind, dass in den Schulen, selbstverständlich auch in den Grundschulen unterrichtet wird, an Sie gerichtet, Herr Vizekanzler, Sie wissen, dass die Kinder dort auch ihre sportliche Betätigung haben, zum Beispiel im Bereich von Fußballvereinen, Sie wissen, dass Veranstaltungen bis 50 Personen zugelassen sind, mir ist auch nicht bekannt, dass die eigene Regierung dort daran arbeitet, die eigenen Bürger mit Big Data zu bespitzeln, und erst dann einen Rückzieher macht, wenn man aufgeklatscht wird in den miesen Absichten, und mir ist auch nicht bekannt, dass dort Spaziergänge, und ist auch nicht bekannt, dass dort Spaziergänger von Spitzenvertretern der Regierung als Lebensgefährder denunziert werden. Mir ist das alles nicht bekannt.

Kickl bringt hier Generalisierung und Verzerrungen, ohne konkrete Zahlen zu nennen.

Es ist ein ziemlich anderer Weg als der, den Sie einschlagen, und ich frage mich, warum ist dann eigentlich die Entwicklung auch dort eine im Allgemeinen positive? Und Sie, Herr Vizekanzler, haben vorhergesagt, na ja, das kann man ja alles nicht wissen. Jetzt möchte ich Sie und Ihre eigenen Worte, und insbesondere an die Worte des Bundeskanzlers, erinnern. Da haben Sie nämlich sehr, sehr vieles ganz genau gewusst, ganz genau haben Sie's gewusst, und das legen wir jetzt einmal an, an diese Entwicklungen. Es müsste doch nach Ihrer Theorie, Herr Bundeskanzler, mindestens 100.000 Tote dort in Schweden bereits geben, es müsste doch explosionsartige Entwicklungen, was die Infektionen betrifft, geben. Sie haben doch davon gesprochen, als Sie von der Ruhe vor dem Sturm Anfang März geredet haben. Sie haben doch angekündigt, dass das gesamte Gesundheitssystem und Intensivmedizin mit Bomben und Granaten zusammenbrechen werden, wenn man nicht Ihrem Weg folgt. Sie haben doch gesagt, dass es ein Massensterben geben wird, das alles andere in den Schatten stellen wird, wenn es nicht so geht, wie Sie es als die einzige Möglichkeit dargestellt haben.

Implizit gibt Kickl Sebastian Kurz recht, dass die Maßnahmen der Bundesregierung gefruchtet haben.

> *Warum ist das in Schweden nicht so, warum trudeln nicht jeden Tag in den Nachrichtensendungen die von Herrn Wöginger schon herbeigesehnten Bilder der Särge in die österreichischen Wohnzimmer und warum sind und warum sind dort nicht die Eishallen in Leichenhallen umfunktioniert, denn das waren alles Bilder, mit denen Sie gearbeitet haben, Herr Bundeskanzler, und über viele Wochen haben Sie diese Arbeit gemacht. Keine Pressekonferenz von Ihnen, kein Interview von Ihnen, wo nicht diese Horrorszenarien an die Wand gemalt wurden, in düstersten Farben ist das alles gezeichnet worden. Ja, wenn Österreich nicht den Maßnahmen des Bundeskanzlers Kurz folgt, dann wird all das eintreten. Das haben Sie ganz genau gewusst, Herr Kogler, da sollten Sie sich mit Ihrem Bundeskanzler auseinandersetzen. Und Sie haben damit das getan, was Sie bestreiten: Sie haben die Bevölkerung in Angst und Schrecken versetzt. Wir wissen ja, dass es die Stoßtrupps der ÖVP im Medienbereich gewesen sind, die bei einzelnen Medien interveniert haben, dass ja möglichst viele Bilder von Särgen in der Berichterstattung gezeigt werden. Das heißt, Sie haben die Angst der Bevölkerung nicht nur in Kauf genommen, sondern Sie haben mit ihr kalkuliert, und das ist ein schwerwiegender Vorwurf, den ich Ihnen mache.*

Kickls Argumentation geht hier nicht in seine gewünschte Richtung. Er stellt das Verhalten der Regierung übertrieben und überspitzt dar. Das bestärkt die positiven Ergebnisse im Kampf gegen Covid-19, die Kickl am Beginn seiner Rede gelobt hat. Kickls einzige Frage ist, warum Österreich nicht dem schwedischen Modell gefolgt ist, das er, Kickl, als das kleinere Übel betrachtet. (Anm.: Es ist kein einziges Land in Europa dem schwedischen Modell gefolgt.)

Ich weiß nicht, was so wichtig ist, nehmen Sie an einem Preisausschreiben teil oder was bringt Sie dauernd dazu, auf Ihr Handy zu schauen, anstatt hier zuzuhören, Herr Bundeskanzler, das ist auch eine Form des Respekts.

Hier wieder ein Rapport-Bruch von Kurz gegenüber Kickl, um ihn zu provozieren, was offensichtlich gelingt.

Sie haben eine Urangst der Menschen benutzt. Die Urangst der Menschen besteht darin, dass keine Sorge größer ist als die um die eigene Gesundheit und als die um das eigene Leben. Und das geht natürlich auch für die nahen Verwandten, für die Kinder, für die Eltern, für die Freunde, für die Bekannten und diese Urangst haben Sie damit benützt. Und wissen Sie, was Sie damit gemacht haben? Ihre neue Normalität haben Sie damit hergestellt, die darin besteht, die darin besteht, dass jetzt Denunzianten auf der Suche nach Lebensgefährdern ihr Unwesen treiben in diesem Land, in Stasi-Manier schon fast.

Der Analogieschluss zur Stasi-Manier ist sehr verallgemeinernd und wird von Kickl nicht belegt.

Sie haben es so weit gebracht, dass Menschen so weit verängstigt sind, weil man eben Sorge hat um seine eigene Gesundheit, dass sie alleine im eigenen Auto schon die Maske tragen, die sie dort vor genau gar nichts schützt, dass sie Menschen treffen, die alleine unterwegs sind, wo sie diese Maske tragen, wo sie niemanden gefährden und auch von niemand anderem gefährdet werden. So weit haben Sie es gebracht, weil Sie den Boden systematisch aufbereitet haben, und Sie haben es auch so weit gebracht, dass der eine oder andere Ausflügler argwöhnisch beobachtet oder gar ausgesperrt wird, als wäre er ein Seuchenbringer, wenn er ein paar Kilometer außerhalb seines eigenen Wohngebietes unterwegs ist und dort eine Erholung in der Natur sucht. Das ist die neue Normalität, die andere Normalität, und das müssen Sie auch einmal zur Kenntnis nehmen, dass Sie das produziert haben in einer schwarz-grünen Koproduktion.

Kickl erhebt Einzelfälle zum Normalfall, er generalisiert und verallgemeinert einzelne Geschehnisse, als würden sie auf die gesamte Bevölkerung zutreffen.

Und noch etwas: Unterstützt worden sind Sie bei all dem, und ich sage das nicht, weil es mir nutzt, sondern ich nehme in Kauf, dass es mir dort schadet, von einer Vielzahl von Medien, nicht von allen, ich habe größten Respekt vor denen, die sich da nicht eingehängt haben in diese Angstmaschinerie. Mit der Unterstützung von vielen Medien, die Sie in Ihren Off-record-Privatzirkeln bearbeitet haben und gleichgeschaltet haben oder die Sie gekauft haben. Die Sie gekauft haben mit einem Paket, und das Schlimmste ist, dass genau diese Käuflichkeit vom einen oder anderen Medium dann auch noch verklärt wird zu einer angeblichen, zu einem angeblichen Ausdruck des Verantwortungsbewusstseins. So sieht es dann aus. Man lässt sich kaufen und sagt dann, wenn ich auf Kritik an der Bundesregierung verzichte, agiere ich besonders verantwortungsbewusst und stelle mich in den Dienst des nationalen Schulterschlusses.

Kickl baut seine Provokationen weiter aus, ohne auch nur für einen einzigen Vorwurf einen Anhaltspunkt oder Beweis zu bringen.

> *Herr Bundeskanzler, Sie haben das deshalb so gemacht, weil der Retter natürlich eine Bühne braucht. Sie, diese Medien haben Ihnen diese Bühne aufbereitet, ohne diese Bühne und ohne diese dramatische Inszenierung, die Hunderttausenden Särge und so weiter, ohne die gibt's keinen Retter. Das ist die Geschichte, die Sie erzählen, und das müssen Sie sich gefallen lassen, denn das sind die Fakten. Ohne, [Applaus] und da gehört es auch dazu, dass es nicht nur einen Retter gibt, sondern auch diejenigen, die das kritisieren, dann in die Rolle von ungläubigen Ketzern, von Leuten gestellt werden, die nicht alle Tassen im Schrank haben und die sowieso nur von den übelsten aller Motive angetrieben sein können, wenn es nicht in ihr (Ihr) Konzept passt. Und auch das ist eine Bilanz der letzten Wochen und auch das kann man als eine Beschreibung der neuen oder der anderen Normalität bewerten.*

Kickl geht weiter in den persönlichen Angriff auf Kurz. Kickl verwendet den Modaloperator der Notwendigkeit, wenn er sagt: »... das müssen Sie sich gefallen lassen«. Kickl spricht im obigen Absatz ohne Interpunktion, somit ist das Erkennen eines Sinns seiner Aussagen schwierig und teilweise mehrdeutig.

> *Nein, Herr Bundeskanzler, nein, die Geschichte, dass Ihr Krisenmanagement die große Gesundheitskatastrophe verhindert hat, die geht so nicht mehr auf. Die Erzählung von der Alternativlosigkeit, die ist entzaubert, einfach deshalb, weil wir jetzt, und da lernen wir aus der Erfahrung, sehen, dass es auch andere Wege gibt,*

siehe Schweden, und wenn noch etwas dazukommt, weil es nämlich, und das lässt sich messen, das lässt sich ganz einfach messen, auch in Deutschland und in Österreich, und das sagen einige Experten schon, sofern sie überhaupt noch eine Möglichkeit haben aufzutreten, weil es einfach berechenbar ist, dass es einen Rückgang an der Zahl der Infizierten und der Todesfälle schon zu einem Zeitpunkt gegeben hat, wo die Maßnahmen, die Sie gesetzt haben, noch nicht einmal gegriffen haben können. Und das müssen Sie jetzt endlich einmal auch zur Kenntnis nehmen.

Kickl macht Kurz zum Vorwurf, dass er nicht einen anderen Weg eingeschlagen hat. Das wurde nach meiner Einschätzung nie bestritten, dass es auch andere Wege gibt. Kickl bringt Scheinargumente in der Form, dass er erklärt, dass aufgrund heutiger, zum Zeitpunkt seiner Rede, aktueller Erkenntnisse frühere Maßnahmen nicht notwendig gewesen wären. Dies kommt durch die Formulierung »*... und das sagen einige Experten schon, sofern sie überhaupt noch eine Möglichkeit haben aufzutreten, weil es einfach berechenbar ist, dass es einen Rückgang an der Zahl der Infizierten und der Todesfälle schon zu einem Zeitpunkt gegeben hat, wo die Maßnahmen, die Sie gesetzt haben, noch nicht einmal gegriffen haben können*«. Eine Argumentation dieser Art ist natürlich nicht zulässig, wenn man sagt: »Ich verurteile dich für etwas, was du früher gemacht hast, und wir heute erst wissen, dass dies nicht notwendig war.« Hier wird der zeitliche Ablauf, Schritte, die gesetzt wurden, und Erkenntnissen vermengt und eine scheinbare Kausalität vorgegaukelt.

Es gibt aber auch wirklich messbare Ergebnisse Ihrer Politik, ein paar habe ich schon genannt, aber auch in Zahlen wirklich messbare, dort, wo es einen wirklichen Kausalzusammenhang gibt: 900.000 Menschen in Kurzarbeit, die nicht wissen, was kommt nach der Kurzarbeit, was kommt danach, Hunderttausende Arbeitslose, die nicht wissen, geht's danach zurück in den Job, unter welchen Bedingungen, oder kommt dann der Notstand. Das werden traurige Weihnachten für diese Leute werden, im Übrigen wie für viele, die jetzt mit Stundungen ihre Belastungen nur nach hinten geschoben haben, aber das dicke Ende kommt am Ende des Jahres, das werden traurige Weihnachten werden. Abertausende tüchtige Unternehmerinnen und Unternehmer, die kleinen wie die großen, quer durch alle Branchen, denen Sie über Nacht die Existenzgrundlage entzogen haben und die Sie zu Bittstellern gemacht haben ohne einen Rechtsanspruch auf die vollständige Entschädigung.

Kickl hat am Beginn seiner Rede verurteilt, dass Kurz mit der Angst der Menschen gespielt hätte. Jetzt macht Kickl dies, indem der sagt: »Das werden traurige Weihnachten …«

Das hat einen Kausalzusammenhang. Und weil Sie dieses Wort so gern verwenden, könnte man fast von Leuchttürmen sprechen. Das sind die Leuchttürme der neuen Normalität, das, was ich jetzt genannt habe. Diese neue Normalität hat als Hardware eine schwarze Machtbürokratie, die jetzt ein paar grüne Einsprengelungen bekommt, und sie hat als Software den Faktor Angst. Das ist das Betriebssystem der neuen Normalität in Österreich im Jahr 2020 und das wollen wir nicht haben und ich glaube nicht, dass das der Großteil der Bevölkerung so haben will. Herr Bundeskanzler, wir werden alle aus Erfahrungen klüger, mit den Erfahrungen steigt unser Wissensschatz, da geht's mir nicht anders als Ihnen, das ist auch der Grund, warum ich Ihnen kaum noch bei irgendetwas Glauben schen-

ke, und Sie müssten sich heute eigentlich hierherstellen und kleinlaut bekennen, dass Ihr Kurs nicht alternativlos ist, und Sie müssten sich hierherstellen und sagen, dass Ihre Experten nicht im alleinigen Besitz der Wahrheit sind.

Kickl versucht hier eine Metapher von Hardware und Software. Seine Argumentation, dass er ihm, Kurz, nichts mehr glaube, ist unschlüssig. Warum er sagt, er glaube Kurz nichts mehr, weil er täglich aus Erfahrungen klüger werde und das auch auf ihn, Kickl, zutreffe, ist schwer nachvollziehbar. Kickl stellt damit seine eigene Glaubwürdigkeit in Frage. Man spürt Kickls Emotionalität, die aus meiner Sicht noch von seiner Entlassung als Innenminister herrührt. Wie in meinem Buch »Die Rhetorik des Sebastian Kurz« beschrieben, ist nach meiner Einschätzung Herbert Kickl von Sebastian Kurz schwer enttäuscht worden. Kickl setzte während der Zeit der ÖVP-FPÖ-Regierungskoalition auf Kurz, um seine Pläne umsetzen zu können, und Kurz ließ ihn damals weitgehend gewähren.

Wissen Sie, was alternativlos ist? Alternativlos ist zum Beispiel die Tatsache, dass sich die Erde um die Sonne dreht und nicht umgekehrt, aber da hat es auch eine Zeit lang gedauert, Herr Bundeskanzler, da hat's auch eine Zeit lang gedauert, bis sich die Orthodoxie, die Obrigkeit und die Machthaber dazu durchringen mussten, dass sie dem ursprünglich als Ketzer an den Pranger Gestellten recht gegeben haben. Das schreibe ich Ihnen nur ins Stammbuch, einfach zum Nachdenken. Ihre Strategie, Herr Bundeskanzler, das ist nichts anderes als ein Folgen des politischen Herdentriebs, der in China begonnen hat und sich über andere Länder fortgesetzt hat, da sind Sie aufgesprungen wie beim Domino, wo ein Stein den nächsten in Bewegung setzt.

Sie folgen dem politischen Herdentrieb und jetzt lege ich Ihnen noch einmal Galileo Galilei ans Herz, weil es darum geht, Transparenz und Wissen zu erlangen. Er hat gesagt, messen, was messbar ist, und messbar machen, was nicht messbar ist. Das haben wir heute im ersten Tagesordnungspunkt diskutiert. Es geht um Impfungen, es geht um Obduktionen, es geht um empirische Fakten, die wir brauchen, um eine entsprechende Strategie auch argumentieren zu können. Aber das, was Sie machen, mit Ihren Kurven, mit Ihren Zahlen und mit Ihren Tabellen, ist das Vorgaukeln von einer faktenbasierten Vorgangsweise, wo es sich in Wahrheit um einen Blindflug handelt.

Kickl bringt seine eigene Argumentation nochmals ins Schwanken. Der Vorwurf, nicht genug gemessen zu haben, war aufgrund der Natur des Virus technisch nicht umsetzbar. Kickl verwendet Schopenhauers Kunstgriff Nr. 28: »Ein nur für den Sachkundigen ungültiges Argument bringen«, indem er vom Vorgaukeln einer faktenbasierten Vorgangsweise spricht. Dieses Argument ist ungültig. Eine faktenbasierte Vorgangsweise war aufgrund der hohen Ansteckungsrate und langen Inkubationszeit nicht möglich, da alle Messungen und Testungen nur bereits »veraltete« Fakten zeigen. Dass es sich in Wahrheit um einen Blindflug handelt, ist somit inhaltlich richtig, wird jedoch als Vorwurf gegen die Bundesregierung gebracht.

Noch etwas müssen Sie machen: Sie müssen aufhören, die Menschen direkt und indirekt zu verunsichern. Aber Sie machen das genaue Gegenteil. Gestern haben Sie wieder von Tausenden Ischgls gesprochen. Was soll das heißen? Sie machen das genaue Gegenteil, wenn Sie sagen, eine Normalität wird es erst wieder geben, wenn alle, wenn es einen Impfstoff gibt, was ja auch offenbar bedeutet, dass alle dann zur Zwangsimpfung antreten müssen, Herr Bundeskanzler, sagen Sie das dazu. Mit uns wird es das nicht spielen. Und Sie tun auch das genaue Gegenteil, wenn Sie trotz der heute, ich hab's gezählt, bis Mittag 60. Pressekonferenz dieser Bundesregierung mit lauter Maßnahmen in Wahrheit die Arbeitslosen, in Wahrheit die Unternehmer, in Wahrheit die Familie mit Betreuungspflichten, den Tourismus, die Gastronomie, die Menschen, die an Krankheiten abseits von Corona leiden, wenn Sie die alle in wesentlichen Bereichen im Unklaren lassen, keine Klarheit, keine Transparenz, keine Planbarkeit. Was Sie liefern, sind Widersprüchlichkeiten, Ungereimtheiten, Unausgegorenheiten. Herr Bundeskanzler, lernen Sie von den Besten, setzen Sie auf Vernunft, anstatt auf Angst zu setzen, freunden Sie sich mit der normalen Normalität an und verabschieden Sie sich von Ihrer neuen Normalität, hören Sie auf, damit zu kokettieren und den Ausnahmezustand zur Regel zu erheben.

Kickl vergisst, dass die Wirtschaft auf dem Verhalten der Menschen basiert. Selbst ein Offenhalten aller Geschäfte würde nichts bringen, wenn niemand hingeht. Das Gleiche gilt für die Gastronomie. Die Argumentation, dass alles besser gewesen wäre, wenn man den Lockdown verhindert hätte, geht von einem unveränderten Verhalten der Bevölkerung trotz Covid-19 aus, was natürlich nicht stimmen kann, wie man am Beispiel Schweden sieht.

Meine sehr geehrten Damen und Herren, ich habe das heute so emotional und so offen gesagt, obwohl ich weiß, dass ich dafür viele Anfeindungen bekommen werde. Aber ich möchte eine Bresche dafür schlagen, dass es ein Recht darauf gibt, auch andere Positionen als die Huldigungen Ihrer neuen, Ihrer neuen Normali-

tät in diesem Land zu vertreten. Und noch etwas, ich sage das, und das ist mein letzter Satz, auch deshalb, weil ich nicht will, dass nach der Existenzgrundlage für viel zu viele Menschen, nach den Beschränkungen von Freiheit und von Selbstbestimmung, am Ende dann auch noch die Wahrheit ein weiteres Opfer Ihrer neuen Normalität ist.

Die Rede von Herbert Kickl ist sehr emotional. Seine Argumentation täuscht die Menschen. Er stellt Kausalitäten her, wo keine sind, und generiert daraus Vorwürfe. Kurz begeht gekonnt mehrmals Rapport-Bruch, indem er zu seinem Handy greift und Kickl damit provoziert, der auf diese Provokation prompt hereinfällt.

Attacke! – Im Angriffsmodus

HC Strache präsentiert am 15. Mai 2020 das Team HC Strache

Heinz-Christian Strache erscheint ein Jahr nach dem Ibiza-Skandal wieder auf der politischen Bühne. Als Obmann des Teams HC Strache – Allianz für Österreich wird er bei der Wiener Landtagswahl im Herbst 2020 den amtierenden Bürgermeister Dr. Michael Ludwig herausfordern. Seine, wie er sie nennt, Bürgerbewegung hat sich aus der Liste DAÖ gebildet, die im Dezember 2019 unter dem vormaligen Namen »Die Allianz für Österreich« von drei Wiener Abgeordneten des Wiener Gemeinderats und Landtags, angeführt von Karl Baron, gegründet wurde.

Hier der Link zur Rede von Heinz-Christian Strache: https://www.youtube.com/watch?v=TwmddXC4GVE

Bevor wir uns mit der Rede selbst beschäftigen, betrachten wir den Gesamteindruck, den Strache bei dieser Rede macht. Seine Körperhaltung ist aufrecht, jedoch schwankt er stets von einem Bein auf das andere. Er spricht wie gewohnt laut und deutlich, seine Sprache ist gut verständlich, jedoch ohne Interpunktion in einem Fluss durch. Im Transkript finden sich nur wenige Satzendezeichen, da schwer zu erkennen ist, wann ein Satz beginnt und wann er endet. Strache trägt einen braun-dunkelgrünen Anzug mit Krawatte, das Sakko stets geschlossen. Unter dem linken Ärmel blitzt oft seine offensichtlich teure Uhr hervor.

> *Ja, meine sehr geehrten Damen und Herren, ich darf Sie recht herzlich auch heute hier zur Pressekonferenz begrüßen, nämlich die Präsentation einer neuen modernen, sozialen Heimat- und Bürgerbewegung, nämlich: Team HC Strache – Allianz Österreich. Und wir haben*

heute ja nicht nur ein historisches Datum, wir haben auch einen historischen Rahmen heute gewählt, nämlich die Sofiensäle. Neben dem historischen Tag auch für die Parteiengeschichte, ich sag das ganz bewusst, und wir befinden uns heute in meinem Heimatbezirk Wien-Landstraße, hier bin ich zur Welt gekommen, groß geworden, das ist mein Heimatbezirk, wo ich aufgewachsen bin und mein politischer Werdegang auch vor über 30 Jahren begonnen hat. Und hier, in den wundervollen Sofiensälen, welche ja, wie Sie wissen, leider in Folge abgebrannt sind, habe ich dann auch infolge in meiner politischen Verantwortung, ich war ja auch Bezirksobmann in diesem Bezirk, alles dazu beigetragen politisch, dass es zu einer historischen Wiedererrichtung dieser wundervollen Seele kommen konnte, und das ist mir auch gelungen mit Nachhaltigkeit. Darüber hinaus wird mit unserer heutigen Präsentation unserer Partei- und Bürgerbewegung ja natürlich auch ein neues Kapitel in der vielfältigen Parteienlandschaft Österreichs geschrieben, und ich sage, Konkurrenz belebt immer im positiven Sinn, und so gesehen ist das auch ein wichtiger Schritt.

Strache beginnt, aus rhetorischer Sicht perfekt, mit einem Priming, er bringt die Zuhörerschaft bewusst in einen emotionalen Zustand: Am 65. Jahrestag der Unterzeichnung des österreichischen Staatsvertrags stellt er die Präsentation seiner Bewegung in einen historischen Rahmen. So wie der Staatsvertrag soll der heutige Tag in die Geschichte des Landes eingehen – dieser Gedanke soll zumindest durch das Framing seiner Botschaft hergestellt werden. Weiters verwendet er das Wort »infolge«, wenn er vom Brand der Sofiensäle spricht, ohne zu sagen, infolge wessen diese abgebrannt sind. Er gibt damit, für die Zuhörer unbewusst, ein Signal für eine logische Argumentationskette, die er im Laufe seiner Rede aufbauen möchte.

Und wir haben heute ein historisches Datum, wie Karl Baron richtigerweise auch angesprochen hat, nämlich die Staatsvertragsunterzeichnung vor 65 Jahren, zehn Jahre nach dem Fall des nationalsozialistischen Verbrecherregimes, welches den grausamen industriellen Massenmord und Holocaust, damit die Schoa gegenüber den Juden, zu verantworten hatte, zehn Jahre nach Ende des Zweiten Weltkriegs und der darauffolgenden alliierten Besatzungszeit wurde am 15. Mai 1955 im Schloss Belvedere der österreichische Staatsvertrag unterzeichnet. Und der Staatsvertrag markierte nicht nur das Ende der alliierten Besatzungszeit und ist ein unvergleichliches Symbol der damals endlich wieder erlangten Freiheit und Unabhängigkeit Österreichs, sondern war auch Grundlage für unsere immerwährende Neutralität, auf die wir stolz sind und die uns ans Herz gewachsen ist und die es natürlich auch zu halten gilt, denn wir wollen nie wieder in kriegerische Konflikte hineingezogen werden. Und ja, in weiterer Folge hat diese Neutralität Österreich auch in der Welt als unabhängigem Vermittler einen hohen Stellenwert und vor allen Dingen auch hohes Ansehen gebracht. Der damalige Außenminister Figl prägte den Satz: »Österreich ist frei«, und dieser Satz hat heute mehr denn je auch Bedeutung.

Alle seine Ausführungen bis zu diesem Punkt generieren bei der Zuhörerschaft selbstverständlich breite Zustimmung. Mit der Aussage in Zusammenhang mit dem Zweiten Weltkrieg, dass Österreich nie wieder in kriegerische Konflikte hineingezogen werden will, leugnet er allerdings subtil und kaum wahrnehmbar die Mitschuld Österreichs an den Nazi-Verbrechen, obwohl er sich unmittelbar vorher indirekt davon distanziert hat.

Der Satz »Österreich ist frei!« ist historisch bedeutsam

für Österreich und er darf in keinem Geschichtsunterricht fehlen. Strache versucht, diesen Ausspruch Figls zu ankern, damit er während der ganzen Rede in Erinnerung bleibt. Figls Intonation war jedoch mehr ein Ausruf, während Straches Stimmlage nach unten geht und er damit vielleicht schon auf seine folgenden Äußerungen vorbauen wollte, wo er die Freiheit der Österreicherinnen und Österreich gleich infrage stellen wird.

> *Wir stehen vor einer dramatischen Situation, wo wir gerade aufgrund der Corona-Krise, aber vor allen Dingen auch, wie man da oder dort mit dieser Krise umgegangen ist und auch nachlässig gewesen ist und auch Fehler gemacht hat, vor einer Situation, nämlich einer dramatischen Situation, einer Massenarbeitslosigkeit und Pleite-Rekorden, die die Zahlen der Nachkriegszeit um ein Vielfaches in den Schatten stellen und sogar übertreffen. Zigtausende Betriebe stehen aufgrund von Fehlentscheidungen, aufgrund des Versagens der aktuellen Regierung, welche den Rechtsanspruch der Betriebe auf eine Ausfallshaftung ihrer Einnahmen im Falle einer Epidemie und eines Lockdowns gekippt hat, vor dem sprichwörtlichen Ruin. Eine Massenarbeitslosigkeit droht daher uns auch auf Dauer zu beschäftigen, wenn man nicht sofort gegensteuert.*

Im vorigen Absatz spricht er plötzlich davon, welches große Problem sich uns jetzt stellt. Er beschuldigt die Regierung pauschal des Versagens und der Fehlentscheidungen, ohne zu sagen, was er damit meint. Er postuliert gleichzeitig, dass es einen Retter geben kann, der sofort gegensteuern müsste.

> *Und genau das ist ein wesentlicher Punkt. Die Regierung hat hier die notwendigen Hilfen leider Gottes nicht möglich gemacht und eine Opposition ist nicht*

in Sicht, man hört sie nicht, man sieht sie nicht, es gibt spürbar keine Oppositionsvertretung, die entsprechend stark auch diese Fehlentwicklungen gegenüber der Regierung auch aufzeigt. Und ich sage daher, es ist daher notwendig, hier gegenzusteuern, und darüber hinaus wurde uns Bürgern natürlich auch in der Corona-Krise eines gezeigt: wie rasch und schnell es gehen kann, was sich niemand vorstellen konnte, dass Grund- und Freiheitsrechte von einem Tag auf den anderen entzogen worden sind, und sogar man versucht hat mit Zwangs-Apps, ich erinnere an die App des Roten Kreuzes, wo ja eine internationale Agentur auch dahintersteht, die den Auftrag erhalten hat, wo man versucht hat, hier eine Zwangs-App zu implementieren, was zu Recht auch zur Empörung in der Bevölkerung geführt hat und zu massiver Ablehnung und man dann zum Glück davon abgekommen ist, oder auch Zwangsimpfungen angedacht werden, welche wir konsequent ablehnen.

Wenn Strache über Zwangs-Apps spricht, verwendet er hier die Form des »fehlenden Bezugsindex«. Es wird von »man« gesprochen und kein konkreter Name genannt. Der Zuhörer denkt sofort an seine persönliche eigene Vermutung, wer diese Apps aller einführen wollte. Der künstliche Begriff »Zwangs-Apps« als Metapher erinnert an Zwangsjacken, die zur Ruhigstellung von Personen eingesetzt werden.

Daher stellen wir die heutige Präsentation unserer neuen modernen und sozialen Heimat- und Bürgerbewegung, welche notwendiger denn je ist, unter ein klares Motto, nämlich das Motto »Österreich bleibt frei«, und dazu müssen wir alle unseren Beitrag leisten, damit unsere Freiheit, die wir lieb gewonnen haben, auch bewahren, denn sie ist, wie wir in den letzten Wochen sehen mussten, keine Selbstverständlichkeit.

Strache versucht nun, sich mit seiner von Figls Aussage abgewandelten Form von »Österreich bleibt frei« als Retter darzustellen, der die Freiheit wiederbringen soll. Mit dem unspezifischen Vergleich »… notwendiger denn je …« verwendet er ein hypnotisches Sprachmuster. Jeder kann sich denken, was er will, und der Vergleich fällt vermutlich positiv zugunsten von Strache aus.

> *Und meine sehr geehrten Damen und Herren, ja, wir leben in sehr herausfordernden Zeiten. Und diesen Herausforderungen müssen wir überlegt und nachhaltig auch mit Antworten und Lösungen begegnen, Antworten und Lösungen, die die derzeitige politische Landschaft von links bis rechts nicht anzubieten hat. Die aktuelle Regierung hat in der Krise in vielen Bereichen versagt und, wie gesagt, eine starke Oppositionskraft ist nicht sichtbar, und daher braucht es dringend eine neue Bürgerbewegung, die sich abseits der bereits ausgetretenen politischen Pfade auch positioniert und bewegt und viel stärker sich auch den Bürgern gegenüber öffnet und Bürger einbindet und einbezieht in das politische Geschehen, denn das ist ja heute oftmals nicht der Fall, dass man bei festgefahrenen parteipolitischen Strukturen oftmals die Bürger gar nicht in einen politischen Prozess einbezieht, und genau das wollen wir, und ich möchte natürlich an dieser Stelle mich auch noch einmal herzlich bei Karl Baron, Dietrich Kops und Klaus Handler noch einmal entsprechend auch bedanken. Sie haben sich nämlich den Sinnspruch »Durch Einheit wächst das Kleine, durch Zwietracht zerfällt das Größte« im wahrsten Sinn des Wortes zu Herzen genommen und mit ihrem mutigen Schritt im Dezember 2019 haben sie auch den Grundstein für unsere heute präsentierte neue Bürgerbewegung, nämlich das Team HC Strache – Allianz für Österreich auch ge-*

legt. Und ich sage, diesen Grundstein habt ihr möglich gemacht, wir haben in den letzten Monaten, der Karl Baron und ich und das Team, auch alles darangelegt, dieses Projekt weiterzuentwickeln und zur heutigen Präsentation auch erfolgreich zu führen, und das darf ich Ihnen nun näher vorstellen.

Der vorige Redenteil ist an dieser Stelle etwas verwirrend, da Strache den Grund für seine Rede schon genannt hat und diesen nun wiederholt. Rhetorische Fehler dieser Form führen dazu, dass das Verständnis leidet. Strache macht den Eindruck, als würde er nun wieder zum Manuskript zurückkehren.

Im historischen Gedenkjahr anlässlich des 100-jährigen Bestehens des österreichischen Verfassungsgesetzes 1920 steht die Republik, wie gesagt, erneut vor großen politischen sozialen Herausforderungen. Und in der Tat werden uns etwa die Aufarbeitung der Corona-Krise wie auch ihre wirtschaftlichen und sozialen, sozialen Folgekosten und Entwicklungen natürlich weit über das Schicksalsjahr 2020 hinaus beschäftigen und begleiten. Wenn man so will, eine Jahrhundert-Herausforderung, die über sämtliche parteipolitische Grenzen hinweg, vor allem im Interesse der Bürgerinnen und Bürger unseres Landes, gestaltet werden muss. Und das Team HC Strache – Die Allianz für Österreich ist der Geschichte der freiheitlichen Bewegung und ihren Grundwerten verpflichtet. So stellt die Gründung der Allianz für Österreich eine Pionierleistung von politischen Wegbegleitern und unabhängigen engagierten Persönlichkeiten dar. Und wir präsentieren mit dem heutigen Tag auch ein politisches Grundsatzpapier, das der Bürgerbewegung, ihrem ideologischen Rahmen und ihrem Kurs für unsere Heimat Österreich die ent-

sprechende Ausrichtung gibt. Dieses Grundsatzpapier wird nach der Pressekonferenz online gestellt und ist abrufbar unter www.TeamHCStrache.at. Unser Zukunftsgrundsatzpapier heißt: »Identität Freiheit Verantwortung«, und will dazu beitragen, die individuellen Rechte und Pflichten der freien Bürgerinnen und Bürger in unserem Land in den Mittelpunkt der politischen Kultur zu rücken. Schutz, Sicherheit und Wohl unserer Heimat Österreich und auf ihrer unvergleichlichen und unvergleichbaren Identität räumen wir eine zentrale Bedeutung ein, und dies alles in Auseinandersetzung natürlich mit einem Europa, einem Europa der Vaterländer, der Völker und Kulturen, sowie vor dem Hintergrund eines globalen Horizonts. Und dabei fühlen wir uns besonders jenen mutigen Bürgerinnen und Bürgern verpflichtet, die vor den beispiellosen Herausforderungen des 21. Jahrhunderts neue Chancen für Österreich erkennen und das große Erbe seiner Traditionen in eine gute Zukunft führen und auch weiterentwickeln können. Immer im Auge behalten wir die Wahrung der individuellen Freiheit, der persönlichen Freiheit, der Würde des Individuums, des Rechts auf Chancengleichheit, auf soziale Fairness und Gerechtigkeit und Leistungsgerechtigkeit in Alltags- und Arbeitskultur sowie der sozialen Lebenswelt. Wir sprechen jene Österreicherinnen und Österreicher an, die sich in Zeiten großer Herausforderungen, nationaler Unsicherheit und globaler Risiken für das gemeinsame Wohl engagieren und erkennen, dass es dringend einen Gegenpol einer aktuell vorhandenen fehlgeleiteten Machtpolitik braucht. Das Team HC Strache sieht sich weiterhin der Tradition und den Grundsätzen ebenjener freiheitlichen Politik verpflichtet, die im Wesentlichen ich, als politischer Verantwortungsträger seit dem Jahr 2004, bestimmt habe.

Die Wiederholung von bereits Gesagtem hat sich fortgesetzt, nur dass es jetzt mehr oder weniger vorgelesen wurde. Im Folgenden wird Strache wieder emotionaler, er betont, was er in der Vergangenheit alles gemacht hat, indem er das Wort »ich« besonders betont:

> *Es war das Programm, das ich auch gelebt habe und gemacht habe. Es waren die Grundsätze, für die* ich *gestanden bin und eingetreten bin und die* ich *seit dem Jahr 2004 bis heute vorangetrieben habe, viele Themen, die man zuvor nicht andiskutiert hat, die man sich auch von Seiten der politischen Mitbewerber nicht getraut hat anzusprechen, habe* ich *angesprochen, habe* ich *vor den Vorhang geholt, habe* ich *unter dem Teppich hervorgeholt und habe diese Themen, die den Menschen unter den Nägeln brennen, sichtbar gemacht und im Interesse der Menschen auch die entsprechenden Vorschläge dargelegt, wie man diese Probleme überwinden kann. Und das hat dazu geführt, dass man sich auseinandersetzen musste, was natürlich vielen politischen Mitbewerbern nicht gefallen hat. Und so gesehen war das ein ganz wesentlicher Meilenstein, und diesen Grundsätzen jener freiheitlichen Politik, die ich über 14 Jahre lang sichergestellt habe, fühle mich verpflichtet, die auf der Freiheitsbewegung um 1848 basiert, ja, und wir rücken diese Freiheitsbewegung von 1848, die gerade für bürgerlich-liberale Grund- und Freiheitsrechte auch eingetreten ist, und unsere patriotischen und nationalstaatlichen Interessen wieder in den Mittelpunkt einer Politik von Bürgern für Bürger, und dass das notwendiger denn je ist, sieht man ja angesichts der Entwicklungen, die ich heute angesprochen haben.*

Strache stellt sich als Vordenker seiner Bewegung sehr in den Vordergrund, die er, geschichtlich extrem stark vereinfacht, bis auf das Jahr 1848 zurückführt. Es macht den Eindruck einer historischen Großtat, die er schon in der Einleitung dieser Rede angekündigt und durch Priming darzustellen versucht hat. Strache verwendet hier viele Metaphern aus der Umgangssprache, wie »unter den Nägeln brennen« und »unter dem Teppich hervorholen«. Somit gibt er den Themen, die er jetzt nicht konkret anspricht, den Anschein von Wichtigkeit und Dringlichkeit.

Eine kognitive Verzerrung, die wir hier sehen, ist der Selbstüberschätzungs-Effekt. Dieser besagt, dass Menschen dazu neigen, ihre eigenen Fähigkeiten zu überschätzen.

> *Und unser vornehmliches Ziel unserer Bewegung, gerade in einem politischen Schicksalsjahr wie 2020, ist die Stärkung regionaler und nationaler Interessen. Das betrifft auch die Selbstbestimmung Österreichs, die Souveränität Österreichs, die man nicht auf dem Altar einer zentralistischen Europäischen Union opfern darf. Und ja, die Erhaltung der Neutralität für Österreich im Herzen Europas. Wir sehen uns als Gegengewicht und Gegenbewegung zu einer völlig aus dem Ruder laufenden Globalisierung der Welt und einer Gesellschaft, die immer mehr entwurzelt wird.*

Strache zielt hier auf den Verlustaversionsfehler-Effekt ab. Eine kognitive Verzerrung, die beschreibt, dass Menschen Dinge, die bereits in ihrem Besitz sind, höher bewerten als jene, die nicht in ihrem Besitz sind: Die Selbstbestimmung Österreichs wird höher bewertet als die Vorteile der Europäischen Union. Sie, sehr verehrte Leserin, sehr verehrter Leser, bestimmen natürlich selbst, was Sie als höher bewerten. Die Formulierung Straches lässt uns allerdings dazu tendieren, Ersteres, nämlich die Selbstbestimmung Österreichs, höher zu bewerten, ohne dass dies auch nur annähernd begründet und erläutert wird.

Und, meine sehr geehrten Damen und Herren, das Team HC Strache ist eine zukunftsfähige patriotische Kraft, die den Bürger in den Mittelpunkt stellt und ihn als aktiven Teil der politischen Gestaltung und Weiterentwicklung unseres Landes und seiner Gesellschaft sieht. Mit gelebter sozialer Verantwortung und auf Basis unserer Verfassung stehen wir auch für zentrale gesellschaftliche Werte, wie eben Loyalität und Grundsatztreue, sowie für Kameradschaft, Freundschaft und Zusammenhalt, und dies entspricht unserer Berufung und eben auch dem immerwährenden Auftrag der freiheitlichen Bewegung in Österreich, die durch uns einen gesicherten weiteren Stellenwert erhalten wird. Denn würden wir dieses Fundament heute nicht schaffen, wäre das freiheitliche Lager in Österreich nachhaltig bedroht und würde in der Bedeutungslosigkeit verschwinden. Und, meine sehr geehrten Damen und Herren, das war ein kurzer Überblick über unsere grundsätzlichen Positionierungen, die Sie, wie gesagt, mit den Details auf www.TeamHCStrache.at dann auch gerne online öffnen und nachlesen und studieren können.

Hier nochmals die Verwendung des Verlustaversionsfehler-Effekts. Straches Anhänger wollen natürlich auf keinen Fall, dass das freiheitliche Lager in der Bedeutungslosigkeit verschwinden würde. So verstärkt Strache die Zustimmung für seine neue Bewegung.

Kurz zu den aktuellen politischen Entwicklungen. Die vorgestrige PR-Show im Kleinwalsertal von Bundeskanzler Kurz ist an Ignoranz kaum zu überbieten. Er agiert nach dem abgehobenen Motto: »Quod licet Iovi, non licet bovi. Was dem Jupiter erlaubt ist, ist dem Ochsen nicht erlaubt.« Er lässt sich abfeiern ohne Maske, ohne Sicherheitsabstand. Gratulation zu Ihrer neuen persönlichen Normalität, Herr Kurz. Denn dass Sie mit Ihrem Auftreten viele Menschen vor den Kopf gestoßen haben, das ist außer Streit. Zwangsmaßnahmen einerseits für die Bevölkerung einzuführen, aber die eigenen Maßnahmen und Kriterien dazu nicht zu erfüllen und letztlich die Freiheit sozusagen nur für sich selbst in Anspruch zu nehmen. Und eine tagtägliche Fortsetzung der Pleiten-, Pech- und Pannenmaßnahmen der österreichischen Bundesregierung, die die österreichische Wirtschaft binnen kürzester Zeit gegen die Wand gefahren haben.

Es folgen persönliche Angriffe, die laut Schopenhauer dann kommen, wenn die Argumente ausgehen. Strache überrascht mit der Aussage »Quod licet Iovi, non licet bovi«, um vielleicht auch in gebildeteren Bevölkerungsschichten zu punkten. Zu beobachten ist, dass er diesen Satz vom Papier ablesen muss, um ihn fehlerfrei wiederzugeben.

Was die Österreicherinnen und Österreicher da in den letzten 65 Jahren aufgebaut haben, hat Kurz und hat diese Regierung binnen sechs Wochen nachhaltig beschädigt. Arbeitslosigkeit, wenn alleine im Vergleich zu 1955, damals 5,4 %, wie der Staatsvertrag unterschrieben wurde, nach AMS-Definition, im Jahr 2020 liegen wir derzeit bei knapp 13 % Arbeitslosigkeit, sprich Menschen, die keine Arbeit haben, arbeitslos sind, in Kurzarbeit sind. Das dicke Ende kann im Herbst kommen, wo aufgrund der ausbleibenden Hilfe und aufgrund der ausbleibenden Ausfallshaftungen für Zigtausende österreichische Betriebe letztlich eine Situation entsteht, wo sie vor dem Ruin stehen, wo ihre Existenz endgültig gefährdet wird, Betriebe nicht mehr weitermachen können, weil sie sich nicht mehr leisten können, Betriebe zusperren und damit natürlich die unend-

liche Kette von Menschen, die davon betroffen sind, in der Arbeitslosigkeit landen und enden und über eine Million Arbeitslose zu befürchten sind.

Strache bezieht sich geschickt auf die Zeit von vor 65 Jahren und spannt somit den dramaturgischen Bogen. Er verwendet Begriffe mehrdeutig, indem er Menschen in Kurzarbeit zu den Arbeitslosen zählt. Er erklärt auch nicht, wie sich eine heutige AMS-Definition auf das Jahr 1955 anwenden ließe. Gleichzeitig neigt er zu Übertreibungen und Annahmen, wie über eine Million Arbeitslose, eine Zahl, die während seiner Rede nicht zu belegen ist.

Die Regierung hat hier nichts dazugelernt und ich sage noch einmal: Die Entscheidung, den Lockdown auszusprechen, war eine richtige, denn zum damaligen Zeitpunkt haben alle wissenschaftlichen Grundlagen gefehlt, wirklich sozusagen auf Basis von wissenschaftlichen Grunddaten auch die Entwicklung nachhaltig einschätzen zu können. Es war daher aufgrund der Situation, wo Gefahr in Verzug war, richtig, den Lockdown auch auszusprechen. Aber der Sündenfall kam dann mit der Anlassgesetzgebung vor dem Lockdown, wo man das Epidemie-Gesetz, das bis aus dem Jahr 1950, das bis dato Gültigkeit hatte, verändert hat und es nicht in die Zeit gerettet hat, nämlich für die Ausfallshaftungen der Betriebe im Falle eines Lockdown Sorge zu tragen.

Das Argument »Die Regierung hat nichts dazugelernt« entspricht dem Schopenhauer'schen Kunstgriff 28: ein nur für den Sachkundigen ungültiges Argument bringen. Der Laie erkennt nicht, dass das Argument ungültig ist. Es soll die Sympathie der Zuhörerschaft dem Redner gegenüber steigern, da es dem Publikum selbstverständlich als richtig erscheint. Der Gegner, in diesem Fall die Regierung, kann dieses Argument nicht widerlegen, da eine sachkundige Erklärung zu komplex ist und im Moment der Rede nicht stattfinden kann. Gleichzeitig ist das oben genannte Argument ein Muster der Verzerrung im Sinne einer Präsupposition, einer Voranname, die allerdings nicht belegt wird. Strache geht von seiner Annahme über die Situation aus, dass die Regierung nichts dazugelernt hat, was für ihn vollkommen klar ist. Diese Annahme wird vom Publikum als wahr akzeptiert.

Dass Strache den Lockdown jedoch als richtig bewertet, irritiert, weil es nicht zum Angriff gegen die Regierung passt. Was er damit bezwecken wollte, ist unklar.

Das Argument, dass die Regierung das Epidemie-Gesetz verändert hat und somit keine Ausfallshaftung für die Betriebe gewährleistet ist, entspricht wieder dem Schopenhauer'schen Kunstgriff 28: ein nur für den Sachkundigen ungültiges Argument bringen. Für den sachlich unkundigen Zuhörer erscheint das Argument schlüssig, was jedoch nicht der Fall ist. Das Epidemie-Gesetz war ausschließlich für lokal eng eingegrenzte Gebiete gedacht. Eine lokale Epidemie in einer Gemeinde ohne direkte Auswirkung auf Nachbargebiete. In diesem Fall handelt es sich jedoch um eine Pandemie, also um eine länderübergreifende, globale Krankheit. Die Ausfallshaftungen für alle Betriebe zu 100 Prozent zu übernehmen wäre aus Sicht des Staatshaushalts unmöglich und würde zum Staatsbankrott führen. Deswegen musste das Gesetz geändert werden.

Und dann hat man operiert mit Härtefallfonds, wo Menschen sich heute empört melden und sagen: »Ich bin verzweifelt, ich hab da Anträge gestellt, ja, ich hab teilweise gar keine Genehmigung erhalten, und wenn eine Genehmigung erteilt worden ist, dann hab ich lächerliche 500 Euro oder 1.000 Euro erhalten, mit denen ich nicht ansatzweise, ja, meine Fixkosten, die ich habe, und meine Ausfälle decken kann.« Verzweifelte Menschen, die fassungslos sind über die tägliche PR-Show der Regierung, die weiß Gott was an Hilfen zugesagt hat, die aber dann nicht bei den Menschen, die das dringend brauchen, ankommt. Ähnlich auch bei den versprochenen Krediten, wo angeblich der Staat mit AWS-Haftung auch sicherstellt, dass jetzt Kredite den Unternehmen möglich gemacht werden. Und dann hört man laufend die letzten Wochen, dass Unternehmer verzweifelt sind, die diese Kredite beantragen und laufend Ablehnungen erhalten, weil trotz der Zusage, dass es eine Staatshaftung gibt, gehen die Banken her und haben beinhart die Basel-III- und Basel-IV-Kriterien als Vorlage, die viele nicht erfüllen können. Und die Regierung sieht weg, die Regierung wirkt nicht auf die Banken ein, die Kredite kommen nicht an, die Unternehmen haben sich überschuldet und können aus dieser Sackgasse zum Teil nicht mehr heraus.

Strache bringt weiter Argumente, ohne diese zu belegen. Wäre ein Regierungsvertreter anwesend, könnte diese Art von Argumentation leicht durch Gegenbeispiele ausgehebelt werden.

Meine sehr geehrten Damen und Herren, das ist wirklich etwas, wo man sagen muss, die Regierung hat da nicht dazugelernt und hat bis heute nicht begriffen, dass sie rasch und effizient gegensteuern muss, dass man endlich auf die Vorschläge, die ich die letzten Wochen eingebracht habe, wo ich ja auch wieder einmal Vordenker war und Vorreiter bei vielen Vorschlägen und Überlegungen war, endlich denen auch nachkommen sollte. Und verteilt ein wirtschaftspolitisches Placebo nach dem anderen und kennt sich in ihrem undurchsichtigen Verordnungsdschungel selber gar nicht mehr aus. Beispiel: das Wirtepaket. Auch hier zeigt sich auf tragische Art und Weise die realitätsferne Hilflosigkeit der Bundesregierung, anstatt durch eine spürbare Senkung der Lohnnebenkosten für eine sofortige Liquidität auch zu sorgen, senkt man erst im Juli, also quasi am Sankt-Nimmerleins-Tag, die Umsatzsteuer auf antialkoholische Getränke und hebt die Schaumweinsteuer an. Großartig, das bringt den Unternehmen 20 Euro mehr. Also da kann keiner diese Krise überwältigen, überstehen und kompensieren. Und bevor die Gastronomie wieder aufsperrt, aber wenn man sich die Regelungen dazu aussieht, na ja, dann bedeutet das für die Gastronomie nicht wirklich eine rosige Zukunft.

Strache ist wieder im Selbstüberschätzungs-Effekt gefangen und er greift die Regierung persönlich an. Wie er auf 20 Euro mehr für die Wirte kommt, lässt er völlig unbeantwortet – für den Sachkundigen eine möglicherweise ungültige Argumentation, für den Laien glaubhaft.

Und liebe und sehr geehrte Damen und Herren, ja, da herrscht Handlungsbedarf. Das ist, wenn man so will, eine reine PR-Politik der Regierung, ohne echte spürbare Hilfe für die Betroffenen und maximal ein Tropfen auf den heißen Stein, abgesehen davon, wird das viele Gastronomiebetriebe leider gar nicht mehr betreffen, weil es sie in Zukunft gar nicht mehr geben wird, wenn es so weitergeht, und diese Entwicklung der letzten Monate eben dazu führt, dass viele auf Dauer das gar nicht überleben können. Und dann red ich noch gar ned von den Veranstaltern, da red i no gar ned von den Musikern und Künstler, da red i no gar ned von den Nachtlokal- und Barbesitzern, die gar nicht wissen, wie es weitergeht, die bis heute keinen Plan vorgelegt bekommen haben, wann können sie wieder damit rechnen, ihr wirtschaftliches Leben fortzusetzen und damit ihre Lebensgrundlagen sichergestellt zu bekommen, dass sie sich ihr Essen, ihre Miete und letztlich, ich sag, ja, ihre Lebenshaltungskosten für die Familie leisten können. Die hat man ja die letzten Monate völlig im Stich gelassen und bis heute gibt es keinerlei Aufklärung, was man konkret gedenkt, hier vorzunehmen. So gesehen vollkommen richtig, dass heute Frau Lunacek, die hier auch in dem Bereich Verantwortung trägt, zurückgetreten ist. So gesehen hat Karl Baron recht, Lunacek geht, HC Strache kommt. Also es hat auch etwas Positives heute an diesem Tag.

Strache wendet den Schopenhauer'schen Kunstgriff 24 an: die Konsequenzmacherei. Er zieht Schlüsse aus dem Verhalten der Regierung, ohne diese zu begründen oder zu belegen. Sein einziger Beleg ist der Rücktritt von Frau Lunacek als Staatssekretärin für Kultur.

Und, ja, Kurz hat zu Beginn der Corona-Krise im Sinne seiner gezielten Panik- und Angstmaschinerie einiges hier zu verantworten. Denn wenn er damals gesagt hat, es wird jeder von uns jemanden kennen am Ende der Krise, der an Corona gestorben ist, so war das Angst- und Panikmache und ich sage, bald wird jeder von uns jemanden kennen, der von der Regierung sträflich im Stich gelassen wurde und dadurch seine gesamte Existenz verloren hat. Das ist der spürbare Schaden, der entstanden ist, meine sehr geehrten Damen und Herren.

Strache betreibt nun das, was er Kurz vorwirft, nämlich Angst- und Panikmache.

Und meine Forderungen an die aktuelle Bundesregierung lauten daher: sofortige Reparatur des Epidemie-

Gesetzes und die rechtlich abgesicherte Zahlung der Ausfallshaftung für Betriebe, die durch den Lockdown Umsatzeinbußen erlitten haben, eine sofortige Halbierung der Lohnnebenkosten wäre das Gebot der Stunde, die Aussetzung von Basel III und Basel IV, um die Liquidität der Unternehmen über die Banken sofort zu gewährleisten, und die Banken endlich auch anzuhalten von Seiten der Regierung, dass sie aufgrund der AWS-Staatshaftungen endlich den Unternehmern auch die Kredite rasch und unbürokratisch sicherstellen, die sofortige Lockerung der Maskenpflicht. Ja, es braucht da Aufklärung. Ich finde es gut und wichtig, dass man in gewissen Bereichen eine Nasen-Mundschutz-Maske trägt, aber ohne Aufklärung bis heute, keiner hat ein Aufklärungsprogramm dahintergesetzt, dass, wenn man mit der Maske nicht ordnungsgemäß umgeht, dies dramatische Folgen haben kann, wenn man diese dreilagigen Mund-Nasen-Schutzmasken nicht alle drei Stunden wechselt, dann sammeln sich dort erst recht Viren, das sind Virenschleudern, das ist erst recht eine große Gefahr für viele Bürger, und da fehlt die Aufklärung, wie geht man mit der Maske um, wie schaut man, dass sie wirklich sauber ist, desinfiziert ist, dass man erst recht eine Viren- und Bakterienschleuder mit sich herumträgt, die eine besondere Gefährdung darstellt. Wo macht es Sinn, Masken zu tragen, und wo nicht, natürlich im Freien nicht, denn die gute Luft und die frische Luft, das tut jedem Bürger gut. Natürlich ist es wichtig, Abstand zu halten, keine Frage, ja, aber die Eigenverantwortung ist das Entscheidende. Und die Menschen haben das Recht auf eine Eigenverantwortung und vor allen Dingen auf eine Aufklärung, meine sehr geehrten Damen und Herren, und da braucht's die Rückkehr zur Eigen- und Selbstverantwortung sowie die Freiwilligkeit auch bei gewissen, ich sage bewusst,

Vorschriften, die wünschenswert wären. Die Aufhebung der sinnbefreiten und realitätsfernen Auflagen auch in der Gastronomie wären notwendig und einen konkreten Zeit- und Hilfsplan für die Veranstalter, die Barbetreiber, Nachtlokalbetreiber, Musiker, Künstler, welche eben nicht wissen, wie's weitergeht und auch bis heute eine konkrete rasche unbürokratische Hilfe vermissen und vergeblich darauf gewartet haben. Die sofortige Aufhebung sämtlicher Einschränkungen bei den uns verfassungsgemäß garantierten Bürgerrechten.

Strache verwendet die Form des Dammbrucharguments: Folgt man nicht seinen aktuellen Forderungen, dann kommt es zu katastrophalen Folgen. Er schließt in seiner Argumentation komplett aus, dass die Wirtschaft wesentlich vom Verhalten der Konsumenten abhängt. Strache tut so, als hätte sich das Verhalten der Menschen während Covid-19 nicht geändert, und alle würden weiterhin, wenn sie nur könnten, Theater, Kinos und Gaststätten besuchen. Die Realität zeigt uns, dass dies eben nicht der Fall ist.

Ja, meine sehr geehrten Damen und Herren, das ist unser Motto: »Österreich bleibt frei«, und dafür müssen wir Sorge tragen und dafür braucht es uns als Bewegung auch besonders in Zeiten wie diesen. Und, meine sehr geehrten Damen und Herren, ja, ich freue mich auf diese Verantwortung gerade im Vorfeld der Wiener Wahl. Wie Sie wissen, wird das auch die erste Wahl-Bewegung sein, in die wir gehen am 11. Oktober, quasi das Fundament, das wir als neue Bürgerbewegung auch in Wien sicherstellen wollen gemeinsam mit den Bürgern. Wo wir, ja, schonungslos die Fehlentwicklungen einer Stadtregierung, einer rot-grünen Stadtregierung auch aufzeigen, wo wir genau die Oppositionspolitik leben, die man bei anderen vermisst, und schonungslos die Interessen der

Bürger vertreten werden, ja, mit Idealismus und der klaren Hoffnung, auch den Auftrag zu erhalten am 11. Oktober, mit einer Stärke ausgestattet zu werden, damit die anderen nicht tun und lassen können, was sie wollen. Und, meine sehr geehrten Damen und Herren, gerade die Wienerinnen und Wiener wissen seit dem Jahr 2004, wo ich ja seit 2005 bei den Landtagswahlen und Gemeinderatswahlen als Spitzenkandidat angetreten bin und auch Herausforderer von Michael Ludwig war, was Sie an mir haben, mit welcher Konsequenz ich hinter welchen Anliegen der Bevölkerung auch stehe, und dass man sich auf mich verlassen kann, denn eines war mir immer wichtig, für die Menschen da zu sein, jenen eine Stimme zu geben, die keine Stimme haben, jenen ein Gehör zu schenken, denen man vonseiten der Regierenden kein Gehör schenkt und die in Wahrheit oftmals die stummen, ja, leidenden Bürger dieses Landes sind. Dafür stehen wir als Team HC Strache ein.

Strache positioniert sich geschickt als Opposition und verbündet sich mit den »leidenden« Bürgerinnen und Bürgern des Landes, denen Unrecht geschieht, so wie ihm, aus seiner Sicht, in der gesamten Ibiza-Affäre Unrecht geschehen ist.

Und, meine sehr geehrten Damen und Herren, ich darf heute auch natürlich unseren Landessprecher, nämlich den Landesteamsprecher aus dem Burgenland, Herbert Adelmann, recht herzlich unter uns begrüßen. Danke, dass er im Burgenland als Landesteamsprecher auch begonnen hat, eine Landesgruppe, eine Landesstruktur auch aufzubauen, die bereits über hundert Mitglieder auch verzeichnen kann, wo wir letztlich auch in Wien dank der Aufbauarbeit von Karl Baron es geschafft haben, bereits über tausend Mitglieder und Unterstützer in Wien alleine zu haben, auf denen wir mit dem heuti-

gen Tag weiter aufbauen, und natürlich dann auch im Sinne der Vorschriften und Gegebenheiten auch Veranstaltungen sicherstellen werden. Und, meine sehr geehrten Damen und Herren, ich darf Ihnen heute auch noch mitteilen, dass Ingenieur Christian Höbart, der auch in unserer Mitte ist, mit heutigem Tag Generalsekretär des Team HC Strache sein wird, auch als Wahlkampfleiter für die Wiener Wahl alles darauf setzen wird, auch einen erfolgreichen Wahlkampf möglich zu machen, und der auch mit heutigem Tag Landesteamsprecher von Niederösterreich auch wird. Und er steht mir zur Seite und ich bin ihm dankbar dafür, das freut mich besonders, denn uns begleitet, ja, eine langjährige Freundschaft und er ist ein jahrelanger Wegbegleiter auch von mir, er war 2008 bis 2019 auch Nationalratsabgeordneter, fünf Jahre geschäftsführender Landesparteiobmann in Niederösterreich und er ist heute geschäftsführender Gemeinderat in Guntramsdorf, kommt aus der Informationstechnologie und der Werbebranche, er hat ein Master-Studium an der Donau-Universität Krems zum Thema »Politische Kommunikation« absolviert und ich freue mich natürlich auch über diese personelle Verstärkung und darf ihm auch, darf ihn auch ersuchen herauszukommen und dann die Moderation für die anstehenden Fragen zu übernehmen.

Strache verwendet ansatzweise ein Storytelling-Format nach dem Schema: 1. Es ist zunächst alles in Ordnung. 2. Dann kommt das große unerwartete Problem, an dem alle verzweifeln. 3. Der Retter ist in Sicht und führt aus dem Problem. 4. Anschließend geht es uns besser als vorher. Es fehlt allerdings der Teil Call-To-Action, nämlich die Antwort auf die Frage: Was ist jetzt zu tun? Die Vorstellung der weiteren agierenden Personen an dieser Stelle führt aus meiner Sicht zum Zusammenbruch der kämpferisch aufgebauten Rede.

Aktiviere den Herdentrieb!

Boris Johnson gibt am 10. Mai 2020 ein Update zum aktuellen Covid-19-Lockdown in den BBC News

Boris Johnson hält eine sehr ambitionierte Rede an die Bevölkerung des Landes über die weiteren Schritte in Bezug auf den Covid-19-Lockdown.

Hier der Link zur Rede von Boris Johnson:
https://www.youtube.com/watch?v=P8HC5sOHzus

Bevor wir uns mit der Rede selbst beschäftigen, betrachten wir den Gesamteindruck, den Boris Johnson macht. Johnson sitzt hinter seinem Schreibtisch, den Oberkörper nach vorne über den Tisch geneigt. Er macht den Eindruck, als würde er am liebsten zu den Zusehern durch deren Bildschirm durchdringen. Seine Sprache ist klar und deutlich. Seine Aussagen werden durch Piktogramme und Grafiken professionell unterstützt.

Den Eindruck, den er hierzulande aufgrund seiner oft zerstörten Frisur macht, dem wird er in seiner Rede nicht gerecht. Hier kommt der negative HALO-Effekt, der HORN-Effekt, zur Geltung. Wir trauen Menschen, die ein, sagen wir, für uns ungewöhnliches Äußeres zeigen, oft nicht viel zu. Boris Johnson zeigt in seiner Rede, wohl auch aufgrund seiner persönlichen Betroffenheit von Covid-19, wie klar und entschlossen er vorgeht im Kampf gegen diese Pandemie.

Ich habe diese Rede mithilfe der kostenlosen Version des automatischen Übersetzungsprogramm deepl.com vom Englischen ins Deutsche übertragen und kommentiere die deutsche Version.

Es ist nun fast zwei Monate her, dass die Menschen in diesem Land begannen, Einschränkungen ihrer Frei-

heit, Ihrer Freiheit, in einer Art und Weise, wie wir sie noch nie zuvor, weder in Friedenszeiten noch in Kriegszeiten erlebt haben. Und Sie haben den gesunden Menschenverstand gezeigt, diese Regeln mit überwältigender Mehrheit zu unterstützen. Sie haben alle Härten dieses Programms der sozialen Distanzierung in Kauf genommen, weil Sie verstehen, dass dies zu fordern, und wie die Erfahrung jedes anderen Landes gezeigt hat, der einzige Weg ist, das Coronavirus zu besiegen, die bösartigste Bedrohung dieses Land während meines gesamten Lebens. Und die Zahl der Todesopfer war tragisch und das Leid ist immens und wir trauern um all jene, die wir verloren haben. Es ist eine Tatsache, dass wir durch die Annahme dieser Maßnahmen verhindert haben, dass dieses Land von dem, was hätte sein können, verschlungen wird. Eine Katastrophe, bei der das vernünftigste Worst-Case-Szenario eine halbe Million Todesopfer gewesen wäre. Dank Ihres Einsatzes und Ihrer Opfer bei der Eindämmung der Ausbreitung dieser Krankheit sinkt die Zahl der Todesopfer und der Krankenhauseinweisungen und dank Ihnen konnten wir unseren NHS schützen und viele Tausende von Leben retten und deshalb weiß ich, und Sie wissen, dass es ein Wahnsinn gewesen wäre, diese Errungenschaft jetzt wegzuwerfen, indem wir einen zweiten Anstieg zulassen.

Johnson beginnt seine Rede, um die Aufmerksamkeit der Zuhörer auf die Aspekte zu lenken, die gut gelaufen ist. Er nutzt die kognitive Verzerrung des Aufmerksamkeitsfehler-Effekts, der besagt, dass Menschen eher das wahrnehmen, worauf ihre Aufmerksamkeit gerichtet wurde. Er nutzt auch den Kontrasteffekt, indem er beschreibt, wie wirksam die Maßnahmen waren im Vergleich zum Worst-Case-Szenario.

Wir können einen deutlichen Unterschied zur Rhetorik von Sebastian Kurz feststellen. Kurz bedankt sich bei der Bevölkerung für die Einhaltung der Maßnahmen, die seine Regierung beschlossen hat. Johnson hingegen bewertet das Verhalten der Bevölkerung an sich als äußerst positiv und stellt somit die Bevölkerung in den Mittelpunkt seiner Ausführungen.

> *Wir müssen weiterhin sehr aufmerksam bleiben, dass wir weiterhin das Virus kontrollieren und Leben retten müssen. Sie müssen auch erkennen, dass diese Kampagne gegen das Virus kolossale Einschränkungen auf Kosten unserer Lebensweise bedeutet. Wir können überall um uns herum in den verschlossenen Läden und verlassenen Geschäften und in abgedunkelten Kneipen und Restaurants sehen, und es gibt Millionen von Menschen, die sowohl Angst vor dieser schrecklichen Krankheit haben als auch gleichzeitig befürchten, was diese lange Zeit der erzwungenen Untätigkeit für ihren Lebensunterhalt und ihr geistiges und körperliches Wohlbefinden, für ihre Zukunft und die Zukunft ihrer Kinder bedeuten wird. Deshalb möchte ich Ihnen heute Abend die Form eines Plans vorlegen, der beide Ängste angeht, sowohl um das Virus zu besiegen als auch um die erste Skizze eines Fahrplans für die Wiedereröffnung der Gesellschaft zu liefern.*

Durch den deutlich aufgezeigten Kontrast zwischen aktueller Lage und dem angestrebten Wohlbefinden in der Zukunft unterstreicht Johnson die Notwendigkeit seines Plans.

> *Ein Gefühl für den Weg, der vor uns liegt, und wann und wie und auf welcher Grundlage wir die Entscheidungen für das weitere Vorgehen treffen werden. Ich werde morgen im Parlament weitere Einzelheiten ausarbeiten und am Abend Fragen der Öffentlichkeit ent-*

gegennehmen. Ich habe das gesamte politische Spektrum konsultiert, alle vier Nationen des Vereinigten Königreichs. Die verschiedenen Teile des Landes erleben die Pandemie in unterschiedlichem Tempo und da ist es richtig, flexibel zu reagieren. Ich glaube, als Premierminister des Vereinigten Königreichs, Schottland, England und Wales, Nordirland, gibt es eine starke Entschlossenheit, diese gemeinsam zu besiegen, und heute einen allgemeinen Konsens darüber, was wir tun könnten. Ich betone »könnten«, denn obwohl wir einen Plan haben, handelt es sich um einen bedingten Plan, und es ist unsere Priorität, die Öffentlichkeit zu schützen und Leben zu retten. Wir können nicht vorankommen, wenn wir die fünf Prüfungen nicht bestehen: Wir müssen unseren NHS schützen, wir müssen einen anhaltenden Rückgang der Sterblichkeitsrate sehen, wir müssen einen anhaltenden Rückgang und einen beträchtlichen Rückgang der Infektionsrate sehen, wir müssen unsere Herausforderungen beim Ausstieg aus der PPE für die Menschen, die sie brauchen, in den Griff bekommen, und ja, es ist ein globales Problem, aber wir müssen es lösen, und schließlich müssen wir sicherstellen, dass alle Maßnahmen, die wir ergreifen, nicht die Reproduktionsrate der Krankheit, das R größer 1 erzwingen, sodass wir eine Art exponentielles Wachstum haben, mit dem wir vor einigen Wochen konfrontiert waren.

Johnson verwendet den Modaloperator der Notwendigkeit, indem er von »müssen« und »wir können nicht …« spricht. Dieser Modaloperator drückt Regeln aus und betont diese, ohne dafür die Gründe konkret zu nennen.

Und um unsere Fortschritte aufzuzeichnen und nicht wieder von vorne anzufangen, richten wir ein neues Covid-Alert-System ein, das von einem neuen gemein-

samen Sicherheitszentrum betrieben wird. Und dieser Covid-Alert-Level wird in erster Linie durch R und die Anzahl der Coronavirus-Fälle bestimmt werden, und dieser Covid-Alert-Level wiederum wird uns sagen, wie hart wir bei unseren sozialen Distanzierungsmaßnahmen sein müssen. Je niedriger die Stufe, desto weniger Maßnahmen, je höher die Stufe, desto härter und strenger müssen wir sein. Es wird fünf Alarmstufen geben. Stufe 1 bedeutet, dass die Krankheit im Vereinigten Königreich nicht mehr vorhanden ist, und Stufe 5 ist die kritischste, die Art von Situation, die wir hätten haben können, wenn der NHS überwältigt worden wäre. Während der Zeit der Abriegelung waren wir auf Stufe 4 und dank Ihres Opfers sind wir jetzt in der Lage, schrittweise auf Stufe 3 überzugehen, und im weiteren Verlauf wird jeder eine Rolle dabei zu spielen haben, den R-Wert niedrig zu halten, indem er sich am Ende an die Regeln hält und die Zahl der Infektionen weiter nach unten drückt. Es gibt noch zwei weitere Dinge, die wir tun müssen. Wir müssen die schrecklichen Epidemien in Pflegeheimen und im NHS rasch rückgängig machen, denn die Zahlen gehen jetzt stark zurück. Es muss noch viel mehr getan werden, und wenn wir das Virus unter Kontrolle bringen, dann müssen wir ein weltweit führendes System haben, das potenzielle Opfer testet und ihre Kontakte zurückverfolgt, sodass wir insgesamt buchstäblich Hunderttausende von Menschen täglich testen. Wir machen schnelle Fortschritte beim Testen, aber es gibt jetzt noch so viel mehr zu tun, und wir können dies gewinnen. Am Anfang haben wir diese Krankheit noch nicht gesehen, wir haben ihre Auswirkungen nicht ganz verstanden und mit jedem Tag, an dem wir mehr und mehr Daten erhalten, haben wir das Licht der Wissenschaft auf diesen unsichtbaren Killer gelenkt und wir werden ihn dort aufgreifen, wo er zuschlägt. Denn unser neues System wird in der Lage sein, lokales Aufflackern in Ihrer Region rechtzeitig zu erkennen und uns ein nationales Bild zu liefern. Wenn ich mir ansehe, wo wir heute Abend stehen, haben wir ein R unter 1, zwischen 0,5 und 0,9. Möglicherweise nur knapp unter 1, und obwohl wir bei der Erfüllung zumindest einiger der von mir genannten Bedingungen Fortschritte gemacht haben. Wir haben bei Weitem nicht alle erfüllt, und deshalb, nein, dies ist nicht der Zeitpunkt, den Lockdown diese Woche einfach zu beenden, sondern wir haben stattdessen den ersten vorsichtigen Schritt zur Änderung unserer Maßnahmen unternommen. Und der erste Schritt ist eine Änderung des Schwerpunkts, von der wir hoffen, dass die Menschen in dieser Woche handeln werden.

Johnson erklärt in Form des »Wenn–dann«-Musters, wie die nächsten Schritte aussehen. Das vermittelt den Eindruck, der Redner verfolge eine klare Strategie.

Wir haben gesagt, dass Sie von zu Hause arbeiten sollten, wenn Sie können. Gehen Sie nur zur Arbeit, wenn Sie müssen. Wir müssen jetzt betonen, dass jeder, der nicht von zu Hause arbeiten kann, z. B. im Baugewerbe oder in der Fertigung, aktiv ermutigt werden sollte, zur Arbeit zu gehen, und wir wollen, dass es für Sie sicher ist, zur Arbeit zu kommen. Sie sollten also öffentliche Verkehrsmittel nach Möglichkeit vermeiden, denn wir müssen und werden die soziale Distanzierung aufrechterhalten und die Kapazitäten werden daher begrenzt sein. Arbeiten Sie also von zu Hause aus, wenn Sie können, aber Sie sollten zur Arbeit gehen, wenn Sie nicht von zu Hause arbeiten können. Und um zu gewährleisten, dass Sie am Arbeitsplatz sicher sind, haben wir daran gearbeitet, neue Richtlinien für Arbeitgeber aufzustellen, um die Arbeitsplätze von Covid sicher zu machen. Und wenn Sie zur Arbeit gehen, dann tun Sie dies möglichst mit dem Auto oder noch besser zu Fuß oder mit dem Fahrrad. Aber genau wie am Arbeitsplatz werden auch die Betreiber öffentlicher Verkehrsmittel die Sicherheitsstandards von Covid befolgen. Und ab diesem Mittwoch wollen wir die Menschen ermutigen, sich mehr und sogar unbegrenzt im Freien zu bewegen. Sie können in Ihrem örtlichen Park in der Sonne sitzen und zu anderen Zielen fahren. Sie können sogar nur mit Mitgliedern Ihres eigenen Umfelds Sport treiben. Sie müssen sich an die Regeln der sozialen Distanzierung halten. Um diese Regeln durchzusetzen, werden wir die Geldstrafen für die kleine Minderheit, die gegen diese Regeln verstößt, erhöhen.

Johnson richtet die Aufmerksamkeit seiner Zuhörer auf die Einhaltung der Regeln. Mit der Androhung einer Strafe für die wenigen, die sich nicht an die Regeln halten werden, adressiert er den Social-Proof-Effekt. Menschen folgen gerne einer Herde: Wenn viele etwas tun, dann muss es richtig sein. Diese Annahme, eine Präsupposition, setzt er hier indirekt voraus, ohne zu wissen, ob sie tatsächlich zutrifft.

Und so werden wir jeden Tag mit immer mehr Daten, R und die Zahl der Neuinfektionen und die Fortschritte, die wir machen, überwachen. Und wenn wir in Schritt zwei frühestens am 1. Juni, nach der Hälfte der Schulzeit, beginnen, glauben wir, dass wir in der Lage sein könnten, mit der stufenweisen Wiedereröffnung der Geschäfte zu beginnen und die Grundschüler schrittweise wieder in die Schulen zu bringen, beginnend mit der Aufnahme, im ersten Jahr und im sechsten Jahr. Unser Ziel ist es, dass die Schüler der Sekundarstufe nächstes Jahr vor den Prüfungen stehen und ir-

gendwann zusammen mit ihren Lehrern vor den Ferien entlassen werden. Wir werden in Kürze detaillierte Anleitungen dazu geben, wie dies in Schulen und Geschäften und im Verkehrswesen funktionieren kann. Und Schritt drei, frühestens im Juli und vorbehaltlich all dieser Bedingungen und weiterer wissenschaftlicher Beratung, wenn, und nur wenn die Zahl unterstützt wird, werden wir hoffen, zumindest einen Teil des Gastgewerbes und anderer öffentlicher Orte wieder öffnen zu können, vorausgesetzt, sie sind sicher und setzen soziale Distanz durch. In diesem Zeitraum der nächsten zwei Monate werden wir uns nicht nur von bloßer Hoffnung leiten lassen, sondern die wirtschaftliche Notwendigkeit wird von der Wissenschaft, den Daten und der öffentlichen Gesundheit angetrieben werden.

Johnson wird hier dem Anliegen vieler Menschen gerecht, dass die verhängten Schritte auf klaren wissenschaftlichen Fakten beruhen. Er vermittelt den Eindruck, dass alle Covid-19-Parameter und -Auswirkungen eindeutig gemessen werden können. Es verleiht ihm den Anschein, die Lage unter Kontrolle zu haben, und triggert den Autoritäts-Effekt.

Und ich muss noch einmal betonen, dass all dies an Bedingungen geknüpft ist, es hängt alles von einer Reihe großer »Wenn« ab. Es hängt von uns allen ab, vom ganzen Land, den Rat zu befolgen, die soziale Distanzierung einzuhalten, das R niedrig zu halten, und um eine Reinfektion aus dem Ausland zu verhindern, weise ich darauf hin, dass bald die Zeit sein wird, wenn die Übertragung deutlich geringer sein wird, um Menschen, die auf dem Luftweg in unser Land kommen, Quarantäne aufzuerlegen. Es ist wegen Ihrer Bemühungen, das R zu senken, und wegen der Zahl der Infektionen hier unten, dass diese Maßnahme nicht beeinträchtigt wird.

Und natürlich werden wir unsere Fortschritte auf lokaler, regionaler und nationaler Ebene überwachen. Und wenn es Ausbrüche gibt, wenn es Probleme gibt, werden wir nicht zögern, auf die Bremse zu treten, wir haben den ersten Gipfel durchschritten, aber es ist, als käme man den Berg herunter, der oft gefährlicher ist. Wir haben eine Verankerung und wir haben einen Plan dafür. Jeder in der Regierung steht unter dem alles verzehrenden Druck, Leben zu retten, die Lebensgrundlagen wiederherzustellen und allmählich die Freiheiten wiederherzustellen, die wir brauchen, aber am Ende ist dies der Plan, den jeder umsetzen muss, und wenn ich mir ansehe, was Sie bereits getan haben, haben Geduld und gesunder Menschenverstand die Stärke der älteren Menschen gezeigt, deren Isolation wir alle so schnell wie möglich beenden wollen. Die unglaubliche Tapferkeit und harte Arbeit unserer NHS-Mitarbeiter, unserer Pflegekräfte, die Hingabe und Selbstaufopferung all jener, die in allen Lebensbereichen tätig sind, werden uns helfen, diese Krankheit zu besiegen: Polizei, Busfahrer, Zugführer, Apotheker, Supermarktarbeiter, Straßenwärter, Reinigungskräfte, Sicherheitsleute, Postangestellte oder Lehrer und tausend andere, die Wissenschaftler, die rund um die Uhr daran arbeiten, einen Impfstoff zu finden.

Johnson nutzt die kognitive Verzerrung des Bestätigungsfehler-Effekts. Es wurden von ihm jene Informationen und Fakten ausgewählt, die seinen Plan bestätigen. Menschen neigen dazu, nach Bestätigung ihrer eigenen Annahmen zu suchen statt nach Widerlegungen.

Wenn ich an die Millionen von alltäglichen Handlungen der Freundlichkeit und Nachdenklichkeit denke, die in diesem Land vollbracht wurden und uns gehol-

fen haben, diese erste Phase zu überstehen, weiß ich, dass wir diesen Plan nutzen können, um die nächste zu überstehen, und wenn wir es bis zu diesen Terminen nicht schaffen, wenn die Alarmstufe es nicht zulässt, werden wir einfach warten und weitermachen, bis wir es richtig gemacht haben. Wir werden von dieser teuflischen Krankheit zurückkehren, wir werden zu Gesundheit und robuster Gesundheit zurückkehren und das Vereinigte Königreich wird durch diese Erfahrung verändert werden. Ich glaube, wir könnten stärker und besser als je zuvor sein, belastbarer, innovativer, wirtschaftlich dynamischer, aber auch großzügiger und teilhabender. Das Finale: Wir müssen wachsam bleiben, den Virus kontrollieren und Leben retten. Ich danke Ihnen vielmals.

Die Rede von Boris Johnson folgt einer klaren Struktur. Er spricht zunächst darüber, warum es notwendig ist, ihm genau zuzuhören. Anschließend erläutert er die Problematik. Er erklärt ausführlich, worum es geht. Im nächsten Schritt erklärt er die notwendigen Schritte und wie diese aussehen. Zum Abschluss widmet er sich den Konsequenzen, wenn die Maßnahmen erfolgreich sind. Aus meiner Sicht eine sehr gelungene Rede, leicht nachvollziehbar und gut illustriert, die die Maßnahmen der Regierung verständlich und nachvollziehbar macht. Johnson gelingt es, klare und unmissverständliche Anweisungen in sprachlicher Vielfalt und hoher Verständlichkeit auszudrücken.

Nutze die Gefühle!

Donald Trump am 29. Mai 2020 über den gewaltsamen Tod von George Floyd

Der Afroamerikaner George Floyd wurde am 25. Mai 2020 in Minneapolis im US-Bundesstaat Minnesota im Zuge seiner gewaltsamen Festnahme getötet. Massive Ausschreitungen in vielen Teilen der USA waren die Folge.

Hier der Link zur Rede von Donald Trump: https://www.youtube.com/watch?v=otqkKN-wdl8

Bevor wir uns mit der Rede selbst beschäftigen, betrachten wir den Gesamteindruck, den Donald Trump macht. Er sitzt an einem Tisch und liest seine Rede eher gelangweilt und emotionslos ab.

Ich habe auch diese Rede mithilfe der kostenlosen Version des automatischen Übersetzungsprogramms deepl.com vom Englischen ins Deutsche übertragen und kommentiere die deutsche Version.

> *Ich möchte der Familie von George Floyd unser tiefstes Beileid und unser tief empfundenes Mitgefühl im Namen unserer Nation aussprechen, schreckliches Ereignis, schreckliche, schreckliche Sache, die geschehen ist.*

Trump verwendet einen *Unspezifischen Vergleich,* wenn er sagt: »ein schreckliches Ereignis«. Er erklärt nicht, mit was er »schrecklich« vergleicht. Das gibt dem Publikum die Möglichkeit, selbst den Vergleich zu ziehen.

> *Ich habe darum gebeten, dass das Justizministerium die bundesstaatlichen Ermittlungen zu seinem Tod be-*

schleunigt, und zwar sofort, und zwar so schnell, wie es nur möglich ist. Es handelt sich um eine lokale Situation, aber wir machen daraus auch eine föderale Situation, und das ist eine schreckliche Sache. Wir alle haben gesehen, was wir gesehen haben, und es ist sehr schwer, sich auch nur etwas anderes vorzustellen, als wir gesehen haben. Es sollte niemals wieder passieren, so etwas darf niemals wieder passieren. Aber wir sind entschlossen, dass der Gerechtigkeit Genüge getan wird, und ich habe mit Mitgliedern der Familie gesprochen, mit großartigen Menschen, und werde im Laufe der Zeit Bericht erstatten.

Bei der Formulierung »Es sollte niemals wieder passieren« handelt es sich um ein *Verloren gegangenes Performativ.* Das bedeutet, es wird nicht erklärt, was mit »es« gemeint ist. Der Zuhörer kann es sich wieder selbst aussuchen.

Wir sind der Meinung, dass wir diese Erklärung auch abgeben müssen, und es ist sehr wichtig, dass wir friedliche Demonstranten haben und die Rechte für friedliche Demonstranten unterstützen. Wir können nicht zulassen, dass eine Situation wie in Indianapolis weiter in gesetzlose Anarchie und Chaos umschlägt, und wir verstehen das sehr gut, ich glaube, es ist sehr wichtig für die Familie, für alle, dass die Erinnerung an George Floyd eine perfekte Erinnerung ist, lasst sie eine perfekte Erinnerung sein. Es darf nicht zugelassen werden, dass Hetzer die Stimmen so vieler friedlicher Demonstranten übertönen, die so sehr verletzt sind über das, was geschah, und es ist so schlimm für den Staat und für diese großartige Stadt.

Es geht weiter mit Trance-induzierender Sprache, die es dem Zuhörer überlässt, sich auf seine Gedanken und Gefühle zu konzentrieren und diese wahrzunehmen.

> *Wir arbeiten also sehr eng mit dem Justizministerium zusammen, wir arbeiten mit den örtlichen Strafverfolgungsbehörden, wir arbeiten mit allen zusammen und wir sprechen mit der Familie und hoffentlich kann für alles recht gut gesorgt werden. Ich verstehe den Schmerz, ich verstehe den Schmerz. Die Menschen haben wirklich viel durchgemacht. Die Familie von George hat ein Recht auf Gerechtigkeit und die Menschen in Minnesota haben ein Recht darauf, in Sicherheit zu leben, Recht und Ordnung werden herrschen, die Amerikaner werden das Andenken an George erhalten und die Familie Floyd ist uns sehr wichtig, und es ist mir sehr wichtig dafür zu sorgen, dass für alles richtig gesorgt wird. Es ist eine schreckliche, schreckliche Situation und deshalb werden wir zu gegebener Zeit und so schnell wie möglich Bericht erstatten.*

Trump bringt weder Zahlen noch Daten oder Fakten. Er spricht ausschließlich die Gefühlswelt der Zuhörerschaft an in einer Art, dass sich jeder und jede in zumindest einem Abschnitt der Rede wiederfinden kann. Das generiert unter seiner Anhängerschaft breite Zustimmung, da sich diese Menschen gefühlsmäßig bei ihm gut aufgehoben fühlen. Jene, ihn als dumm kritisieren, übersehen, dass Menschen andere Menschen nicht aufgrund ihrer Intelligenz mögen, sondern aufgrund der Ähnlichkeit und Gemeinsamkeit, die sie haben. Trumps Gegner wären gut beraten, weniger über Zahlen, Daten und Fakten zu sprechen, sondern die Gefühlswelt ihrer Anhängerschaft zu adressieren. Dass Trump von seinen Gegnern für dumm gehalten wird, nutzt er geschickt zu seinem Vorteil.

Vage und verdreht

Gerald Grosz spricht am 7. Juni 2020 für den Deutschland Kurier über die Scheinheiligkeit europäischer Wohnzimmersolidarität

Gerald Grosz ist ein ehemaliger österreichischer Politiker des BZÖ (Bündnis Zukunft Österreich). Er war Bundesobmann, Abgeordneter zum Nationalrat sowie Landesobmann des BZÖ Steiermark. Er wird gesinnungsmäßig dem Dritten Lager, das der Freiheitlichen Partei Österreichs nahesteht, zugeordnet. Der Deutschland Kurier ist eine rechtspopulistische Publikation.

Hier der Link zur Rede von Gerald Grosz:
https://www.youtube.com/watch?v=PVpJlMiM1_8

Bevor wir uns mit der Rede selbst beschäftigen, betrachten wir den Gesamteindruck, den Gerald Grosz macht. Er sitzt anscheinend auf einem Sofa, die Kamera vor ihm so positioniert, dass er von oben herab in die Kamera blickt. Seine Sprache ist sehr deutlich und klar verständlich. Seine Aussprache und seine Wortwahl sind streckenweise sehr zynisch und polemisch, also scharf in der Formulierung und gleichzeitig unsachlich.

> *Das leicht erregbare Weltpublikum nimmt Kenntnis von einem verabscheuungswürdigen Gewaltverbrechen in den USA, einem Übergriff der Polizei auf einen vermeintlichen Täter mit tödlichem Ausgang.*

Grosz bringt eine Vorannahme, eine Präsupposition, indem er sagt, das Weltpublikum sei leicht erregbar. Er erklärt nicht, woher er das weiß und wie er darauf kommt. Damit stellt er seine Rede in einen Rahmen einer emotionalen Erregung, die von ihm gewünscht ist.

> *Ja, wir diskutieren tatsächlich alle darüber, dass in einem Land, in dem täglich mehr als 3.000 Gewaltverbrechen verübt werden, einer, diesmal vollzogen durch die Polizei selbst, dazugekommen ist. Jährlich werden auf dem Boden dieser Sehnsuchtsnation der ewigen Freiheit, der reinen Demokratie und des dauerhaften Friedens übrigens durchschnittlich mehr als 1.000 Bürger, größtenteils vermeintliche Täter, von der Polizei erschossen.*

Dass wir »alle« darüber diskutieren, ist eine Verallgemeinerung. Wer ist »alle« und wen meint er damit? Mit der Darstellung der USA als »Sehnsuchtsnation der ewigen Freiheit, der reinen Demokratie und des dauerhaften Friedens« übertreibt Grosz maßlos und nutzt Schopenhauers Kunstgriff 1: Erweiterung und Übertreibung der Behauptung. Dies führt dazu, dass die Zuhörer natürlich sofort sagen könnten: »Na ja, so toll sind die Amerikaner ja gar nicht.« Dieses Denkmuster induziert Grosz damit.

> *Rassistisch motiviert? Ja, mit diesem Begriff ist man rasch zur Stelle, denn die USA haben bekanntermaßen ein historisches und somit strukturelles Problem aufgrund der heterogenen Zusammensetzung seiner Bevölkerung. Aber ist es tatsächlich rassistisch motiviert, wenn im Jahr 2019 insgesamt 370 Weiße von Polizisten erschossen wurden, 235 Schwarze zu Tode gekommen sind, 158 Spanischstämmige aufgrund eines Zusammenstoßes mit der Exekutive ihr Leben lassen mussten, sind dann die besagten 370 Weiße die Opfer eines schwarzen Polizei-Rassismus und die 158 Spanischstämmigen die Opfer einer weiß-schwarzen Weltver-*

schwörung in der amerikanischen Exekutive? Was ist mit den schwarzen Tätern, die von schwarzen Polizisten erschossen werden?

Grosz bringt Zahlen und Daten, die vom Zuhörer nicht widerlegbar sind, zumindest nicht, während Grosz spricht. Dies entspricht Schopenhauers Kunstgriff 5: Annahmen, die nicht widerlegt werden können, werden zunächst als wahr angenommen.

Alles Rassismus oder vielleicht doch grundsätzlich eine gewaltbereite Gesellschaft in den USA? Aber nun zum Rassismus zurück, diesem Schlagwort, endlich wieder geschwungen und zugleich profundes Zeichen, dass die Welt nach Corona gottlob wieder geheilt, wenngleich auch nicht intelligenter geworden ist. Zumindest haben sich die hübsch-hässlichen Facebook-Seiten weltweit verschwärzt. Dankenswerterweise werden diesmal keine Katzenfotos mit »Schiswenizа«, in diesem Fall via Minnesota, gepostet, um die europäische Wohnzimmersolidarität der ewigen Scheinheiligkeit auszudrücken.

Mit »Alles Rassismus oder vielleicht doch grundsätzlich eine gewaltbereite Gesellschaft« verwendet Grosz das Double-Bind, das dem Zuhörer eine Wahlmöglichkeit zwischen nur zwei Optionen vorgaukelt, wo die Optionen entweder keine echte Wahlmöglichkeit darstellen oder andererseits viel mehr Optionen als bloß die beiden genannten denkbar sind. Rassismus oder eine gewaltbereite Gesellschaft ist kein ausschließendes Oder, sondern das eine ist ein Teil des anderen. Mit diesem Trick erreicht Grosz, dass der Zuhörer entweder Rassismus oder gewaltbereite Gesellschaft für sich wählt, egal, beides in Grosz' Sinne.

Stichwort Europa, das sich mit moralischer Überlegenheit wieder hervortut. Der gescheiterte deutsche Außenminister Maas verstieg sich jüngst mit Blick auf die brennenden Straßen, die geplünderten Geschäfte, die verletzten Polizisten, der Todesopfer, auch auf Polizeiseite, tatsächlich zum Satz: »Diese Proteste sind legitim.« Maas, das ist jener Vertreter einer Gruppe der Staatsgewalt, die friedliche Proteste gegen die Corona-Maßnahmen über drei Monate mit der Gewalt der Exekutive verbieten wollte! Übrigens legitim, ist es mittlerweile tatsächlich legitim, dass man unter dem Deckmantel des beschworenen Antirassismus plündert, abfackelt und mordet? Ist es tatsächlich legitim, den zweifelsohne grausamen Übergriff auf einen am Boden liegenden und in dieser Situation wehrlosen Menschen dazu zu nutzen, den heute Nacht verübten Mord auf einen schwarzen Polizeicaptain, verübt durch die aufrechten Antifaschisten, zu rechtfertigen?

Im obigen Absatz kommt Schopenhauers Kunstgriff 14, Recht behaupten, zur Anwendung. Grosz nimmt die Behauptung von Maas auf und verdreht sie zu seinem Vorteil, dass Proteste nicht legitim wären, und behauptet, dass Antirassismus sich das Recht herausnimmt, zu plündern und zu töten. Wo und wann genau welcher schwarze Polizeicaptain wie ermordet wurde, lässt er unbeantwortet.

Diesen Kunstgriff 14 verwendet auch Donald Trump sehr gerne, wenn er seine Gegner mundtot machen möchte, wie z.B. bei einem TV-Duell mit Hillary Clinton. Clinton sagte zu Trump, es sei gut, dass er nicht die Gesetze des Landes machen könne. In seiner Antwort verdreht er Clintons Aussage zu seinem Vorteil, indem er sinngemäß erwiderte: »Du hast recht, sonst wärst du im Gefängnis.« Clinton schwieg und sah schwach aus.

Nein, denn Kriminalität ist keine politische Einstellung, wenngleich man sie auch rechtfertigen will, wenn es gegen Trump geht. Das dürfte ja der eigentliche Grund brennender Städte sein, denn unter Obama waren ja die Opfer von Polizeigewalt, egal ob schwarz oder weiß, in Kauf zunehmende Kollateralschäden politischer Korrektheit. Demonstration ist ein Grundrecht, aber dieses umfasst nicht brennende Städte oder tatsächlich unschuldige Opfer und schon gar nicht zur Schau gestellte Dummheit aus dem Kuriositätenkabinett der Disney-World-Nation.

Grosz wendet hier eindeutig Kampfrhetorik an. Sein Ziel ist es, das US-amerikanische Volk, mit dem sich die Europäer solidarisch erklären, generell als dumm und gewaltbereit darzustellen und Trump als Opfer dieser Gesellschaft, während Obama sich mit ihr verbündet hat. Obwohl es am Beginn der Rede nicht so aussah, entpuppte sie sich eindeutig als Pro-Trump-Kundgebung.

Angreiferisch, vorwurfsvoll, inhaltsleer

Sahra Wagenknecht kritisiert am 29. Juni 2020 die Maßnahmen der deutschen Bundesregierung im Rahmen des Corona-Konjunkturpakets

Sahra Wagenknecht ist Abgeordnete im deutschen Bundestag. Von 2011 bis 2019 war sie als Nachfolgerin von Gregor Gysi Vorsitzende der Linksfraktion.

Hier der Link zur Rede von Sahra Wagenknecht:
https://www.youtube.com/watch?v=9lPoke3HXd4

Bevor wir uns mit der Rede selbst beschäftigen, betrachten wir den Gesamteindruck, den Sahra Wagenknecht macht. Sie steht relativ aufrecht hinter dem Rednerpult im deutschen Bundestag. Ihr Körper schwankt jedoch von vorne nach hinten sowie seitlich von links nach rechts. Das schwächt ihre anklägerische Körperhaltung. Mit ihren Händen schlägt sie immer wieder auf das Pult und produziert somit ein für den Zuhörer störendes Geräusch. Ihr Stand wird während ihrer Rede zunehmend unsicher. Ein auf beiden Beinen stabiles Stehen würde ihre Glaubwürdigkeit erhöhen.

> *Herr Präsident, liebe Kolleginnen und Kollegen, in einer Krise, wie wir sie heute erleben, ist es die erste und wichtigste Aufgabe einer Regierung, Sicherheit zu geben, zu investieren und da zu helfen, wo Hilfe nötig ist, Kaufkraft stärken.*

Wagenknecht beginnt ihre Rede mit einer Generalisierung, was die erste und wichtigste Aufgabe einer Regierung in Zeiten wie diesen sei. Generalisierungen in dieser Form sind Regeln, die Zustimmung hervorrufen. Kaum jemand wird hier widersprechen. Die Zuhörerschaft findet viele Beispiele, was Sicherheit für jede und jeden Einzelnen bedeutet.

> *Dafür braucht es ein großes Konjunkturpaket, aber es braucht eines, das zielgenau und klug das Geld dahin leitet, wo es wirklich gebraucht wird, wo Zukunftstechnologie, wo Lebensqualität in unserem Land davon abhängt, und das leistet Ihr Paket leider kaum. Ja, Hilfen für Städte und Gemeinden und Steuererleichterungen für betroffene Firmen, das ist richtig, und auch der Kinderbonus kommt überwiegend oder kommt Familien zugute, die es brauchen. Das unterstützen wir.*

Es wird weiter eine Ja-Kette aufgebaut, indem Wagenknecht zumindest teilweise den Maßnahmen der Regierung zustimmt. Dies soll dazu beitragen, auch für ihre weiteren Ausführungen Zustimmung zu bekommen.

> *Aber das sind leider alles ziemlich kleine Posten. Der teuerste Teil ist die Absenkung der Mehrwertsteuer für sechs Monate und wenig spricht dafür, dass dieses viele Geld wirklich bei den Verbrauchern ankommt. Es gibt ja Untersuchungen, es gibt Studien über die gesamte EU, über die Wirkung von Mehrwertsteuersenkungen. Und das Ergebnis dieser Studien ist, dass gerade mal im Schnitt 15 Prozent über sinkende Preise weitergegeben werden, das heißt, von 20 Milliarden Euro Steuergeld kämen dann gerade mal drei Milliarden bei den Verbrauchern an, bei den Konsumenten an.*

Mit dem Anführen von Studien nutzt sie gleich zwei Schopenhauer'sche Kunstgriffe, nämlich Nr. 5: Annahmen, die der Gegner nicht widerlegen kann, und Nr. 30: Berufung auf Autoritäten. Der Zuhörer ist während der Rede nicht in der Lage, Studien zur Wirkung von Mehrwertsteuersenkungen zu finden, noch dazu, wo keine konkrete Studie angegeben, sondern sehr verallgemeinernd formuliert wurde. Man kann sich schon vorstellen, dass es solche Studien geben kann, ohne es genau zu wissen. Die gleichzeitige Berufung auf die Autorität EU soll ihre Aussage glaubwürdig erscheinen lassen.

> *Den Rest kassieren Unternehmen überwiegend mit großer Marktmacht, beispielsweise das schon angesprochene Amazon, ein Krisengewinnler, dessen Chef sein Vermögen gerade um unglaubliche 35 Milliarden Dollar gesteigert hat.*

Wagenknecht gibt keinen Hinweis, woher sie das weiß.

> *Ein Unternehmen, das in Deutschland nahezu keine Steuern zahlt, das seine Beschäftigten miserabel behandelt, und denen wollen Sie jetzt auch noch einen zusätzlichen Steuerscheck überreichen. Das können Sie doch niemandem erklären und das kann man auch nicht rechtfertigen. Ja, auch wer im nächsten halben Jahr größere Anschaffungen tätigt, wird etwas von der Senkung haben. Aber wer ist das denn? Leute wie wir hier im Bundestag, die relativ wohlhabend sind, die ein sicheres Einkommen haben. Aber glauben Sie im Ernst, dass irgendjemand, der gerade um seinen Arbeitsplatz oder seine soziale Existenz fürchtet, im Moment keine anderen Sorgen hat, als sich ein Auto oder eine neue Küche zu kaufen?*

Auch hier kein Hinweis, woher sie weiß, was die Menschen denken. Sie verwendet das Muster des Gedankenlesens, eine beliebte Technik, um vorzugaukeln, die Gedanken anderer Menschen zu kennen.

Von dem Betrag, den die Senkung der Mehrwertsteuer kostet, hätte man 20 Millionen Familien mit niedrigen Einkommen oder mit krisenbedingten Verlusten, also jedem zweiten Haushalt in Deutschland, einen Konsumscheck von 1.000 Euro schicken können, der im stationären Handel, in Restaurants, in Cafés, in Hotels im Inland eingesetzt werden kann.

Im obigen Absatz macht Wagenknecht einen inhaltlichen Fehler, indem sie sagt, man hätte Familien mit krisenbedingten Verlusten, also jedem zweiten Haushalt, helfen können. Ist es wirklich so, dass nur jeder zweite Haushalt in Deutschland ein niedriges Einkommen hat? Fehler dieser Art schwächen die Glaubwürdigkeit ihrer gesamten Rede.

Damit hätten Sie vielen Menschen jetzt in der Krise eine echte Freude gemacht und Sie hätten gezielt Einzelhändlern und Gastwirten geholfen. Ihre Unfähigkeit, Geld dahin zu lenken, wo es wirklich gebraucht wird, ich finde, die ist schon auffallend.

Mit dem nun folgenden Angriff auf persönlicher Ebene, Schopenhauers Kunstgriff 38 entsprechend, versucht sie, ihren inhaltlichen Fehler von vorhin bedeutungslos zu machen.

Da bekommen Unternehmen Staatshilfen, denen es immerhin so gut geht, dass sie mitten in der Krise Milliarden an Dividenden ausschütten können, und Freiberufler und Solo-Selbstständige, denen das Einkommen weggebrochen ist, die werden von Ihnen kühl auf Hartz IV verwiesen. Wir finden das unglaublich. Allein von den 770 Millionen Euro Dividende, mit denen BMW gerade die Milliardäre Quandt und Klatten [Anm.: Quandt ist der Name einer deutschen, CDU-

nahen Industriellenfamilie. Eine wesentliche Quelle des Reichtums liegt in der Beteiligung am Automobilhersteller BMW, die in 1960er-Jahre begründet wurde. Susanne Klatten ist eine Tochter der Familie Quandt] beglückt hat, 770 Millionen, jetzt in der Krise, davon hätte dieses Unternehmen die Gehälter seiner Kurzarbeiter ohne Probleme selbst weiterbezahlen können, und natürlich ist Kurzarbeitergeld auch eine Staatshilfe, denn es wird in diesem Jahr überwiegend aus Steuergeld bezahlt. Und genauso erschütternd ist, wie schnell Sie alle diejenigen wieder vergessen haben, die Sie noch vor Kurzem mit Beifall und warmen Worten überschüttet haben, all die vielen, die tagtäglich in den Krankenhäusern und Pflegeheimen schuften, in den Supermärkten oder als Postzusteller. Nichts hat sich daran geändert, an der miserablen Bezahlung in einem der größten Niedriglohnsektoren Europas, den Sie geschaffen haben, nichts hat sich geändert an Tarifflucht und irregulärer Beschäftigung. Stattdessen holt Herr Altmaier [Anm.: Peter Altmaier ist deutscher Bundesminister für Wirtschaft und Energie] jetzt die Verlängerung der Ladenöffnungszeiten aus der Mottenkiste, als ob die Uhrzeit und nicht Zukunftsängste und Unsicherheit der Grund sind, der vielen Menschen die Shopping-Laune verdorben hat. Und gut bezahlte Politiker der Union denken offen und öffentlich darüber nach, ob man die Erhöhung, die nächste Erhöhung des Mindestlohns nicht mal eben aussetzen könnte, und das bei derart gestiegenen Lebensmittelpreisen. Das ist doch alles empörend, das ist nicht christlich, das ist schäbig, was Sie hier machen. So eine Politik spaltet unser Land und verspielt unsere Zukunft.

Die Angriffe auf persönlicher Ebene gehen weiter. Wagenknecht wirkt sehr emotional, ihr körperliches Schwanken nimmt zu. Damit signalisiert sie, mit ihren eigenen Worten nicht zu 100 Prozent einverstanden zu sein.

> *Denn die schwere Krise, die wir gerade erleben, die ist eben nicht nur Folge der Pandemie. Dem wichtigsten Bereich für unseren Wohlstand, der Industrie, sind doch schon im letzten Jahr die Aufträge weggebrochen, seit Jahren fallen wir technologisch zurück. Das ist nicht nur, aber auch Ergebnis Ihrer Politik, die eben lieber Fleischbarone wie Tönnies darin unterstützt, mit Billiglöhnen und brutaler Ausbeutung den gesamten Fleischmarkt in Europa aufzurollen, als hier Hochtechnologie zu fördern, die lieber glaubt, mit Wirecard und solchen Schummelunternehmen international auf den Finanzmärkten was zu reißen, als wirklich hier zu investieren und zu sichern, dass unsere industrielle Wertschöpfung erhalten bleibt. Und deswegen sage ich: Nehmen Sie Ihre Verantwortung wahr, machen Sie endlich mal Politik für die Mehrheit, statt abzuwarten, bis unsere Demokratie an sozialer Polarisierung und Verteilungskämpfen um einen kleiner werdenden Kuchen zerbricht.*

Sahra Wagenknecht versucht, Kampfrhetorik anzuwenden. Sie greift die Bundesregierung und einige ihrer Mitglieder persönlich an. Mithilfe der am Anfang ihrer Rede verwendeten Ja-Kette wollte sie die Zuhörerschaft in einen Zustimmungsmodus versetzen. Ihre schwankende Körpersprache entlarvt und lässt ihre Ausführungen unglaubwürdig erscheinen. Es bleibt ein angriffs- und vorwurfsvoller Auftritt, jedoch mit nur wenig konkreten Inhalten und ohne nachvollziehbare Schlussfolgerungen.

Ruhig und nur scheinbar sachlich

Angela Merkel spricht am 8. September 2020 zu den Herausforderungen für den öffentlichen Gesundheitsdienst

Angela Merkel ist seit Ende 2005 Bundeskanzlerin der Bundesrepublik Deutschland. Sie war bis Ende 2018 CDU-Bundesvorsitzende.

Hier der Link zur Rede von Angela Merkel:
https://www.youtube.com/watch?v=ruvpy8RQF_Q

Bevor wir uns mit der Rede selbst beschäftigen, betrachten wir den Gesamteindruck, den Angela Merkel macht. Merkel sitzt während ihrer Rede an einem Tisch, ihre Körperhaltung ist aufrecht, der Oberkörper leicht nach vorne geneigt. Es macht den Eindruck, als würde sie ihre Rede vom Teleprompter ablesen. Während ihrer Rede ist aufgrund fehlender Intonation kaum zu erkennen, wann ein Satz beginnt und wann er endet.

> *Trotz der zunehmenden Digitalisierung ist das Konferenzformat ungewöhnlich, ungewöhnlich ist aber auch das, was die Beschäftigten des öffentlichen Gesundheitsdienstes leisten, und dafür möchte ich ganz zu Beginn schon meinen aufrichtigen Dank Ihnen sagen.*

Merkel verwendet hier das Muster einer *Komplexen Äquivalenz*. Sie stellt zwei Dinge als gleich dar, nämlich die Ungewöhnlichkeit des Konferenzformats und die Leistung der Beschäftigten des Gesundheitsdienstes. Diese beiden Dinge haben nichts miteinander zu tun. Ein irritierender Einstieg, der sachlich klingen soll, jedoch die Zuhörer eher verwirrt. Merkel erklärt auch nicht, was sie am Konferenzformat als ungewöhnlich empfindet.

Tag für Tag sind Sie für die Bürgerinnen und Bürger da und nehmen ihre Sorgen ernst, Sie sind die ersten Ansprechpartner und Sie tragen vor allem Sorge für die Einhaltung der Infektionsschutzmaßnahmen, und das in einem ganz ungewöhnlichen Umfang. Sie helfen, Kontakte von Neuinfizierten nachzuvollziehen und Infektionsketten zu unterbrechen, und wenn wir jetzt die Gesundheitsamtsleiterin von Gütersloh dahaben, dann ahnen wir, was das alles bedeuten kann, und ich glaube, Sie haben einen ganz wesentlichen Anteil daran, dass wir das Infektionsgeschehen bislang in Deutschland doch weitgehend unter Kontrolle halten konnten, können und hoffentlich auch das weiter uns so gelingt. Es ist nicht selbstverständlich. Ein Blick in andere Länder zeigt, dass dort die Coronafolgen noch sehr viel gravierender sind und die Herausforderung der Pandemie offenbaren, wie gut natürlich ein bestimmtes System funktioniert, und sie stellen aber auch gleichzeitig unsere Bereitschaft und Fähigkeit zu Veränderungen auf die Probe.

Zu welchen Ländern Merkel den Vergleich zieht, lässt sie völlig offen. Sie nutzt den Selbstüberschätzungseffekt. Ein Denkfehler, der Menschen ihre eigenen Fähigkeiten überschätzen lässt. Merkel generiert dadurch Zustimmung in ihrem Publikum. Ob sie recht hat oder nicht, wissen wir nicht.

Das gilt für die gesamte Gesellschaft, für Bund, Länder, Kommunen und auch für die Gesundheitsämter. Und diese spielen in der Krisenbewältigung jetzt eine zentrale Rolle. Die Meldung von Infektionsfällen, die Kontaktnachverfolgung, die Anordnung und Kontrolle der Quarantäne, die Durchführung der Tests, das sind alles Aufgaben, die in einem unfassbaren Mehrauf-

wand sozusagen resultieren gegenüber der Zeit, wo wir kein Corona kannten, und deshalb stoßen sie auch in Regionen mit hohen Infektionszahlen mitunter an die Grenzen dessen, was personell leistbar ist. Und auch die technische Ausstattung, das haben wir jetzt mitbekommen, die digitalen Informations- und Kommunikationsmöglichkeiten lassen durchaus noch zu wünschen übrig. Und deshalb suchen viele Gesundheitsämter nach neuen Wegen für strukturelle Verbesserungen.

Dadurch, dass nach Merkels Aussagen Deutschland viel besser durch die Krise kommt als andere Länder, können wir leichter akzeptieren, dass die Gesundheitsämter an ihre Grenzen stoßen.

Fünf von ihnen werden uns heute ihre Konzepte auch einmal vorstellen. Das sind die Gesundheitsämter der Städte Frankfurt am Main und Köln sowie der Kreise Gütersloh und Reutlingen und Soost. Und Ihnen, wie auch allen anderen Gesundheitsämtern, bin ich sehr, sehr dankbar, dass Sie die Anforderungen doch sozusagen angenommen haben und dass Sie trotzdem auch noch weiterdenken, und deshalb möchte ich Ihnen einfach sagen, Sie wissen nicht nur um die Verantwortung, die Sie für das Gemeinwohl haben, Sie tun auch alles, um dieser Verantwortung gerecht zu werden, und deshalb ist jeder der eingereichten Beiträge für uns auch ein Ort wertvoller Anregungen und wir werden natürlich auch überlegen, wie wir darauf reagieren können.

Merkels Wiederholungen im Lob der Gesundheitsämter ist ein Versuch, ihren Aussagen einen höheren Wahrheitsgehalt zu geben. Wiederholungen einer Aussage führen dazu, dass diese eher für wahr gehalten werden.

Wir können leider heute nicht alle, die teilnehmen, berücksichtigen, aber wir können, die Gesundheitsämter wissen selbst am besten, wo geeignete Ansatzpunkte für Veränderungen sind, wir wollen in einen Austausch treten und es bedarf natürlich der Unterstützung durch die Länder sowieso, durch die kommunalen Spitzenverbände, Herr Heininger ist ja hier bei uns, aber auch durch den Bund, und der Bund hat in den vergangenen Wochen einige Maßnahmen in die Wege geleitet, dazu gehört zum Beispiel das Projekt der Containment-Scouts des Robert Koch Instituts. Hier finanziert das Bundesgesundheitsministerium mobile Teams 105, die die örtlichen Gesundheitsämter zeitweise bei der Kontaktnachverfolgung unterstützen. Und dazu kommt Medis4ÖGD, ein Projekt, bei dem Medizinstudenten die Gesundheitsämter unterstützen, und das war auch eine tolle Initiative, die vom Bundesverband der Ärztinnen und Ärzte des öffentlichen Gesundheitsdienstes ins Leben gerufen wurde, dessen Vorsitzende, Frau Teichert, darf ich auch ganz herzlich hier auf dem Panel begrüßen, und mit dem zweiten Bevölkerungsschutzgesetz stellt der Bund unter anderem 50 Millionen Euro für die Digitalisierung zur Verfügung, ich glaub, wir haben noch viel zu tun, und schließlich wollen wir mit dem Pakt für den öffentlichen Gesundheitsdienst ein großes Unterstützungspaket von insgesamt vier Milliarden Euro schnüren, um langfristig auch den öffentlichen Gesundheitsdienst zu stärken, und dazu gehören dann auch zum Beispiel 5.000 neue Stellen in den kommenden Jahren.

Durch das viele Lob, das die Gesundheitsämter in dieser Rede erfahren haben, wird die Zustimmung zum Unterstützungspaket in der Höhe von vier Milliarden Euro leicht gemacht.

Ich habe jetzt schon bei einem Besuch in meinem Wahlkreis erfahren, dass viele schon Angst haben, dass jetzt alle Ärzte zum öffentlichen Gesundheitsdienst gehen und nicht mehr für die akutmedizinische Versorgung zur Verfügung stehen. Also, das wird aber wieder eine neue Diskussion geben, aber wir wollen viel Geld in die Hand nehmen, weil wir wissen, dass nicht nur Individualmedizin in unserem Land gut sein muss, sondern auch die Community-Medizin, wie man so sagt, für die Gemeinschaft, und ich hoffe, dass diese Konferenz ein Anstoß ist, verstärkt in die Diskussion zu kommen, uns weiter auf den Weg zu machen, die Gesundheitsämter zu stärken und natürlich auch damit einen Beitrag zur kommunalen Selbstverwaltung zu leisten, denn eins will ich am Ende noch sagen, dass wir so gut durch die Pandemie gekommen sind, hat vielleicht auch mit unserem Staatsaufbau zu tun, dass der Bund auf der einen Seite versucht zu helfen, dass es die Länder gibt, aber dass vor Ort eben auch Entscheidungsmöglichkeiten sind, und das zeichnet unser Land aus und so soll es auch weiter sein.

Am Ende der Rede ist es doch der Staatsaufbau, der dazu beigetragen hat, dass Deutschland so gut durch die Pandemie gekommen sei. Somit wird die Rede zu den Herausforderungen für den öffentlichen Gesundheitsdienst kampfrhetorisch missbraucht, um für den Staat und damit indirekt für sich selbst als Bundeskanzlerin zu werben.

DIE SPRACHE DER KAMPFRHETORIK

Sobald wir uns über Kampfrhetorik unterhalten, müssen wir uns auch über die Sprache unterhalten. Sprache ist ein mächtiges Werkzeug. Es ist eine wichtige Basis für unser Zusammenleben, wie wir miteinander kommunizieren. Durch Sprache beschreiben wir einerseits für andere Menschen, wie es uns geht, wir beschreiben, was in uns vorgeht, erzählen unsere Geschichten, unsere Wahrnehmungen und unsere Erlebnisse. Gleichzeitig verwenden wir Sprache dafür, unsere eigenen Gedanken festzuhalten, um uns zu überlegen, wie z. B. der nächste Urlaub geplant werden soll. Das Erstellen einer Einkaufsliste ist ebenso das Festhalten von sprachlichen Gedanken.

Sprache gibt uns sehr viele Möglichkeiten. Gleichzeitig haben wir mit Sprache auch viele Grenzen einzuhalten, wie z. B. Grammatik. Nicht immer finden wir die passenden Worte für das, was wir beschreiben wollen. Sprache teilt Ereignisse und Erfahrungen mit, so, wie die sprachliche Struktur es erfordert, sie teilt aber nicht die zu Grunde liegende tiefer reichende Erfahrung mit. Dazu ein Beispiel: Die Regierung sagte: »Aufgrund des Coronavirus verhängen wir Quarantäne.« Damit wird das Coronavirus isoliert und als Ursache dafür angegeben, dass Quarantäne verhängt wird. Die tatsächliche Ursache ist natürlich viel komplizierter. Das heißt, es werden hier massive Vereinfachungen getroffen. Eine Vereinfachung ist die Tatsache, dass nicht berücksichtigt wird, wie schnell der Virus übertragbar ist. Eine zweite Vereinfachung ist, dass die Inkubationszeiten sehr lange sind. Eine dritte Vereinfachung in dieser Aussage, die außer Acht gelassen wird, ist die Tatsache, dass die Ansteckungskurve einen exponentiellen Verlauf hat. Die Aussage »Aufgrund des Coronavirus verhängen wir Quarantäne« lässt viele relevante Informationen und viele Details einfach aus.

Jemand könnte sagen: »Du machst mich traurig.« Die Person, die dies sagt, macht die andere Person zur einzigen Ursache ihrer Gefühle, wobei die Wahrheit und Wirklichkeit wahrscheinlich viel komplexer ist.

Wir erkennen, die Sprache ist nicht in der gleichen Art und Weise wirklich, so wie unsere Erfahrungen es zu sein scheinen. Die reine Wirklichkeit kennen wir nicht. Wir machen Erfahrungen mithilfe unserer Sinnesorgane. Wir sehen, hören, riechen, schmecken und wir fühlen. Über diese Sinneseindrücke generieren wir unsere internen Erfahrungen, die wir mit Sprache zu beschreiben versuchen. Alle externen Ereignisse, die wir mit unseren Sinnesorganen nicht wahrnehmen können, existieren zunächst nicht für uns. Diese Teilrealität beschreiben wir dann auch noch bruchstückhaft mit Sprache. Dass es hier zu Missverständnissen kommen muss, ist klar.

Wir können zwischen drei Missverständnissen unterscheiden, die auftreten können, wenn wir Sinneserfahrungen und Wörter, die diese Sinneserfahrungen repräsentieren, verwechseln:

1. Wir verwechseln unsere Sprache mit der Erfahrung, die wir mit Sprache repräsentieren. Unsere Erfahrungen sind wesentlich umfangreicher, als wir sprachlich ausdrücken können. Denken wir nur einmal daran, wie aufwendig es sein müsste, alle unsere inneren Bilder, Geräusche und Gefühle sprachlich zu erfassen. Bei Weinverkostungen kann man leicht erkennen, wie schwie-

rig es ist, die geschmackliche Vielfalt unterschiedlicher Weine durch sprachliche Beschreibungen wirklichkeitsgetreu wiederzugeben.

2. Wir gehen oft fälschlicherweise davon aus, dass andere Menschen unsere Erfahrungen teilen. Infolgedessen lassen wir wesentliche Aspekte unserer Botschaft aus. Das kann andere Menschen verwirren, obwohl wir sie gar nicht in die Irre führen wollten.
3. Wir missverstehen andere Menschen. Dies passiert, wenn wir die Lücken zwischen ihren Worten mit unseren eigenen Erfahrungen füllen. Auch hier glauben wir zu Unrecht, dass wir gleiche Erfahrungen hätten, nur weil wir die gleiche Sprache sprechen.

Wir sehen also, dass Sprache uns zwingt, einen Teil unserer Erfahrungen tatsächlich sprachlich ausdrücken zu können. Sprache und sprechen an sich sind einfach zu langsam, um alle Informationen über eine bestimmte Erfahrung ausdrücken zu können. Unsere Erfahrungen sind so vielfältig und so umfangreich und laufen mit hoher Geschwindigkeit in Bildern, Tönen, Gefühlen, Geschmäckern und in Gerüchen in uns ab.

Indem wir sprechen, *tilgen* wir unweigerlich einen großen Teil unserer Erfahrung. Es geht gar nicht anders. Es ist unmöglich, allumfassend auch über nur eine einzelne Erfahrung zu berichten.

Um unsere umfassenden detaillierten Erfahrungen zum Ausdruck zu bringen, verallgemeinern oder *generalisieren* wir. Generalisierung verallgemeinert unsere Erfahrungen und bildet daraus Regeln, die in größerem Kontext Gültigkeit haben.

Der dritte Weg, unseren Erfahrungen sprachlichen Ausdruck zu verleihen, ist zu *verzerren*. Manche Bestandteile unserer Erfahrung bekommen mehr Gewicht, andere werden verkleinert oder bis zur Unkenntlichkeit verzerrt.

Tilgung, *Generalisierung* und *Verzerrung* sind unsere Möglichkeiten, um unsere Erfahrungen sprachlich zum Ausdruck zu bringen. Um einander zu verstehen, helfen gemeinsame Sprache und gemeinsamer Kontext. Gemeinsame Kultur ist ein solcher Kontext. Diese drei Arten machen die sprachliche Repräsentation der Gedanken über unsere Erfahrungen erst möglich. Umgekehrt gilt es genauso: Durch Tilgung, Generalisierung und Verzerrung werden unsere Gedanken beeinflusst und verändert. Somit können Erfahrungen neue Bedeutung erlangen.

Tilgung, Generalisierung und Verzerrung sind die Basis für Kampfrhetorik. Alle kampfrhetorischen Methoden, Tools und Werkzeuge lassen sich in diese Kategorien einordnen.

Sprache findet in uns statt

Für ein tiefes Verständnis von Kampfrhetorik hilft uns, noch etwas tiefer in die Materie vorzudringen. Mit unseren Sinnesorganen nehmen wir elektromagnetische Wellen in Form von Licht, Schwallwellen in Form von Geräuschen, Druckwellen in Form von Berührung sowie Geschmacks- und Geruchspartikel wahr. Alle diese äußeren Stimulierungen werden in unserem Gehirn umgewandelt und decodiert. Lichtwellen werden durch die Netzhaut in Nervensignale umgewandelt, Bilder entstehen erst im Gehirn. Schallwellen werden über das Trommelfell in Nervensignale umgewandelt. Geräusche, Musik und Sprachlaute entstehen erst in unserem Gehirn. Druckwellen, z. B. in Form von Berührungen, werden über die Haut in Nervenimpulse umgewandelt und in unserem Gehirn decodiert und bewertet. Gleiches gilt für Schmecken und Riechen. Die Qualität unserer Sinnesorgane bestimmt wesentlich, wie »genau« und umfangreich unsere Wahrnehmungen sind. Gutes Sehen und Hören erlauben eben mehr Wahrnehmungen.

Alle durch unsere Sinnesorgane in Nervensignale umgewandelten Wahrnehmungen werden mit unseren bisherigen Erfahrungen decodiert und abgeglichen. Erst in diesem Schritt entstehen Bilder, Töne und auch Sprache in uns. Stellen Sie sich vor, jemand spricht in einer Ihnen unbekannten Sprache zu Ihnen. Selbst wenn der Inhalt brillant wäre, er würde spurlos an Ihnen vorbeigehen.

Wie wir unsere Sinneswahrnehmungen decodieren, wird durch unsere Herkunft, Kultur, Sprache, Überzeugungen, Erfahrungen, Einstellungen und Erlebnisse bestimmt. Ändern wir diese Aspekte, leben wir eine Zeit lang in einer anderen Kultur, so verändert sich die Decodierung und somit die Bedeutung, die wir unseren Sinneswahrnehmungen geben.

Kampfrhetorik verändert diese Aspekte ebenfalls. Durch die Anwendung von Generalisierungen, Verzerrungen und Tilgungen wird beeinflusst, wie wir Sinneswahrnehmungen Bedeutung geben. Sprache ist das Werkzeug zur Generalisierung, Verzerrung und Tilgung. Sprache erlaubt uns auch, über Dinge zu reden, die wir niemals erlebt haben. Diese Dinge können existieren oder frei erfunden sein. Der rosa Elefant ist ein berühmtes Beispiel dafür – eine klassische Verzerrung.

Wir bemerken bereits, dass wir mit sprachlichen Formulierungen und Worten unsere Erfahrungen verankern. Was wir in welchem Tonfall und in welcher Umgebung hören, löst in uns emotionale Zustände aus, stößt auf Verständnis oder nicht. Stellen wir uns vor, jemand macht einen Heiratsantrag ganz beiläufig, ohne besondere Vorbereitung, im »Vorbeigehen«. Damit werden nicht alle eine große Freude haben. Die meisten erwarten einen Heiratsantrag in einer entsprechenden Form, vielleicht mit einem Überraschungseffekt in einem würdigen Rahmen mit gutem Essen und einem

Glas Champagner. Der sachliche Inhalt ist in beiden Fällen gleich. Es ist die Frage nach einer Zustimmung zur Hochzeit. Der Rahmen, das Wie, macht wohl einen deutlichen Unterschied. Die weit verbreitete Generalisierung, Hochzeitsanträge sollen in einem festlichen Rahmen stattfinden, ist in unserem Beispiel möglicherweise verletzt. Alleine die Erzählung über diese Erfahrung, ohne selbst davon betroffen zu sein, kann unterschiedliche emotionale Zustände, wie Zustimmung, Freude, Unverständnis oder Ärger, auslösen.

Erfahrungen werden verändert: Tilgung, Generalisierung und Verzerrung

Beim Sprechen versuchen wir, die Fülle unserer Sinneserfahrungen mit Wörtern zu vermitteln. Die eigentliche Erfahrung bzw. die Erinnerung an diese Erfahrung, wird auf drei Arten verändert:

- *Tilgung*: Einige Aspekte werden ausgelassen.
- *Generalisierung:* Wir verallgemeinern und nehmen Beispiele, Regeln und Gesetzmäßigkeiten, die für eine ganze Gruppe von Erfahrungen repräsentativ sein sollen.
- *Verzerrung:* Wir geben den einzelnen Aspekten unserer Erfahrungen unterschiedliches Gewicht.

Tilgung

Einige Aspekte unserer Erfahrung lassen wir aus einem einfachen Grund aus: Wir können sie nicht in Worte fassen, nicht mit Worten ausdrücken. Dazu zählen Gefühle tiefer Liebe, Trauer, traumatische Erlebnisse. Andere Aspekte unserer Erfahrung lassen wir einfach weg, da wir sie für nicht wichtig halten.

Tilgung hilft uns beim Zurechtfinden in der Informationsflut, der wir alle ausgeliefert sind. Ohne Tilgung würden wir überfordert, verwirrt und ratlos sein. Verwenden wir Google, um relevante Information im Internet zu finden, so tilgen wir ebenfalls, indem wir uns nur die ersten drei bis acht Suchergebnisse ansehen. Es »gewinnt« also, wer einen dieser begehrten Plätze ergattert, nicht, wer die relevante Information für uns hat.

Wenn sich Menschen endlos über Triviales auslassen, so wünschen wir uns, diese Person würde mehr tilgen. Bei anderen Menschen hingegen, die große Gedankensprünge machen, würden wir uns wünschen, diese Personen würden viel weniger tilgen. Damit könnten wir ihrer Argumentationskette viel besser folgen. Menschen mit hoher Tilgung können sich im Allgemeinen gut konzentrieren.

Generalisierung

Wir generalisieren, wenn wir aus einer einzigen Erfahrung auf einen ganzen Bereich von Erfahrungen schließen. Aus einzelnen Beispielen leiten wir ganze Kategorien und Verallgemeinerungen ab. Diese Verallgemeinerungen dienen uns dann dazu, neue Erfahrungen einzuordnen. Regeln und Gesetzmäßigkeiten gehören zur Gruppe der Verallgemeinerungen. Dinge, die wir schon immer so gemacht haben, sind Verallgemeinerungen. Einzelne negative Erfahrungen, die wir unter Umständen schon sehr früh in unserer Kindheit gemacht haben, erheben wir zu unseren Überzeugungen.

Generalisierungen helfen uns, mit dem Alltag zurechtzukommen. Stellen Sie sich vor, Sie müssten jeden Morgen überlegen, wie Zähne putzen funktioniert und wie der Weg zur Arbeit aussieht. Dies wäre massiv überfordernd. Gleichzeitig bringen uns Generalisierungen an unsere Grenzen. Nämlich dann, wenn eine Voraussetzung für die Gesetzmäßigkeit oder Regelmäßigkeit wegfällt. Wenn z. B. das Verkehrsmittel für den Weg zur Arbeit nicht zur Verfügung steht, wenn es eine Störung gibt oder, wie durch Covid-19 ausgelöst, wir plötzlich Homeoffice und Homeschooling gleichzeitig betreiben sollen.

Menschen mit hoher Fähigkeit zur Generalisierung können Gesetzmäßigkeiten gut und schnell erkennen, werden allerdings auch manchmal als unflexibel wahrgenommen.

Verzerrung

Von einer Verzerrung sprechen wir, wenn wir die Beschreibung unserer Erfahrung verändern. Das kann dadurch geschehen, dass wir eine Erfahrung beschönigen, sie vergrößern oder verkleinern, übertreiben oder abschwächen, wir einige Punkte herausnehmen und uns darauf konzentrieren oder die Ereignisse der Erfahrung in ihrer Abfolge verdrehen.

Verzerrung ist die Grundlage von Kreativität, künstlerischem Talent und originellem Denken. Durch das Verzerren von Erfahrungen und Vorstellungen können neue Ideen entstehen.

Tilgung, Generalisierung und Verzerrung sind weder gut noch schlecht. Sie gehören zu unserem Denken und zu unserer Modellbildung über die Welt um uns herum. Nur so können wir mit den enorm vielen und schnellen Sinneseindrücken zurechtkommen, die ununterbrochen auf uns einwirken. Die Summe all unserer Tilgungen, Generalisierungen und Verzerrungen bestimmt unser Denken und die Bewertung unserer Sinneswahrnehmungen. Werden uns durch äußere sprachliche Einflüsse Tilgungen, Generalisierungen und Verzerrungen präsentiert, die wir übernehmen, dann ändert sich die Bewertung unserer Sinneswahrnehmungen. Damit kann sich auch unser Verhalten verändern.

Wie wir eine Situation bewerten, die wir durch unsere Sinneseindrücke wahrnehmen, bestimmt nämlich unseren inneren emotionalen Zustand. Es sind entweder positive innere emotionale Zustände, die wir haben, oder negative. Sie wissen sicherlich aus eigener Erfahrung: Wenn Sie sich wohlfühlen, geliebt und anerkannt, dann geht es Ihnen besser. Sie sind besser gelaunt, können besser denken und haben gute Ideen, die Sie umsetzen. Fühlen Sie sich hingegen ängstlich, bedroht oder unsicher, dann sind die Verhaltensmöglichkeiten, die an den Tag gelegt werden können, deutlich reduziert.

Was Oberfläche und Tiefe miteinander zu tun haben

Wir können bereits unterscheiden: Es gibt Erfahrungen, die wir Menschen Zeit unseres Lebens machen. Alle diese Erfahrungen werden über unsere Sinnesorgane wahrgenommen, bewusst oder unbewusst bewertet und mit einer Emotion versehen und in unserem Unbewussten abgespeichert. Unser Unbewusstes ist ein enormer Tiefenspeicher. Es hält nicht nur unseren Körper am Laufen, sondern es merkt sich alles in Form von Erinnerungen. Erinnerungen entsprechen natürlich nicht (immer) den Tatsachen, denn sie wurden mit unseren nicht ganz perfekten Sinnesorganen aus einer bestimmten Beobachterperspektive aufgenommen, anschließend teilweise getilgt, generalisiert und verzerrt und als solche abgespeichert.

Wenn ich Sie jetzt bitten würde, sich an ein Ereignis aus Ihrer Schulzeit zu erinnern, dann würde Ihnen bestimmt etwas einfallen. Sehen Sie! Doch nur deswegen, weil ich Sie jetzt darum gebeten habe. Diese Erinnerung konnten Sie aufrufen, und zwar aus Ihrem Unbewussten. Diese noch vor Kurzem unbewusste Erinnerung wurde bewusst.

Bei Aufrufen von Erinnerung kommt es ebenfalls zu Tilgungen, Generalisierungen und Verzerrungen. Diese sind auf jeden Fall abhängig davon, wie es Ihnen gerade geht, was Sie vor Kurzem erlebt haben und welche Beziehung Sie zum Fragesteller haben. Tilgungen, Generalisierungen und Verzerrungen hängen somit vom Kontext ab. Vom Rahmen, in dem sie getätigt werden. Eine Veränderung des Rahmens verändert die Bedeutung der Erinnerung. Nehmen Sie als Beispiel die Trockenheit im Frühjahr 2020. Bauern haben beklagt, dass die Obst- und Getreidekulturen am Vertrocknen wären. In der »Zeit im Bild« wurde das Ausbleiben des Regens beklagt. Als es einige Tage später dann doch regnete, wurde dieser Zustand ebenfalls beklagt. Ein an sich bedeutungsloser Regen hat aus unterschiedlichen Perspektiven unterschiedliche Bedeutung für die Betroffenen.

Kampfrhetorik macht sich den Effekt der Veränderung von Rahmen, auch Re-Framing genannt, zunutze.

Die *Tiefenstruktur* ist die vollständige sprachliche Repräsentation unserer Erfahrungen. Die *Oberflächenstruktur* hingegen sind die gesprochenen oder gedachten Wörter und Sätze. An dieser Stelle sei nochmals angemerkt, dass die Repräsentation unserer Erfahrungen, neben der sprachlichen Darstellung, auch Bilder, Töne, Geräusche, Gefühle, Emotionen, Geschmäcker und Gerüche umfasst, die wir nicht durch Sprache ausdrücken können. Körpersprache, unbewusste Bewegungen und die gesamte Physiologie des Körpers sind jedoch ein recht präzises Abbild dessen, was wir durch Sprache nicht ausdrücken können.

Wir merken abermals: Was wir durch das gesprochene Wort ausdrücken können (= Oberflächenstruktur), ist nur ein Bruchteil dessen, was in uns vorgeht, was wir erlebt haben und in unserem Unbewussten gespeichert haben.

Für den Alltag bleibt uns nur die Oberflächenstruktur. Sie ist gleichzeitig Quelle aller Missverständnisse.

Fragen über Fragen und die Suche nach Antworten

Um Missverständnisse aufzuklären, sofern wir sie entdecken, fragen wir für gewöhnlich nach. Nämlich so lange, bis wir selbst Verständnis erlangt haben oder es uns zu blöd ist weiterzufragen. Menschen reagieren immer auf Fragen. Jede Frage, die wir wahrnehmen, löst unweigerlich einen Suchvorgang in uns aus. Fragen lösen eine »transderivationale Suche« aus. Damit bezeichnet man den Vorgang, die eigenen Erinnerungen, Erfahrungen und Überzeugungen zu durchkämmen, um die Frage als sinnvoll einstufen zu können und gegebenenfalls eine passende Antwort zu generieren. Die Qualität und die Konkretheit der Frage bestimmen das Ausmaß der Suche. Wenn wir fragen: »Wie geht es dir?«, ist die Antwort meist sehr einfach nichtssagend. Fragen wir: »Was ist dir an deinem Beruf besonders wichtig?«, erhalten wir eine detailliertere Antwort. Fragen wir nach, z. B. in der Form: »Was ist dir noch wichtig?«, so bekommen wir tiefergehende Antworten.

Die transderivationale Suche ist ein unbewusster Vorgang, der die Sinneswahrnehmung in Form einer Frage als Suchkriterium bestimmt. Fragen sind meist so gestellt, dass sie nicht genau mit einer einzigen Erfahrung der befragten Person beantwortet werden können. Diese Suche muss daher »unscharf« sein. Es werden Antworten gefunden, die »gut« genug sind. Je nach Intelligenz der befragten Person ist dieser Suchvorgang zielführender und umfangreicher. Besonders intelligente Menschen finden auf eine Frage eine Menge Antworten in Form von »Mosaiksteinchen« und sie können diese in einen Zusammenhang stellen. Dieses In-einen-Zusammenhang-Stellen bezeichnet man als Assoziation. Bei der kampfrhetorischen Methode der »Assoziationstechnik« werden dem »Opfer« falsche Zusammenhänge glaubhaft gemacht.

Fragen dienen bei therapeutischer Anwendung dazu, die Tiefenstruktur zu erkunden. Bei kampfrhetorischen Angriffen macht der Einsatz dieser Fragestellungen diesen Angriff wirkungslos.

- Was? erfragt Informationen, Zahlen, Daten und Fakten und ermittelt Ziele.
- Wer? erfragt Informationen über Personen.
- Warum? erkundigt sich nach Rechtfertigungen und Gründen, macht Vorwürfe, sucht nach Ursachen in der Vergangenheit.
- Wozu? fragt nach Beweggründen, nach Werten und nach dem Zweck und der Bedeutung.
- Wann? orientiert sich in der Zeit.
- Wo? fragt nach Orten.
- Wie? untersucht Prozesse und Abläufe und dessen Auslöser und Trigger, fragt nach Qualität und Quantität.

EINSICHTEN IN DIE TIEFE – DAS META-MODELL

Wir kommunizieren verbal, indem wir die Tiefenstruktur unserer Erfahrungen durch Tilgung, Generalisierung und Verzerrung in die gesprochene Oberflächenstruktur verwandeln. Das Meta-Modell besteht aus einer Reihe von Sprachmustern und Fragen, die die Tilgungen, Generalisierungen und Verzerrungen wieder mit der Tiefenstruktur, mit der ursprünglichen Erfahrung, verbinden. Die Tiefenstruktur ist zwar die vollständigste sprachliche Repräsentation dessen, was ein Mensch erlebt hat. Sie entstammt ihrerseits aus der noch umfassenderen und facettenreicheren Quelle der Gesamtheit aller Sinneswahrnehmungen, die ein Mensch Zeit seines Lebens gemacht hat. Sowohl im therapeutischen als auch im kampfrhetorischen Kontext liegt das Ziel darin, die Bedeutung von Erinnerungen zu verändern, um das aktuelle Verhalten des Klienten bzw. der Zuhörerin zu beeinflussen. Im Falle der Therapie zum Vorteil des Klienten, im Falle der Kampfrhetorik zum Vorteil des Sprechers und zum Nachteil der Zuhörerin.

Durch die Fragen des Meta-Modells wollen wir Einsicht in die Tiefenstruktur gewinnen. Das Meta-Modell der Sprache ist ein Modell, das Sprache benutzt, um Sprache zu klären. Es besteht aus 13 Mustern, die in die Kategorien Tilgung, Generalisierung und Verzerrung unterteilt werden.

Mithilfe des Meta-Modells erforschen wir die Tiefenstruktur der gesprochenen Worte. Wir wollen Tilgungen, Generalisierungen und Verzerrungen hinterfragen und aufheben. Das schafft uns mehr Möglichkeiten. Wir befreien uns damit von kampfrhetorischen Angriffen.

Das Meta-Modell beschäftigt sich nicht mit dem Inhalt, sondern mit der Struktur der Sprache. Es geht uns hauptsächlich um die Form, wie etwas gesagt wird, und nicht so sehr, was gesagt wird.

Bei der *Tilgung* werden Informationen ausgelassen. Das schränkt das Denken und Handeln ein.

Bei der *Generalisierung* wird ein Einzelbeispiel oder eine einzelne Erfahrung als repräsentativ für einen ganzen Cluster von Erfahrungen verallgemeinert.

Bei der *Verzerrung* wird die Information so verzerrt dargestellt, dass die Wahlmöglichkeiten, die sich aus den gesprochenen Worten ableiten lassen, eingeschränkt sind. Unnötige Probleme und Schmerzen können die Folge sein.

Das Meta-Modell ist durch Anwendung geeigneter Fragestellungen in der Lage, Informationen zu sammeln, die zunächst getilgt wurden, gemachte Einschränkungen aufzulösen und Wahlmöglichkeiten zu eröffnen. Es deckt auf, spezifiziert, präzisiert und rückt zurecht.

Was wird weggelassen? – Das Meta-Modell Muster der Tilgung

Werden wesentliche Inhalte weggelassen oder verschleiert, so macht sich der Zuhörer oder die Gesprächspartnerin ein eigenes Bild über den Sachverhalt. Diese Sprachmuster können so gestaltet werden, dass sich das Gegenüber an eigene, z. B. negative Erfahrungen erinnert und somit gegen seinen

Willen negativ beeinflusst wird. Mir hat etwa heute eine Klientin erzählt, dass sie und ihre 30 Kolleg:Innen darüber informiert worden seien, eine Arbeitskollegin habe Brustkrebs. Sofort fallen alle Anwesenden in einen negativen emotionalen Zustand, da sie sich an eigene negative Erfahrungen oder Annahmen über Brustkrebs erinnern. Wesentliche Informationen, wie es der Kollegin ginge, wie man sie unterstützen könne, wie man selbst auf sich achten könne, wurden nicht gebracht. Die Zuhörer:Innen wurden sich selbst überlassen. Auch das ist eine Form von Kampfrhetorik, nämlich andere gegen deren Willen zu beeinflussen.

Einfache Tilgung

Eine einfache Tilgung erkennen wir, wenn eine wesentliche Information in einem Satz fehlt. Der Sprecher sagt z. B.

> *Das ist wichtig. Mir geht es schlecht. Davon weiß ich nichts. Ich kann nicht. Es ist egal.*

Die fehlenden Informationen lassen sich durch Was-, Wo- oder Wann-Fragen einfach ermitteln: »Was ist wichtig?«, »Wann geht es dir schlecht?«, »Wovon weißt du nichts?«, »Was kannst du nicht?«, »Was ist egal?«.

Diese Fragen sind auf einer Meta-Ebene angesiedelt und fragen in die Tiefe. Sie fordern den Sprecher auf, über seine Aussage nachzudenken und weitere Informationen zu liefern. Gleichzeitig bewahren sie den Zuhörer davor, die getätigten Aussagen persönlich zu nehmen. In der »klassischen« Kommunikation passiert, dass emotional reagiert wird, wie z. B. »Was dir immer wichtig ist«, »Tut mir leid, dass es dir wegen mir schlecht geht«, »Ich hab's Ihnen doch gesagt«, »Ist es meine Schuld?«.

Diese kampfrhetorischen Killerargumente sind nichts anderes als *Einfache Tilgungen,* die beim Gegenüber Emotionen auslösen und deswegen absichtlich angreiferisch gebracht werden. Reagiert der vermeintlich Angegriffene jedoch mit Fragen des Meta-Modells, so ist der Angreifer entwaffnet, seine Energie wird gegen ihn verwendet.

Fehlender Bezugsindex

Der Bezugsindex bezeichnet hier eine handelnde Person. Bleibt dieser Bezugsindex verborgen, so fehlt eine handelnde Person. Die folgenden Sätze rufen bei der Person, die ihn hört, keine Erinnerung wach. Der Sprecher sagt z. B.:

Keiner mag mich. Niemand kümmert sich. Fehler wurden gemacht. Man geht gerne spazieren. Die Leute hören mir nicht zu.

In allen diesen Aussagen fehlt die Person, die die Verantwortung trägt. Fragen Sie: »Wer mag dich nicht?«, »Wer kümmert sich nicht?«, »Wer hat welche Fehler gemacht?«, »Wer geht gerne spazieren?« »Wer hört dir nicht zu?«.

Aus Sicht der Kampfrhetorik gilt hier das Gleiche wie bei *Einfachen Tilgungen.*

Unvollständig spezifiziertes Verb

Ist das Verb in einem Satz unvollständig spezifiziert, so wird getilgt, wie etwas geschah. Es wird keine *sichtbare* Tätigkeit beschrieben. Der Sprecher sagt z. B.:

Sie dachten nach. Ich habe ihn davon überzeugt. Sie machte Eindruck auf mich. Du wirst dich noch wundern. Er hat mich zurückgewiesen.

In diesen Aussagen fehlt die Beschreibung, *WIE* es gemacht wurde, *WIE* etwas geschah. Fragen Sie: »Wie dachten sie nach?«, »Wie hast du ihn überzeugt?«, »Wie machte sie Eindruck auf dich?«, »Wie werde ich mich wundern?«, »Wie hat er dich zurückgewiesen?«.

Unspezifischer Vergleich

Ein unspezifischer Vergleich ist gegeben, wenn ein Vergleich gemacht wird, jedoch nicht angegeben wird, auf wen oder was sich dieser bezieht. Ein Sprecher sagt z.B.:

Er malt besser. Das ist eine wirkungsvollere Vorgangsweise. Das hast du schlecht gemacht. Es ist leichter. Sie ist viel freundlicher.

In diesen Aussagen fehlt die Referenz, auf die sich der Vergleich bezieht. Fragen Sie: »Besser als wer?«, »Wirkungsvoller als was?«, »Schlecht im Vergleich zu wem oder was?«, »Leichter in Vergleich zu was?«, »Freundlicher im Vergleich zu wem?«.

Vergleiche mit unrealistischen Vorbildern oder Situationen können sehr leicht entmutigen. Vergleichen Sie sich daher stets nur mit sich selbst: wie Sie waren oder wie Sie gerne sein möchten.

Verloren gegangenes Performativ

Unter einem *Verloren gegangenen Performativ* versteht man Werturteile, bei denen der, der das Urteil abgibt, ausgeschlossen bleibt. Urteile sind Meinungsäußerungen, die als Tatsachen hingestellt werden. Wenn die bewertende Person nicht genannt wird, so fehlt der Bezug zu dieser Person. Gerade bei Werturteilen ist es aber wichtig zu wissen, wer die Bewertung abgegeben hat, um sie richtig einzustufen. Der Sprecher sagt z. B.:

> *Das ist nicht gut genug. Das ist richtig. Du bist rücksichtslos. Es ist wichtig zuzuhören. Kinder sollte man nicht hören.*

Bei allen oben angeführten Bewertungen ist unklar, wer sie abgibt und auf welcher Grundlage sie basieren. Fragen Sie: »Wer sagt das und nach welchem Maßstab?«, »Wie weißt du, dass es richtig ist?«, »Wer behauptet, mein Verhalten wäre rücksichtslos, und nach welchen Kriterien wird dies gesehen?«, »Wer sagt, dass es wichtig sei zuzuhören?«, »Wer behauptet dies und auf welcher Erfahrung ist dies begründet?«.

Bewertungen können durchaus richtig sein. In der gebrachten Form des *Verloren gegangenen Performativs* fehlt jedoch der Bezug zu der Person, die diese Bewertung abgegeben hat, und zu einer realen Erfahrung dieser Person. Bewertungen dieser Form können genauso einfach nur Vorurteile oder Klischees sein, die gedankenlos oder absichtsvoll vom Sprecher gesagt werden.

Was macht uns hilflos? – Das Meta-Modell Muster der Generalisierung

Generalisierungen engen unsere Wahrnehmung ein. Sie setzen unserem Denken Grenzen. Oft machen wir aus ein oder zwei Beispielen oder persönlichen Erfahrungen oder aus einer negativen Bewertung, die wir während unserer Kindheit aus dem Mund einer Bezugsperson vernommen haben, Verallgemeinerungen, die uns das ganze Leben lang begleiten, und zu unseren Überzeugungen werden. Beispiele sind: »Du kannst das nicht«, »Du wirst das nie richtig machen«, »Du kannst nicht singen«.

Dinge, von denen wir überzeugt sind, dass wir sie niemals tun können, dass sie uns niemals etwas bringen werden, dass wir unseren Ruf dadurch verlieren, werden wir auch niemals probieren. Solche Formen der einschränkenden Glaubenssätze bezeichnet man auch als »erlernte Hilflosigkeit«. Bestimmte Arten von Generalisierungen können sogar gesundheitsschädlich sein. Wenn jemand sagt: *»Ich kann nicht …«*, so nimmt diese Person an, dass sich nichts ändern wird, jeder Versuch zwecklos ist und daher auch nichts unternommen wird. Muster allgemeiner pessimistischer Verallgemeinerungen führen zu einem Gefühl allgemeiner Hilflosigkeit und somit zu Traurigkeit. Das damit verbundene niedrige Selbstwertgefühl führt zu einem erhöhten Risiko, krank zu werden. Zur Kampfrhetorik wird es dann, wenn wir anderen Menschen Generalisierungen anbieten, die ihnen im Moment scheinbar helfen sollen, sie in Wahrheit jedoch einschränken.

Modaloperator der Notwendigkeit

Mit Modaloperatoren werden verallgemeinerte Regeln formuliert. Modaloperatoren der Notwendigkeit stellen Regeln auf, was notwendig und angemessen ist und was man nicht tun darf. Dazu zählen die Wörter: »sollen«, »müssen« sowie »nicht dürfen« und »nicht sollen«. Der Sprecher sagt z. B.:

> *Du* m u s s t *dir im Klaren sein. Du* s o l l s t *mir zuhören. Du* m u s s t *dich bessern. Sie* d ü r f e n k e i n e n *Fehler machen. Ich* m u s s *jetzt gehen.*

Fragen Sie nach: »Wer zwingt mich dazu?«, »Wer sagt das?«, »Was passiert, wenn nicht?«, »Warum nicht?«, »Was wäre, wenn du bleibst?«.

Modaloperatoren der Notwendigkeit drücken Regeln aus, ohne die Gründe dafür anzugeben oder die Konsequenzen bei Verletzung zu nennen. Modaloperatoren wirken auch nicht sonderlich motivierend, da ein gewisser Zwang damit zum Ausdruck gebracht wird. An dieser Stelle ist es hilfreich, Modaloperatoren der Notwendigkeit in Modaloperatoren der Möglichkeit zu wandeln: Aus »Ich muss das machen« wird »Ich kann das machen«.

Modaloperator der Möglichkeit

Modaloperatoren der Möglichkeit stellen Regeln auf in Hinblick auf das Mögliche oder auf das Nicht-Mögliche. Dazu zählen die Wörter: »können«, »nicht können«, »möglich« und »unmöglich« Der Sprecher sagt z. B.:

> *Du* k a n n s t *jetzt gut sehen. Ich* k a n n *es Ihnen sagen. Ich* k o n n t e *mich* n i c h t *entspannen. Es ist* n i c h t m ö g l i c h , *es so zu tun. Das* k ö n n e n *Sie* n i c h t *ablehnen.*

Wenn jemand sagt, er könne etwas tun, dann klingt dies recht einfach und unkompliziert. Wenn jemand allerdings behauptet, etwas nicht tun zu können, dann hinterfragen Sie: »Was hat dich davon abgehalten?«, »Was müsste sein, damit es möglich ist?«, »Tu mal so, als wäre es möglich!«, »Aus welchem Grund sollte ich es annehmen?«. Fritz Pearls, der Begründer der »Gestalttherapie«, forderte seine Klienten auf zu sagen: »Ich will nicht«, statt: »Ich kann nicht.« Mit dieser Umdeutung entließ er sie aus ihrer Opferrolle und machte sie zum Gestalter.

Universelle Quantifizierung

Universelle Quantifizierungen sind *Muster der Verallgemeinerung mit fehlender Referenz,* es wird kein Bezug zu etwas angegeben. Sie enthalten Wörter wie »immer«, »niemals«, »jeder« oder »niemand«. Die Aussagen gelten scheinbar in jedem Zusammenhang, der allerdings nicht genannt wird. Der Sprecher sagt z.B.:

> *Das werden Sie* n i e *können. Das machen wir* i m m e r *so.* A l l e *lachen über mich. Hier ist* n i e *etwas los.* J e d e r *weiß das.*

Fragen Sie nach: »Wie wollen Sie wissen, dass ich das nie können würde?«, »Immer? Auch schon vor 100 Jahren?«, »Wer sind *alle*?«, »Woher weißt du das? Bist du immer hier?«, »Wer ist *jeder*?«.

Was schränkt uns ein? – Das Meta-Modell Muster der Verzerrung

Verzerrungen entstellen die Wirklichkeit. Manches wird größer dargestellt, während andere Einzelheiten verkleinert und unwesentlich gemacht werden. Beeinflussen wir dadurch die Wahrnehmung anderer Menschen zu deren Nachteil, so wird es zur Kampfrhetorik.

Nominalisierung

Wenn eine Tätigkeit als Hauptwort beschrieben wird, wie z. B. »Kommunikation«, dann sprechen wir von einer Nominalisierung. »Wir kommunizieren« beschreibt eine Handlung über eine gewisse Zeit, sie hat einen zeitlichen Verlauf. Spricht man allerdings nur von unserer Kommunikation, dann ist der zeitliche Verlauf verzerrt worden, nämlich auf »die Kommunikation«. Fehlt die zeitliche Komponente, ist unser Handlungsspielraum eingeschränkt.

Eine Nominalisierung entsteht also, wenn ein Verb durch das Einfrieren der zeitlichen Komponente in ein abstraktes Substantiv umgewandelt wird. Es handelt sich dann um eine Nominalisierung, wenn man das Substantiv nicht unmittelbar sehen, hören, anfassen, riechen oder schmecken kann. Es ist mit unseren Sinnesorganen nicht erfassbar. Gleichzeitig haben Nominalisierungen eine hohe emotionale Komponente, da sie viel Interpretationsspielraum geben und emotionale Erinnerungen auslösen. Wir alle wissen, wie sehr der Begriff »Kommunikation« emotional beladen sein kann.

Fragt man Menschen danach, was ihnen im Leben wirklich wichtig ist, erhält man deren Werte als Antwort. Werte sind ebenfalls Nominalisierungen, daher emotional geladen. Gleichzeitig versteht unter einem Wert, wie z. B.

Freundschaft, jeder im Detail etwas anderes, ohne dass es uns bewusst ist. Das ist aus Sicht des Autors einer der Gründe, warum Werteworkshops, Werteentwicklungen und Wertedefinitionen in Unternehmen oft scheitern. Es ist die irrtümliche Annahme, dass alle Beteiligten unter den entwickelten Werten dasselbe verstehen. Jedoch nur wenig später kommt man drauf, dass sich die anderen vermeintlich nicht an die gemeinsam erarbeiteten Werte halten und dadurch unglaubwürdig werden. In Wirklichkeit halten sie sich aus jeweils eigener Sicht sehr wohl daran, es entspricht nur nicht der Sichtweise des Beobachters. Um dies zu vermeiden, bedarf es der Vorgangsweise des Autors, der bei der Ermittlung von Werten die Kriterien zur Erfüllung der Werte miteinbezieht. Das macht den Unterschied, der den Unterschied in der Praxis macht.

Hier einige Beispiele für Nominalisierungen. Der Sprecher sagt z. B.:

> *Deine* Kommunikation *funktioniert nicht. Ich möchte einen guten* Eindruck *machen. Ich habe große* Angst. *Wir müssen eine* Veränderung *vornehmen. Mit unserer* Beziehung *geht es bergab. Ich habe kein* Vertrauen *mehr. Sie haben ein schlechtes* Gedächtnis. *Ihr* Versagen *ist beängstigend. Ich leide unter einer* Depression. *Der* Stress *ist zu viel für mich.*

Um eine Nominalisierung zu hinterfragen, verwandelt man das Substantiv wieder in ein Verb und drückt den Gedanken als Tätigkeit, Vorgang oder Prozess aus. Nominalisierungen existieren, wenn die Bezugsindizes getilgt wurden, die Folgendes beschreiben: *Wer* macht *wann was* und *wie* mit *wem?* Um die Nominalisierung vollständig aufzulösen, müssen diese fünf Referenzen geklärt werden.

Um das Beispiel der Nominalisierung »Veränderung« aufzulösen, ist zu klären: Wer verändert was? Was ist der Ausgangszustand? Was ist der Zielzustand? Wie soll verändert werden, was ist zu tun? Wann ist es zu tun?

Ein weiteres Beispiel aus dem Repertoire der Kampfrhetorik »Ihr Versagen ist beängstigend« lässt sich in folgender Weise auflösen: »Wie wissen Sie, dass ich versagt hätte?«, »An welchen Kriterien erkennen Sie, dass ich versagt hätte?«, »Woher wissen Sie, dass ich versagt hätte?«, »Wann habe ich aus Ihrer Sicht versagt?«, »Worin zu versagen ängstigt Sie?«, »Bei welcher Tätigkeit habe ich aus Ihrer Sicht versagt?«, »Wo haben Sie das beobachtet?«, »Welches konkrete Beispiel haben Sie, wo ich versagt hätte?«, »Bei folgenden Anlässen ... habe ich also nicht versagt!«.

Es gibt auch doppelte Nominalisierungen, die beeindruckend klingen, wie der Begriff »Wissensmanagement«. Hier gilt zu klären: Wer weiß was worüber und wie wird das von wem gehandhabt? Lernbehinderung: Wer lernt wann was nicht und ist wie und ist inwiefern behindert?

Eine Nominalisierung ist ein statisches Substantiv. Etwas Unbewegtes, ein Standbild, das zu einem Zeitpunkt eingefroren wurde. Diese Tilgung macht starr und hemmt. Wer in Nominalisierungen denkt, fühlt sich oft hilflos. Um die Tilgung rückgängig zu machen, ist zunächst wieder die zeitliche Komponente einzuführen. Anschließend sind die weiteren Tilgungen rückgängig zu machen. Dadurch wird der ursprünglich eingefrorene Gedanke wieder lebendig und beweglich. Wahlmöglichkeiten eröffnen sich und Flexibilität macht sich breit.

Medizinische Diagnosen sind ebenfalls Nominalisierungen und sie fallen in die Kategorie der Kampfrhetorik. Einige Beispiele: »Sie sind Krebspatient«, »Sie sind Diabetiker«, »Sie haben eine Depression«, »Sie haben Herzrhythmusstörungen«. Ein körperliches Verhalten, ein Krankheitsprozess und der gewünschte Heilungsprozess werden statisch eingefroren, die Krankheit des Patienten zu seiner Identität gemacht. Wesentlich hilfreicher sind z. B. folgende Formulierungen: »Ihr Körper produziert Krebszellen«, »Ihr Körper benötigt Insulin«, »Weswegen sind Sie deprimiert?«, »Ihr Herz schlägt momentan unregelmäßig«. Diese Formulierungen geben dem Patienten die Macht, sein Verhalten zu verändern und den Heilungsprozess einzuläuten, anstatt ihn in Starre aufgrund seiner vermeintlich neuen Identität zu versetzen.

Gedankenlesen

Beim Gedankenlesen nimmt der Sprecher an, die Gedanken der anderen Person zu kennen, ohne einen Beweis dafür zu haben. Der Sprecher sagt z. B.:

> *Du magst mich nicht. Ich weiß, wie wichtig das für dich ist. Sie halten mich für einen Idioten. Du möchtest mich nur ärgern. Er versucht mich immer nur zu verunsichern.*

Um Gedankenlesen zu hinterfragen, erkundigen Sie sich nach sinnesspezifischen Beweisen. Sie fragen nach, wie der Sprecher zu dieser Vermutung kommt und was er konkret beobachtet hat: »Woher weißt du, dass ich dich nicht mag?«, »Was bringt dich auf den Gedanken, dass dies für mich wichtig sei?«, »Woran bemerkst du, dass sie dich für einen Idioten halten?«, »Wie spürst du, dass ich dich nur ärgern wollte?«, »Wie bemerkst du, dass er dich verunsichern möchte?«.

Von anderen Menschen zu erwarten, dass sie die eigenen Gedanken lesen könnten, ist ebenfalls problematisch:

»Sie sollten doch wissen, dass ich das nicht mag!« Um dies aufzulösen, fragen Sie: »Woher sollte ich wissen, dass Sie das nicht mögen? Sagen Sie mir bitte, was Sie mögen und was Sie nicht mögen.«

Ursache und Wirkung

Beim Muster Ursache > Wirkung wird impliziert, dass eine Sache eine andere bewirkt. Es gaukelt vor, dass das Verhalten einer Person das Verhalten einer anderen Person bestimmt, eine Reaktion automatisch verursacht wird. In der Physik machen Ursache-Wirkungs-Beziehungen durchaus Sinn. Menschen sind jedoch wesentlich komplexer. Das einfache *Muster Ursache > Wirkung* verzerrt Wahlmöglichkeiten und schränkt mögliches hilfreiches und adäquates Verhalten ein. Dieses Muster wird hauptsächlich verwendet, wenn der Sprecher den Grund für sein eigenes ressourcenarmes Verhalten jemand anderem unterstellen will, die Schuld dafür zuweisen will. Der Sprecher sagt z. B.:

> Deine *Nachricht* macht *mich wütend.* Ihre *Stimme reizt* mich. *Weil* Sie *hier sind, fühle ich* mich *unwohl.* Deinetwegen bin *ich schlecht gelaunt.* Sie *erschrecken* mich.

Aussagen nach dem obigen Muster können Sie wie folgt hinterfragen: »Was genau macht dich wütend?«, »Wie genau ist das möglich?«, »Was konkret macht Sie unwohl? Welche Wahlmöglichkeiten hätten Sie?«, »Warum entscheidest du dich, schlecht gelaunt zu sein?«, »Wie bringe ich Sie dazu, dass Sie sich entscheiden zu erschrecken?«.

Antworten dieser Art bringen den Sprecher wahrscheinlich einige Sekunden lang durcheinander. Diesen Effekt wollen wir. Eine kleine Verwirrtheit des Sprechers hilft, seine Überzeugung, die er mit dem *Muster Ursache > Wirkung* formuliert hat, abzuschwächen und vielleicht sogar aufzulösen.

Das Muster Ursache > Wirkung kann auch in umgekehrter Reihenfolge auftreten. Dabei übernimmt jemand in unangemessener Weise Verantwortung dafür, bei anderen Menschen emotionale Zustände auszulösen. Doch niemand kontrolliert emotionale Zustände anderer Menschen. Der Sprecher sagt z. B.:

> *Ich* habe *ihn unglücklich gemacht. Ich* habe *sie aufgeregt.* Meinetwegen *bist du schlecht gelaunt. Meine Nachricht* macht *ihn wütend.* Durch *mich fühlt er sich unwohl.*

Hinterfragen Sie die oben gemachten Aussagen in folgender Form: »Wie genau verursacht das eine das andere?«, »Wie glaube ich, dass mein Verhalten andere beeinflusst, und wie kann ich das hinterfragen?«, »Welche anderen Wahlmöglichkeiten hätte die andere Person?«.

Nur in der unbelebten Welt der Newton'schen Mechanik gibt es eine direkte Ursache-Wirkungs-Beziehung. Ein lebloser Gegenstand hat keine Wahlmöglichkeit. Menschen hingegen haben immer Wahlmöglichkeiten, auch wenn sie diese nicht immer gleich erkennen mögen.

Komplexe Äquivalenz

Beim Muster der *Komplexen Äquivalenz* werden zwei Aussagen gleichgestellt in dem Sinne, als wäre ihre Bedeutung äquivalent. Die gleichgestellten Aussagen befinden sich jedoch auf unterschiedlichen logischen Ebenen. Eine Aussage beschreibt meist ein Verhalten, während sich die andere oft auf einen Wert, eine Fähigkeit oder einen Zustand bezieht. Der Sprecher sagt z. B.:

Sie kommt immer zu spät, weil sie sich nicht um mich kümmert. Er schaut mich so an, das heißt, er mag mich nicht. Er hat mir nichts mitgebracht, daher hat er nicht an mich gedacht. Sie machen oft Pause, das heißt, Sie haben bereits innerlich gekündigt. Ihr Bericht ist unvollständig, weil Ihnen anderes wichtiger ist.

Hinterfragen Sie *Komplexe Äquivalente* nach dem Zusammenhang der beiden Aussagen: »Glaubst du wirklich, dass Zu-spät-Kommen bedeutet, sie kümmert sich nicht um dich? Es könnte auch bedeuten, dass es einen Stau gab«, »Wie willst du wissen, was sein Schauen bedeutet? Vielleicht ist er schüchtern«, »Wie willst du wissen, dass er nicht an dich gedacht hat? Vielleicht hat er nicht das gefunden, was er für dich suchte«, »Wie wollen Sie wissen, dass ich innerlich gekündigt hätte? Ich mache Pause, weil ich die ganze vergangene Nacht an unserem Projekt gearbeitet habe«, »Wie wollen Sie wissen, anderes sei mir wichtiger? Wichtige Informationen zur Fertigstellung des Berichts konnten noch nicht zugestellt werden, da es technische Probleme gibt«.

Eine andere Möglichkeit, Aussagen zu hinterfragen, ist es, Gegenbeispiele zu bringen: *»Wenn jemand zu spät kommt, glaubst du, das bedeute immer, die Person kümmert sich nicht?«, »Wenn dich jemand so anschaut, glaubst du, das bedeute immer, die Person mag dich nicht?«, »Wenn dir jemand nichts mitbringt, glaubst du, das bedeute immer, die Person denkt nicht an dich?«, »Wenn jemand eine Pause macht, glauben Sie immer, die Person hätte innerlich gekündigt?«, »Wenn ein Bericht unvollständig ist,* *glauben Sie immer, der Person wäre etwas anderes wichtiger gewesen?«*.

Es kann durchaus sein, dass Menschen Formen *Komplexer Äquivalenz* als fixe Überzeugung ansehen. Diese Weltsicht übertragen diese gerne auf andere Menschen.

Generell können Sie eine *Komplexe Äquivalenz* mit diesen Formulierungen hinterfragen: »Wie kommt es zu dieser Bedeutung?«, »Welche Beweise haben Sie dafür, dass es diese Bedeutung hat?«, »Bedeutet es das immer?«, »Gab es schon Zeiten, Momente oder Gegebenheiten, zu denen es dies nicht bedeutete?«.

Vorannahmen (Präsuppositionen)

Vorannahmen gehören zu den grundlegenden Mustern von Verzerrung. Der Sprecher geht von einer Annahme über eine Situation vorab aus – daher Vor*annahme* –, die aus seiner Sicht vollkommen klar ist. Weil es sich um eine tiefliegende, für den Sprecher selbst oft unbewusste Annahme handelt, erscheint diese nirgends im gesprochenen Wort und bleibt somit in der Oberflächenstruktur verborgen, niemand kann sie hören, da sie nicht direkt gesagt wird. Damit die Aussage für den Zuhörer einen Sinn ergibt, muss der Zuhörer eine eigene Annahme machen, die von der des Sprechers mit sehr hoher Wahrscheinlichkeit abweicht. Der Sprecher sagt z. B.:

> *Wie schlimm soll das alles denn noch werden? Wie oft muss ich es dir noch sagen, bis du damit aufhörst? Ich bin nicht sicher, ob Sie sich noch bessern können. Wann werden Sie das endlich richtig machen? Ich mag die Art nicht, wie Sie mich ignorieren.*

Die Vorannahmen des Sprechers in diesen Beispielen sind möglicherweise: *»Ich fühle mich gefährdet«, »Ich werde nicht gehört«, »Ich habe schon alles probiert«, »Es wird dauernd etwas falsch gemacht«, »Ich werde nicht wertgeschätzt«.*

Die Annahmen des Zuhörers hingegen könnten sein: *»Es ist alles in Ordnung«, »Ich mache nichts Falsches«, »Ich bin nicht gut genug«, »Ich halte mich an alle Vorgaben«, »Ich bin freundlich«.*

Der Unterschied in den Vorannahmen der beiden Personen ist eklatant und kann zu einem Konflikt oder zu einer negativen Beeinflussung des Zuhörers führen, wenn er nicht durch Hinterfragung aufgelöst wird.

Hinterfragen Sie diese Vorannahmen daher wie folgt: *»Wie sehr hältst du es für schlimm?«, »Wie oft, meinst du, musst du mir es noch sagen?«, »Was macht Sie unsicher?« »Glauben Sie, ich will Sie verunsichern? Ich möchte den Erfordernissen entsprechen«, »Was wurde bisher falsch gemacht?« »Wie möchten Sie es gerne haben, damit es für Sie richtig ist?«, »Wie kommen Sie darauf, ich würde Sie ignorieren? Ich achte Ihre Aussagen«.*

Voranahmen werden oft in »Warum«-Fragen eingebettet. Der Sprecher sagt z. B.:

> *Warum bist du so gefühllos? Warum können Sie nichts richtig machen? Warum sind Sie so unbeholfen?*

Hinterfragen Sie wie folgt: *»Wie weißt du, dass ich gefühllos wäre?«, »Wie kommen Sie darauf, ich könne nichts richtig machen?«.*

Vorannahmen sind häufig in Sätzen versteckt, die Wörter wie »wann«, »seit« und »falls« enthalten. Der Sprecher sagt z. B.:

Wann merken Sie endlich, dass ich mit Ihrer Arbeit nicht zufrieden bin? Seit Sie die Abteilung gewechselt haben, geht es uns viel besser. Wenn Sie das weiterhin ignorieren, gibt es Schwierigkeiten.

Folgende Hinterfragungen lösen Vorannahmen auf: »Ich kann nicht vermuten, dass Sie mit meiner Arbeit unzufrieden sind. Woran sollte ich das bemerken? Was genau macht Sie unzufrieden?«, »Meinen Sie das wirklich? Inwiefern geht es Ihnen besser? Woran bemerken Sie, dass es mit mir zu tun hat? Vielleicht hat es auch Gründe, die in anderen Umständen liegen«, »Wie kommen Sie darauf, ich würde etwas ignorieren? Woran bemerken Sie ein etwaiges Ignorieren? Welche Schwierigkeiten, meinen Sie, würde es geben?«.

Wenn Sie Vorannahmen unbemerkt akzeptieren, kommen Sie in eine nachteilige Position. Vorannahmen grenzen den anschließenden Gesprächsverlauf unsichtbar ein. Vorannahmen sollten immer angezweifelt werden. Hinterfragen Sie Vorannahmen, indem Sie offen ansprechen: »Was bringt Sie dazu zu glauben, dass ...?«

Mit der Anwendung des Meta-Modells sind Sie nun in der Lage, kampfrhetorisch verwendeten Tilgungen, Generalisierungen und Verzerrungen wirkungsvoll zu begegnen und tieferliegende Informationen über die Gedanken des Sprechers zu sammeln, Wahlmöglichkeiten zu eröffnen und Bedeutungen zu klären. Anstatt in einen emotionalen Schockzustand zu verfallen, sich persönlich angegriffen zu fühlen oder zu glauben, beleidigt sein zu müssen, haben Sie jetzt wirkungsvolle Hinterfragungen zur Hand. Sie schützen sich dadurch vor emotionalen, kampfrhetorischen Angriffen. Egal, ob diese tatsächlich so gemeint waren oder von Ihnen nur so verstanden worden sind.

Beachten Sie: Die Formulierungen zur Hinterfragung funktionieren umso besser, je mehr Sie an einer ehrlichen Antwort Ihrer Hinterfragung interessiert sind. Achten Sie auf ausreichenden Rapport zu Ihrem Gesprächspartner. Manche Meta-Modell-Fragen können als aufdringlich, provokativ oder sogar aggressiv empfunden werden. Wählen Sie, so gut es geht, einen freundlichen Tonfall in einer angemessenen Lautstärke. Sie helfen dadurch Ihrem Gegenüber, Klarheit in seine Gedanken zu bringen und sich zurückzunehmen. Letztendlich soll das Gespräch einen wertschätzenden Verlauf auf Augenhöhe nehmen und das bestmögliche Ergebnis soll erzielt werden.

WARUM KAMPFRHETORIK FUNKTIONIERT

Viele Menschen glauben, ihr Denken wäre vollkommen bewusst. Doch das ist nur selten der Fall. Es ist vielmehr so, dass unsere bewussten Gedanken aus dem Unbewussten in unser Bewusstsein treten. Der Beweis ist einfach: Wenn Denken bewusst wäre, dann ließe es sich willentlich stoppen. Dass dies nicht der Fall ist, wissen wir aus eigener Erfahrung nur zu gut.

Wir bezeichnen alles, was im jeweiligen Augenblick nicht bewusst ist, als unbewusst. Das Unbewusste besteht aus allen körperlich innerlichen Prozessen, die ohne unser Wissen ablaufen. Dazu gehören alle unsere Vitalfunktionen, wie Atmung, Verdauung, Stoffwechsel und der Herzschlag. Genauso zählen wir Gehen, Sitzen, alle Bewegungen und Sprache dazu, die weitgehend unbewusst ablaufen. Auch die Bewertung äußerer Ereignisse, die wir durch unsere Sinnesorgane wahrnehmen, ist ein unbewusster Prozess. Wir können jedoch unser Bewusstsein nutzen, um uns neue Fähigkeiten anzueignen, die, sobald wir sie beherrschen, wiederum unbewusst ablaufen. Denken Sie nur daran, wie Sie vielleicht Radfahren oder Autofahren gelernt haben. Damals wurde jede Bewegung mit den Beinen und Armen bewusst einstudiert. Heute müssen wir als geübte Rad- oder Autofahrer nicht einmal nachdenken, wie es funktioniert. Die

Vorgänge laufen so vollautomatisch, dass wir uns oft nicht genau daran erinnern können, wie wir von A nach B gelangt sind. Man bezeichnet einen solchen Bewusstseinszustand auch als Alltagstrance.

Der Begriff »Unbewusstes« ist eine Nominalisierung. Denn das Unbewusste ist kein Gegenstand und auch nicht starr und unbeweglich, sondern es ist ein Vorgang, ein Prozess. Das Bewusstsein ist das, dessen wir gewahr sind. Es ist der Teil des Unbewussten, der uns gerade bewusst ist. Das Unbewusste hat, wie das Meer, verborgene Tiefen, die wir mithilfe unseres Bewusstseins ergründen und verändern dürfen.

Wir sind uns, so neurologische Untersuchungen, potenziell aller Ereignisse bewusst, die wir je erlebt haben, und dass diese Erinnerungen auch abrufbar sind. Ist Ihnen das Beispiel aus dem letzten Kapitel noch präsent, wo ich Sie gebeten haben, sich an Ihre Schulzeit zu erinnern? Es ist Ihnen sicherlich auch schon passiert, dass Sie sich wie aus dem Nichts an etwas erinnern, dass viele Jahre oder vielleicht Jahrzehnte zurückliegt. Ein Ereignis, das Sie vergessen hatten und von dem Sie vergessen haben, dass Sie es vergessen hatten. Dennoch gab es einen Auslöser, einen Trigger, einen Anker, der diese Erinnerung bewusst machte. Je älter Menschen sind, desto öfter erinnern sie sich an die guten alten Zeiten.

Laut vorsichtigen Schätzungen ist die Leistungsfähigkeit des Unbewussten etwa 1.000.000 Mal so groß wie die des bewussten Verstands. Das Unbewusste ist unser kraftvoller Weggefährte, zu dem wir immer in Rapport sein sollten. Wenn Ihnen Ihr Bauchgefühl etwas sagt, für das Sie gerade keine Worte finden können, dann ist es Ihr Unbewusstes.

Das Unbewusste ist der Ort aller unserer Emotionen und Gefühle. Es ist somit der Ort unserer Ressourcen, die unsere Handlungsfähigkeit bestimmen, unsere Kreativität lenken und unsere Verhaltensmöglichkeiten steuern. Menschen, die sich gut fühlen, geliebt fühlen, selbstsicher sind, haben oft das Gefühl, Berge versetzen zu können. Tatsächlich sind Menschen in einem positiven emotionalen Zustand zu so viel mehr in der Lage als solche, die sich schlecht und niedergeschlagen fühlen.

Wie können wir nun Zugang zu unserem Unbewussten erlangen? Wie verschaffen sich Kampfrhetoriker Zugang zu unserem Unbewussten? Wie kann es uns gelingen, die Macht über uns selbst zu bewahren und Angreifer von außen abzuwehren?

Trance als Zugang zum Unbewussten

Unter Trance verstehen wir einen Bewusstseinszustand, bei dem die eigene Aufmerksamkeit nach innen gerichtet ist. Je stärker wir uns auf die Welt der eigenen Gedanken und Gefühle fokussieren, desto weniger Aufmerksamkeit schenken wir der äußeren Welt. Je tiefer die Trance, desto tiefer gehen wir in unsere innere Welt, wie z. B. bei Meditation.

Bei Hypnose gehen Menschen ebenfalls in einen Trance-Zustand. Bei Hypnose ist der Fokus jedoch auf den Hypnotiseur gerichtet. Das ist die Person, die »Anweisungen« gibt, wie in Trance zu gehen ist. Man bezeichnet diesen Vorgang als Trance-Induktion.

Anzeichen einer Trance

Trancezustände lassen sich an verschiedenen physiologischen Merkmalen erkennen. Man beobachtet Muskelentspannung. Menschen in Trance bewegen sich wenig. Sie können auch eine Zeit lang regungslos sein. Manchmal beobachtet man eine Katalepsie: Das ist ein Zustand, in dem man mit vollkommen entspannten Muskeln lange in einer Position verharren kann, ohne zu ermüden und ohne Kraftanstrengung. Wenn die Muskulatur entspannt ist, dann klingt die eigene Stimme etwas tiefer. Ebenso glätten sich Stirnfalten und die Gesichtszüge werden weicher. Herzschlag und Atmung verlangsamen sich. Die Augen sind oft geschlossen oder sie blicken völlig ohne Fokus in die Ferne. Die Reflexe sind ebenfalls verlangsamt und es stellt sich meist ein gelöster Zustand des Wohlbefindens ein.

Neben den genannten sichtbaren Zeichen einer Trance gibt es nicht sichtbare: Der Neurotransmitter Acetylcholin ist im Gehirn vermehrt feststellbar. Acetylcholin ist für die Signalleitung zwischen den Nerven, die über die Synapsen läuft, unbedingt erforderlich. Misst man mittels eines EEG-Messgeräts (Elektroenzephalogramm) die Gehirnwellen, so sind überwiegend Theta-Wellen zu erkennen. Man unterscheidet zwischen Beta-Wellen (aktives Denken), Alpha-Wellen (Entspannung), Theta-Wellen (Trance) und Delta-Wellen (Schlaf).

Kinder in der Prägungsphase, in den ersten sechs Lebensjahren, saugen alles auf wie ein Schwamm. Sie nehmen alles als wahr an und können ihre Erlebnisse noch nicht auf Richtigkeit hinterfragen. Alle Bezugspersonen haben ungehinderten Zugang zum Unbewussten des Kindes. Deswegen sind die ersten Jahre prägend. Warum ich das hier erwähne? Die Gehirnwellen von Kindern in der Prägungsphase sind hauptsächlich im Theta-Wellen-Bereich. Sind die Gehirnwellen Erwachsener hauptsächlich in diesem Theta-Wellen Bereich, dann sind diese Menschen höchst empfänglich für Suggestionen, Empfehlungen und Anleitungen von außen, ohne diese, je nach Tiefe der Trance, zu hinterfragen.

Es kann, je nach Tiefe der Trance, zu folgenden Phänomenen kommen: Man vergisst, was während der Trance geschah (Amnesie). Schmerzen werden nicht mehr wahrgenommen (Anästhesie). Man sieht etwas nicht Vorhandenes oder man sieht etwas Vorhandenes nicht (positive oder negative Halluzination). Eine Muskelentspannung, bei der der Körper lange Zeit ohne Kraftanstrengung in einer beliebigen Position verharren kann (Katalepsie). Man geht zurück in die Zeit der eigenen Kindheit und fühlt sich so (Altersregression). Man hat das Gefühl, die Zeit vergehe viel schneller oder viel langsamer als üblich (Zeitverzerrung).

Im Laufe eines Tages gehen wir immer wieder in Trance und kommen wieder heraus. Manchmal schrecken wir hoch, kommen in die Gegenwart zurück und bemerken, dass wir einen Tagtraum hatten. Trance ist ein perfekter Zustand für Beschäftigungen wie Planen, Fantasieren und Erholen. Komplexe Aufgaben können in Trance ebenfalls gut bewältigt werden, wie z. B. Auto fahren.

Es gibt jedoch auch weniger nützliche Alltagstrancen, wenn wir uns aufgrund einer Erinnerung, einer Erzählung oder eines aktuellen Erlebnisses ausmalen, was in unserem Leben noch alles Tragische passieren kann. Auch Schockzustände, die z.B. nach einer Verletzung auftreten können, sind eine Trance. Wir fühlen uns dabei oft verwirrt und durcheinander. Es ist ein Notprogramm unseres Körpers, das Blutungen stoppt, Schmerzen unterbindet und uns vielleicht sogar ohnmächtig werden lässt, um die lebenserhaltenden Körperfunktionen aufrechtzuerhalten.

Trancezustände sind mächtig.

Sie haben es bereits erkannt: Trancezustände sind mächtig. Sie sind der Zugang zu unserem Unbewussten. Gefährlich wird es dann, wenn wir durch uns nicht gut gesinnte Menschen in Trance versetzt werden. Denn sie bekommen Zugang zu unserem Unbewussten. Die Gehirnwellen befinden sich hauptsächlich im Theta-Wellen-Bereich. Unsere »*Kritische Fakultät*«, das ist jener Teil unseres Unbewussten, der meint, zwischen wahr und falsch unterscheiden zu können, ist leicht zu umgehen. Es können Verhaltensweisen und Handlungen in uns auslöst werden, die zu unserem massiven Nachteil sein können.

Carl G. Jung proklamierte, dass jeder Mensch seine spezifischen Schattenseiten hat. Jeder und jede von uns würde Dinge tun, die weder zum Vorteil von einem selbst noch zum Vorteil anderer Personen sind. Stanley Milgram hat dies im berühmten Milgram-Experiment nachgewiesen. In Trance können unsere Schattenseiten »aktiviert« werden und wir setzen Handlungen, die wir normalerweise nicht tun würden, weil wir grundsätzlich auf unserer Schattenseite in unserem tiefsten Inneren dazu fähig sind. Ein bekanntes Beispiel ist folgendes: Unter Hunderten Versuchspersonen wurde jemand gesucht, der grundsätzlich bereit wäre, eine Bank zu überfallen, es jedoch »freiwillig« niemals tun würde. Diese Person wurde in tiefe hypnotische Trance versetzt und es wurde ein posthypnotisches Kommando installiert. Die Trance wurde aufgehoben, der Proband zeigte Amnesie. Er konnte sich nicht bewusst an die Installation des Kommandos erinnern. Bewusst nicht, unbewusst jedoch schon. Das Kommando wurde Tage später ausgelöst und der Proband überfiel die vorher präparierte Bank, natürlich mit präparierten Waffen, von denen er dachte, sie wären echt.

Verwenden wir Hypnose, um Menschen dazu zu bringen, für sie und andere Menschen nachteilig und schädlich zu handeln, dann sprechen wir von Kampfrhetorik. Hypnose wird durch Trance-Sprache herbeigeführt. Trance-Sprache ist je nach Absicht des Hypnotiseurs entweder von entspannender und heilender Wirkung oder sie kann Menschen zu Bestien machen. Die Nazi-Zeit ist ein Beispiel, wie Trance-Sprache und Kampfrhetorik verwendet wurde, um Millionen Menschen zu töten. Erinnern wir uns an die Sportpalastrede Josef Goebbels, so sehen wir, wie Tausende Menschen ihrem eigenen Tod entgegenjubeln. Daran müssen und dürfen wir uns immer erinnern.

> “ *Es liegt an der Absicht des Sprechers, was er durch Rhetorik erreichen will. Je besser die rhetorischen Fähigkeiten einer Person sind, desto ethisch einwandfreier müssen die Inhalte sein.*

Daher ist es unabdingbar, über Rhetorik und Kampfrhetorik, über Trance und Hypnose Bescheid zu wissen, um diese Muster erkennen zu können. Vor allem dann, wenn sie für Menschen nachteilig verwendet werden!

Als Milton-Modell bezeichnen wir zahlreiche Sprachmuster, mit denen man Trancezustände induzieren kann.

Milton Erickson (1901–1980) war ein außergewöhnlicher Therapeut. Mit seinem Ansatz begründete er eine neue Ära der Hypnotherapie, die nach ihm benannt wurde: die Erickson'sche Hypnotherapie. Erickson erlebte keinen Widerstand seiner Klienten, denn er nutzte alle Äußerungen und Verhaltensweisen des Klienten, um ihn an seine jeweils eigenen Ressourcen heranzuführen. Er holte den Klienten immer in dessen Weltmodell ab und stellte tiefen Rapport her. Milton Erickson sah es als seine Aufgabe, seine Klienten mit ihren Ressourcen in Kontakt zu bringen und ihnen mehr Wahlmöglichkeiten und somit mehr Verhaltensmöglichkeiten zu eröffnen.

Das Milton-Modell und das Meta-Modell

Das Milton-Modell ist in gewisser Weise das Spiegelbild des Meta-Modells. Das Meta-Modell untersucht die Oberflächenstruktur der Sprache, um die dahinterliegende Tiefenstruktur und Sinneserfahrungen zu finden. Das Milton-Modell hingegen erzeugt absichtlich eine vage Oberflächenstruktur, um dem Zuhörer die Tiefenstruktur und Sinneserfahrungen, die mit den Worten der Oberflächenstruktur hereingehen, selbst frei wählen zu lassen. Somit gleicht sich das Milton-Modell an die Realität des Zuhörers an. Der Zuhörer gibt dem Gehörten seine individuelle Bedeutung. Er folgt der Trance-Einladung.

Im Meta-Modell hinterfragt man Tilgungen, Generalisierungen und Verzerrungen, um Klarheit zu erlangen. Im Milton-Modell benutzt man Tilgungen, Generalisierungen und Verzerrungen, um dem Zuhörer die Möglichkeit zu geben, auf dessen eigene Ressourcen zugreifen zu können. Die Muster des Milton-Modells laden die Zuhörer zu einer transderivationalen Suche ein, damit sie dem Gehörten die für sich passende Bedeutung geben.

In der hypnotherapeutischen Anwendung gleicht sich der Therapeut dem Klienten an, er stellt Rapport her und führt ihn durch Milton-Sprachmuster in eine Trance. In dieser Trance ist das Bewusstsein abgelenkt und unbewusste Ressourcen des Klienten werden ausschließlich zum Vorteil des Klienten für den Klienten zugreifbar.

In der kampfrhetorischen Anwendung gleicht sich der Täter dem Opfer an, er stellt Rapport her und führt es durch Milton-Sprachmuster in eine Trance. In dieser Trance ist das Bewusstsein abgelenkt, und unbewusste Ressourcen des Klienten werden zum Vorteil des Täters und zum Nachteil des Klienten für den Klienten zugreifbar.

Rapport aufbauen und halten

Unter Rapport versteht man den Aufbau und das Halten einer emotionalen Verbindung. Rapport wird durch Anpassen an die andere Person und durch Imitation von Verhaltensweisen erzielt. Rapport basiert auf der Erfahrung, dass Menschen jene Menschen mögen, die so sind wie sie selbst, oder so sind, wie sie gerne wären. Der Sprecher passt sich an die Erfahrungen und das derzeitige Erleben des Zuhörers an.

Rapport ist der Prozess, der es einem Sprecher ermöglicht, eine Verbindung zum Unbewussten des Zuhörers herzustellen und auf dieser Ebene mit ihm zu kommunizieren. Die Verbindung zum Unbewussten ist entscheidend, da auf dieser Ebene alle unsere kognitiven Abläufe stattfinden. Das Unbewusste ist für unsere Meinungsbildung und Beeinflussbarkeit zuständig. Menschen in Rapport sind für Suggestionen offen, sie nehmen diese oft kritiklos hin, bringen weniger Einwände vor, akzeptieren sehr wahrscheinlich, was Sie sagen.

Rapport basiert auf einem Sich-Anpassen, einem Matching. Das englische Wort »like« beschreibt es sehr gut. Es hat einerseits die Bedeutung »gleich« und andererseits »mögen«. Wir Menschen mögen jene Menschen, die so sind wie wir. »When people like each other, they like each other.«

Den Vorgang des Sich-Anpassens bezeichnet man als *Pacing*. Das daraus folgende Führen, das Vorschlagen von Suggestionen verbunden mit der Annahme dieser durch den Zuhörer, nennt man *Leading*. Rapport gleicht einem Tanz, bei dem eine Person führt und die andere folgt.

Gemeinsamkeiten finden

Milton Erickson war ein Meister im Aufbau von Rapport. Er hat seine Klienten immer in deren Weltmodell empfangen.

Er hat seine Körperhaltung, seine Wortwahl, seine Stimmlage, seinen Sprachrhythmus und seine Atemfrequenz an die des Klienten angepasst. Seine Klienten fühlten sich dadurch sofort verstanden. Sie haben praktisch in der Sekunde Vertrauen zu ihm entwickelt.

Rapport zu einem anderen Menschen herzustellen gelingt, indem Sie sich an seine Art zu kommunizieren anpassen:

- Benutzen Sie die gleichen Wörter. Reden Sie in seinem Jargon, verwenden Sie die Begriffe, die er bevorzugt. Auch wenn er nach Ihrer Meinung ein falsches Wort benutzt – entscheidend ist, was dieses Wort für die andere Person bedeutet.
- Sprechen Sie in ähnlicher Stimmcharakteristik. Sprechen Sie Wörter so aus wie er.
- Passen Sie Ihre Physiologie der Ihres Gegenübers an. Benutzen Sie die gleiche Haltung und gleiche Gesten.
- Sprechen Sie über gemeinsame Erlebnisse und forschen Sie nach gemeinsamer Vergangenheit. Vielleicht sind Sie in derselben Gegend aufgewachsen, haben die gleiche Schule besucht, sind Fans derselben Musikrichtung oder teilen gemeinsame Hobbys, was auch immer.
- Achten Sie in Gaststätten und überall, wo Menschen miteinander im Gespräch sind, auf deren Tendenz, sich einander in ihrem Verhalten anzupassen. Menschen, die gemeinsam auf der Straße gehen, verfallen in einen gemeinsamen Gehrhythmus, lehnen in Gaststätten in gleicher Weise an der Theke, heben ihre Gläser zur selben Zeit. Verändert einer der beiden seine Physiologie, so passt sich der andere recht bald an. Geraten die beiden in eine Meinungsverschiedenheit, so verschwinden diese gemeinsamen Muster und somit der Rapport.

Anpassung an die physiologischen Ausdrucksweisen

Achten Sie auf folgende Ausdrucksweisen, die übernommen werden können:

- Haltung des Kopfs, der Schultern, der Wirbelsäule, der Arme, der Hände, des Rumpfs und der Beine
- Wie sitzt, steht oder geht der/die Betreffende?
- Sind die Beine beim Sitzen überkreuzt oder nebeneinander?
- Wie ist die Verteilung des Körpergewichts? Steht die Wirbelsäule gerade oder ist sie leicht nach einer Seite geneigt?
- Ist die Armhaltung verschränkt oder offen?
- Ist die Handhaltung offen, entspannt, angespannt oder verkrampft?
- Wie stark bewegt sich die andere Person?
- Ist der Gesichtsausdruck lebhaft, lächelnd, Zähne zeigend, entspannt oder angespannt?
- Welche Gesten bevorzugt die Person?
- Atmet die andere Person tief oder flach? In die Brust oder in den Bauch?

Benutzen Sie diese Gesten nur im selben Kontext wie Ihr Gesprächspartner, wenn Sie gerade sprechen. Achtsamkeit ist angesagt. Plumpes Nachäffen unterbricht natürlich den Rapport.

Utilisation

Utilisation bedeutet, alles zu nutzen (zu utilisieren), was gerade passiert. Akzeptieren Sie, was passiert, anstatt zu versuchen, es zu ignorieren oder zu leugnen.

Um mit anderen Menschen Rapport herzustellen, muss man dessen Weltmodell respektieren. Egal, wie stark es sich von Ihrem Modell unterscheidet. Egal, ob Sie es akzeptieren oder nicht. Wenn Sie davon ausgehen, dass das Weltmodell der anderen Person genau für diese Person genau richtig ist, dann utilisieren Sie dieses Weltmodell und es stellt keine Störung mehr dar. Denken Sie daran, wir alle haben jeweils unser eigenes Weltmodell, welches ganz spezifisch unseres ist und niemals genau deckungsgleich zu anderen sein wird.

Unterbrechungen kommen ebenfalls immer wieder vor. Jemand kommt in den Raum herein, etwas fällt zu Boden oder das Mobiltelefon klingelt. Finden Sie einen Bezug zwischen dem, was Sie gerade vorhaben, und dem, was gerade passiert. Sie können z. B. sagen: »Das Klingeln deines Telefons erinnert dich, wie wichtig es ist, unsere Gedanken fortzuführen.« Durch Utilisation können Sie Ihre eigenen Ziele weiterverfolgen. Das ist eine wesentlich bessere Lösung, als gegen Störungen anzukämpfen.

Ist Ihr Gesprächspartner inhaltlich anderer Meinung wie Sie, so nutzen Sie dessen Argumente. Bringen Sie gegensätzliche Äußerungen in einen Kontext, wo diese Ihr Vorhaben unterstützen. Solange Sie in Rapport sind, können Sie unterschiedlicher Meinung sein und Sie werden das kontroverse Thema wesentlich besser behandeln, als wenn Sie auf Widerstand gehen und somit den Rapport brechen.

Wenn Sie also mit jemandem kommunizieren, dessen Ansichten Sie nicht teilen, ist es besonders wichtig, sich an die Physiologie Ihres Gesprächspartners anzupassen. Menschen halten generell ihre persönliche Beziehung in viel stärkerem Maße durch Rapport aufrecht als durch inhaltlich gleiche Meinung.

Bei Verhandlungen sind Sie besonders gut beraten, Rapport aufzubauen. Wenn Sie mit jemandem über etwas verhandeln, dann sind unterschiedliche Ansichten vollkommen klar. Durch Rapport können Sie die Kommunikationskanäle offenhalten und untersuchen, welche Gemeinsamkeiten sich finden lassen. Oft ist es so, dass Gemeinsamkeiten erst auf einer höheren Abstraktionsebene sichtbar werden, auf der eine Einigung möglich ist. Als Beispiele seien hier genannt: den Gewinn zu steigern oder die Welt ein Stück zu verbessern.

Ist auf einer dieser hohen Ebenen Übereinstimmung gefunden worden, dann lässt sich viel leichter über die Maßnahmen beraten, die zur Verwirklichung der erzielten Übereinstimmung erforderlich sind.

Wenn sich bei Ihrem Gesprächspartner Widerstand manifestiert, ist das ein Zeichen für ungenügenden Rapport.

Gedankenlesen verbindet

Beim Muster des Gedankenlesens gibt der Sprecher vor, die Gedanken oder die Gefühle seines Zuhörers zu kennen, ohne zu sagen, wie er zu diesem Wissen kam. Ein Beispiel: »Ich weiß, dass Sie sich wundern ...« Wenn Sie sich jetzt wundern, wie der Redner das wissen kann, dann vielleicht durch genaue Beobachtung der Körpersprache seines Zuhörers oder vielleicht aus früheren Begegnungen, wo der Zuhörer oft verbal zum Ausdruck brachte, dass er sich wundere.

Manche Zuhörer werden sich fragen: »Woher weiß er das?« Diese Frage löst wiederum eine innere Suche nach der Begründung, eine transderivationale Suche, aus, die Trance-erzeugend ist. Rapport und Trance-Induktion finden »gleichzeitig« statt.

Das Muster des Gedankenlesens kann auch autoritätserzeugend sein. Beispielsweise sagt der Sprecher: »Alle in unserer Gruppe finden, dass wir zu viel Zeit vergeuden.« Damit behauptet der Sprecher, er wisse, was im Geist aller Gruppenmitglieder vor sich geht.

Pacen derzeitigen Erlebens generiert Zustimmung

Das Sprachmuster »Pacen derzeitigen Erlebens« eignet sich hervorragend, um Rapport aufzubauen. Es bedeutet, die Erfahrung, die der Zuhörer gerade macht, so zu beschreiben, dass sie nicht bestritten werden kann. Der Sprecher paced, hält Schritt mit dem derzeitigen Erleben des Zuhörers.

Aussagen wie »Während Sie hier sitzen und gemütlich Ihren Kaffee trinken, ...« generieren unbewusst zustimmende Gedanken, vorausgesetzt, das gemütliche Kaffeetrinken entspricht der Erfahrung, die der Zuhörer gerade macht. Rapport wird etabliert.

Diese Aussage lässt sich gleich mit einem E*ingebetteten Befehl* verknüpfen: »Während Sie hier sitzen und gemütlich Kaffee trinken, werden Sie *gute Ideen entwickeln*, um unsere aktuelle geschäftliche Herausforderung zu lösen.« Es handelt sich um eine Ursache-Wirkungs-Beziehung. Wird diese nicht durch die Methode des Meta-Modells hinterfragt, dann bleibt sie als *Eingebetteter Befehl* stehen. Eine entsprechende Reaktion des Zuhörers entsprechend des Meta-Modells könnte sein: »Wie genau kommen Sie darauf?« Ist die Absicht des Sprechers eine gute, dann ist der *Eingebettete Befehl* eine hilfreiche Trance-Induktion, zu einer Lösung zu kommen. Beabsichtigt der Sprecher jedoch eine kampfrhetorische Vorgangsweise, das heißt, den Zuhörer gegen seinen Willen oder zu seinem Nachteil zu missbrauchen, dann sollte der Zuhörer unbedingt das Meta-Modell einsetzen, um die Attacke zu stoppen. Oft ist es jedoch leider so, dass sich der Zuhörer in einer Autoritätsfalle befindet und sich somit nicht traut, den Rapport zu brechen und die Meta-Modell-Frage zu stellen.

Das Bewusstsein mittels Milton-Modell-Muster der Tilgung ablenken

Mit den folgenden drei Mustern des Milton-Modells kann man Trancen einleiten und eine transderivationale Suche in Gang setzen. Je tiefer der vorab hergestellte Rapport, desto zuverlässiger funktionieren diese Muster.

Einfache Tilgung

Der Sprecher sagt z. B.: »Das ist wichtig.«

Dank der Tilgung kann der Zuhörer selbst entscheiden, was genau wann, wo und wie wichtig ist. Er setzt eine transderivationale Suche in Gang, um für sich diese Entscheidung zu treffen. Die Trance-Induktion hat somit bereits begonnen.

Fehlender Bezugsindex

Der Sprecher sagt z. B.: »Fehler wurden gemacht.«

Der Zuhörer weiß, von wem wann welche Fehler gemacht worden sind, und er wird jetzt an die gemachten Fehler denken.

Unvollständig spezifiziertes Verb

Der Sprecher sagt z. B.: »Sie machte Eindruck auf mich.«

Diese Aussage kann der Zuhörer verstehen, wie er will und wie es ihm am besten passt.

Unspezifischer Vergleich

Der Sprecher sagt z. B.: »Das ist eine wirkungsvollere Vorgangsweise.«

Der Zuhörer kann diese Aussage wieder so verstehen, wie er möchte. Er wird zustimmen oder nicht oder eine eigene Vorgangsweise heranziehen, die er als wirkungsvoller einstuft.

Verloren gegangenes Performativ

Der Sprecher sagt z. B.: »Es ist wichtig zuzuhören.«

Der Zuhörer kann sich an Situationen erinnern, wo dies zutraf, und wo nicht.

Das Bewusstsein mittels Milton-Modell-Muster der Generalisierung ablenken

Generalisierungen können so allgemein gehalten sein, dass der Zuhörer, ohne nachzudenken, diesen folgt und sie vorbehaltlos akzeptiert, weil sie aufgrund der Verallgemeinerung sehr leicht in sein eigenes Weltbild passen.

Modaloperator der Notwendigkeit

Der Sprecher sagt z. B.: »Sie dürfen keinen Fehler machen.«

Der Zuhörer sucht nach Möglichkeiten, keinen Fehler zu machen. Er hat allerdings das Bild des Fehlers vor Augen, welches er gedanklich nun negieren muss, um der Aufforderung bzw. der formulierten Regel gerecht zu werden. Die transderivationale Suche läuft ...

Modaloperator der Möglichkeit

Der Sprecher sagt z. B.: »Ich kann es Ihnen sagen.«

Der Zuhörer sieht Möglichkeiten oder vermutet, dass es welche gibt, die er vielleicht nicht weiß oder noch nicht erkannt hat.

Universelle Quantifizierung

Der Sprecher sagt z. B.: »Jeder weiß das.«

Der Zuhörer fühlt sich begrenzt, falls er es nicht weiß, oder bestätigt, falls er es weiß. Was er wissen sollte, bleibt dem Zuhörer selbst überlassen.

Das Bewusstsein mittels Milton-Modell-Muster der Verzerrung ablenken

Verzerrt man ein Bild, dann macht man ein Detail unverhältnismäßig groß, während man einen anderen Teil verkleinert. Der Fokus des Zuhörers wird unbewusst auf das Große gerichtet, das in Wirklichkeit vielleicht nur wenig Bedeutung hat, während der verkleinerte Teil viel bedeutungsvoller wäre.

Nominalisierung

Der Sprecher sagt z. B.: »Wir müssen eine Veränderung vornehmen.«

Diese Nominalisierung ist so vielschichtig, dass sie den bewussten Verstand zu einer Vielzahl von transderivationalen Suchen auffordert. Der Zuhörer macht sich sein eigenes

Bild von Veränderung. Davon, wer wann was wo und wie mit welchem Ziel verändern muss.

Gedankenlesen

Der Sprecher sagt z. B.: »Ich weiß, was in Ihnen vorgeht.«

Der Zuhörer könnte sich ertappt fühlen, obwohl der Sprecher es nicht wissen kann. Der Zuhörer versucht sich zu erinnern und den Grund dafür zu finden, wie der Sprecher vermeintlich wissen kann, was in ihm vorgeht.

Ursache und Wirkung

Der Sprecher sagt z.B.: »Ihre Stimme reizt mich.«

Der Zuhörer fühlt sich schuldig, sein Selbstvertrauen sinkt.

Komplexe Äquivalenz

Der Sprecher sagt z. B.: »Ihr Bericht ist unvollständig, weil Ihnen anderes wichtiger ist.«

Der Zuhörer fühlt sich in die Enge getrieben und es fehlen ihm die Worte.

Vorannahme (Präsupposition)

Der Sprecher sagt z. B.: »Wann werden Sie das endlich richtig machen?«

Der Zuhörer akzeptiert diese Vorannahme, dass er es noch nie richtig gemacht hat. Er bringt sich für den weiteren Gesprächsverlauf in eine sehr nachteilige Position.

Machen Sie sich unbewusste Ressourcen zugänglich

Der dritte Schritt des Milton-Modells besteht nun darin, dem Zuhörer eigene, noch unbewusste Ressourcen zugänglich zu machen und sein Potenzial zu erschließen. Dies geschieht in Form von Suggestionen. Das sind Empfehlungen und Vorschläge, was getan werden kann, bis hin zu Befehlen und posthypnotischen Kommandos, was getan werden muss.

Wie schon in einem früheren Kapitel ausgeführt, werden Menschen nur jenen Suggestionen folgen, die für sie in Ordnung sind, ihrem Wertesystem entsprechen. Wir dürfen jedoch an dieser Stelle nicht vergessen, dass jeder Mensch, also auch Sie und ich, Schattenseiten haben. Das sind negative Gedanken und Gefühle, Wut und starke Ablehnungen und Ähnliches. Stanley Milgram beschreibt in seinem Buch »Das Milgram-Experiment«, dass laut seinen Untersuchungen und Versuchen drei Viertel der Durchschnittsbevölkerung durch eine pseudo-wissenschaftliche Autorität dazu gebracht werden können, in bedingungslosem Gehorsam einen ihnen völlig unbekannten Menschen zu quälen, zu foltern und sogar zu töten. Alle Menschen, seien sie noch so gütig und großherzig, haben einen dunklen Bereich in ihrer Natur.

Das Nazi-Regime hat diesen dunklen Bereich von Menschen ebenfalls an die Oberfläche befördert, konsequent und systematisch ausgenutzt. Verabscheuungswürdige und menschenverachtende Methoden wurden mithilfe ausgeklügelter Kampfrhetorik umgesetzt.

Konversationales Postulat

Beim *Konversationalen Postulat* handelt es sich um Fragen, die oberflächlich gesehen mit Ja oder mit Nein beantwortet werden können. Auf einer tieferen Ebene sind sie jedoch als Aufforderung zu verstehen. Dieses Muster vermeidet die direkte Anweisung und autoritäres äußeres Verhalten.

Der Sprecher verwendet diese Form der indirekten Kommunikation und umgeht damit mögliche Probleme des Widerstands. Es wird dem Zuhörer nur scheinbar überlassen, so zu reagieren, wie er möchte. Diese Form hat die Kraft eines Befehls.

Beispiele sind:

Können Sie sich das vorstellen? Wissen Sie, wie spät es ist? Haben Sie eine Idee, wie wir das machen sollen?

Bestätigungsfrage

Bestätigungsfragen sind Fragen, die an eine Aussage angehängt werden, um Widerstand abzubauen und zur Zustimmung aufzufordern.

Beispiele sind:

Sie verstehen das, nicht wahr? Sie können das doch heute noch umsetzen, oder? Das ist doch kein Problem, stimmt's?

Stellt man mehrere solche Fragen hintereinander, so ergibt sich eine Ja-Kette, also eine Reihe von Ja-Antworten. Der Zuhörer gewöhnt sich daran und wird wahrscheinlich auch dem nächsten Vorschlag beipflichten. Ja-Ketten sind eine Form des Framings, im konkreten Fall ist es Priming. Unter Priming versteht man das Herstellen eines Zusammenhangs, eines Kontexts, der einen emotionalen Zustand auslöst. Im

Falle der Ja-Ketten ist es Zustimmung. Die Wahrscheinlichkeit, dass die nächste Frage wieder mit Ja beantwortet wird, steigt dadurch stark an.

Mit Bestätigungsfragen lassen sich jedoch auch Ablenkung und Verwirrung induzieren sowie das Zeitempfinden durcheinanderbringen.

Beispiele hierfür sind:

> *Das haben Sie doch schon gemacht oder doch nicht? Wir hatten das Problem doch noch nicht gelöst oder schon? Sie haben das doch erledigt oder arbeiten Sie noch dran, nicht wahr?*

Eingebettete Frage

Eingebettete Fragen sind indirekte Fragen, die sich aus dem Gesprächsverlauf ergeben. Der Zuhörer reagiert allerdings so, als wäre die Frage direkt gestellt worden. Die *Eingebettete Frage* ist hervorgehoben. Sie sollte beim Sprechen mit einem auditiven Marker versehen werden, um die Wirkung zu verstärken, z. B. durch eine leicht abgesenkte Tonlage.

Beispiele hierfür sind:

- *Ich frage mich, ob Sie wissen,* wie wichtig dieses Thema für Ihr Weiterkommen ist.
- *Ich weiß nicht, ob Sie so ehrlich sein können* und mir sagen, wann dies das letzte Mal funktioniert hat.
- *Ich glaube nicht,* ob Sie sich der Priorität der Lage bewusst sind.

Eingebetteter Befehl und Aufforderung

Das Sprachmuster *Eingebetteter Befehl* wird gerne zur Handlungsaufforderung verwendet. Direkte Handlungsaufforderungen stoßen oft auf Ablehnung. Sich direkt etwas anschaffen zu lassen wollten wir schon als Kinder nicht, als Erwachsene erst recht nicht.

Eingebettete Befehle sind eleganter als direkte Handlungsanweisungen. Ist Rapport hergestellt, so besteht eine hohe Wahrscheinlichkeit, dass der Zuhörer dem Befehl Folge leistet. Der *Eingebettete Befehl* ist hervorgehoben und ebenfalls mit einem auditiven Marker zu sprechen.

Beispiele hierfür sind:

- Ich weiß nicht, sollten Sie nicht endlich *mit der Arbeit anfangen?*
- Machen Sie es sich bequem und *finden Sie Lösungen.*
- Machen Sie weiter, wir wollen *keine Zeit verlieren.*

Damit sich eingebettete Fragen und Aufforderungen vom restlichen Teil des Satzes abheben, gibt es folgende Möglichkeiten:

- Verwendung auditiver Marker: Sprechen Sie den entsprechenden Satzteil lauter oder leiser, tiefer oder höher, schneller oder langsamer als den Rest.
- Machen Sie vor oder nach der Frage bzw. Aufforderung eine kurze Pause.
- Heben Sie Ihre Stimme am Ende der Frage an (Intonation einer Frage) bzw. senken Sie Ihre Stimme am Ende der Aufforderungen (Intonation eines Befehls).
- Versehen Sie die markierten Wörter mit einem visuellen Anker, z. B. durch eine Handbewegung oder eine andere Geste oder Mimik.

Double-Bind

Bei einem Double-Bind werden dem Zuhörer nur zwei Wahlmöglichkeiten angeboten, wobei in Wirklichkeit mehrere vorhanden sind. Beide Wahlmöglichkeiten sind im Sinne desjenigen, der die scheinbare Wahlmöglichkeit anbietet.

Beispiele sind:

Wollen Sie früher oder später beginnen?
Starten Sie mit Punkt 1 oder mit Punkt 2!
Wollen Sie noch eine Probefahrt machen oder gleich den Kaufvertrag unterschreiben?

Zitat

Bei der Verwendung von Zitaten bietet der Sprecher eine Idee bzw. einen Vorschlag an, der scheinbar von jemand anderem stammt, und erweckt damit den Eindruck, als wäre er als Sprecher nicht dafür verantwortlich.

Beispiele sind:

Schon Berthold Brecht sagte: Wer A sagt, muss nicht B sagen. Er kann auch erkennen, dass A falsch war.
Lenin meinte, Zahlen sind das beste Mittel zur Bewertung der Wirklichkeit.
Von Adam Smith wissen wir: Die schönsten Formulierungen sind auch die einfachsten.

Metapher

Die Metapher ist ein mächtiges Werkzeug, um Zugang zu unbewussten Ressourcen zu schaffen. Sie ist so mächtig und in ihrer Art und Weise so umfangreich, dass ich ihr ein eigenes Kapitel gewidmet habe.

GESCHICHTEN, DIE DIE WELT VERÄNDERN – METAPHERN

Was lernen wir aus den Märchen unserer Kindheit, wie »Hänsel und Gretel«, »Dornröschen« oder den »Bremer Stadtmusikanten«? Sie alle haben eine Botschaft für uns, die sie uns in Form einer Geschichte vermitteln wollen.

Der Hauptzweck einer Metapher ist, das Verhalten des Zuhörers mehr oder weniger direkt, offensichtlich oder subtil in der Geschichte abzubilden. Die Protagonisten zeigen in der Geschichte eine oder mehrere alternative Lösungsmöglichkeiten auf, die dem Zuhörer neue Zugänge eröffnen.

In unserer Kommunikation verwenden wir Metaphern unbewusst. Wir schenken ihnen normalerweise keine besondere Aufmerksamkeit. Wir stehen auf Standpunkten, bringen jemandem etwas bei oder schieben unliebsame Argumente und Sachverhalte einfach beiseite. Wir gehen in die Zukunft. Wir holen Bilder aus der Vergangenheit in unser Bewusstsein. Manchmal *funkt es zwischen uns* und einer anderen Person, wir *haben einen Draht zueinander*, eine *gemeinsame Wellenlänge* oder wir *können einander nicht riechen*. Es ist also Zeit, das *Licht der Aufklärung* zu bringen.

Metaphern helfen uns, unser Bild der Welt zu beschreiben. Gleichzeitig verraten sie unser Denken, unsere Denkstrukturen. Metaphern steuern unsere Wahrnehmung, unser Denken und unser Handeln. Metaphern sind Elemente der

Sprache sowie Konzepte unseres Denkens und unserer Kognition. Das Wesen einer Metapher besteht auch darin, dass wir durch sie eine Sache, einen Vorgang oder eine Beobachtung beschreiben können, für die wir zunächst keine Worte haben. Wir nutzen Metaphern, um etwas Ähnliches zur Beschreibung von etwas Neuem zu verwenden. Metaphern schaffen so etwas wie eine Parallelwelt. Sie verwenden daher Verzerrungen, Generalisierungen und Tilgungen, jedoch nur so weit, dass der Kern der Sache erhalten bleibt. Metaphern drücken sich oft durch *Komplexe Äquivalenz* aus. Sie stellen zwei Dinge gleich oder zueinander in Bezug, die miteinander nichts zu tun haben.

Wir können die Welt nie direkt mit unseren Worten vollständig beschreiben. Deshalb ist Sprache in gewisser Weise selbst eine Metapher. Sie deutet auf etwas hin, das außerhalb ihrer selbst liegt. Kommunikation ist daher mehr oder weniger metaphorisch. Für Kommunikation selbst verwenden wir oft die Metapher einer Röhre, wenn wir sagen: »Es ist schwierig, diesen Gedanken rüberzubringen«, oder: »Seine Worte enthalten wenig Sinn.« Wir glauben, Worte hätten per se eine Bedeutung, als wären sie der Inhalt von Gefäßen. Dass dem nicht so ist, lässt sich einfach beweisen: Wenn jemand Sie in einer für Sie unverständlichen Sprache beschimpft oder anerkennt, Sie würden es nicht bemerken. Die Stärke von Metaphern ist, dass sie verschiedene und vielfältige Bedeutungen transportieren können.

Alltagsmetaphern

»Den Logenplatz im Gehirn der Kunden bekommen« beschreibt das Ziel von Marketing. Uns ist vollkommen klar, dass es in Gehirnen keine Logenplätze gibt. Dennoch macht uns dieses Bild verständlich, worum es im Marketing geht.

Die politische Mitte, Rechts- und Linkskonservative sind Beispiele für Alltagsmetaphern. Sie sind wie Vergleiche in Form *Komplexer Äquivalenz*: Es werden zwei Dinge gleichgesetzt, als ob sie gleiche Bedeutung hätten. Durch den Vergleich mit etwas Bekanntem wird das soeben noch Unbekannte plötzlich verständlich. Metaphern helfen, Unbekanntes in Bekanntes einzuordnen. Sie helfen, einer Sache Sinn zu geben. Sinn macht eine Sache dann, wenn wir sie in etwas Bekanntes einordnen können, das ebenfalls Sinn macht. Hier unterscheiden sich Menschen mit hohem von Menschen mit niedrigem Intelligenzquotienten. Der Intelligente unternimmt unzählige Versuche, etwas für ihn noch Unbekanntes in Bekanntes einzuordnen, eine Assoziation herzustellen, einen Bezug zu schaffen. Der weniger Intelligente hingegen gibt schnell auf, wenn es nicht gleich gelingt.

Die menschliche Wahrnehmung lebt von Unterschieden. Schattierungen, Farbunterschiede, musikalische Abfolge von Tönen und Berührungen werden umso interessanter, je unterschiedlicher sie zueinander sind und wenn sie gleichzeitig einen Bezug zueinander haben. Deswegen nehmen wir Dur- und Moll-Tonleitern unterschiedlich wahr und finden Farbübergänge spannender als einfarbige Flächen. Buchstaben sind auch nur deswegen lesbar, da sie sich farblich vom Papier, auf das sie gedruckt wurden, unterscheiden.

Unterschiede machen unser Leben spannend und abwechslungsreich. Zur Erläuterung und zur Erklärung von Unterschieden benötigen wir das sprachliche Muster des Vergleichs. Metaphern liefern Vergleichsmuster. »Es gießt wie aus Kübeln« ist eine zutreffende vergleichende Beschreibung des Wetters von gestern Abend. »Mein Chef hat mich völlig fertiggemacht« kennen Sie vielleicht auch. Beide Metaphern ergeben Sinn und wir wissen sofort, was gemeint ist.

Geschichten sind Metaphern. So wie Werner Kogler im Mai 2018 beim Sieg von Georg Will bei der Tiroler Landtagswahl zu sagen pflegte: »Das größte Comeback seit Lazarus.« Er beschrieb damit den Wiedereinzug der Grünen in den Tiroler Landtag. Ein Meilenstein für die Grünen nach ihrem Debakel 2017. Die neutestamentliche Geschichte aus dem Johannesevangelium (Joh 11) erzählt von Lazarus aus Bethanien, den Jesus von den Toten erweckt hat. Der Name Lazarus kommt aus dem Hebräischen und bedeutet »Gott hat geholfen«.

Firmen erzählen ihre Geschichte, um Menschen zu bewegen und ihnen zu vermitteln, wie es zur Gründung des Unternehmens kam, aus welcher Not heraus es entstanden ist. Diese Geschichten tragen wesentlich zum Betriebsklima und zur Kundenmotivation bei. Sie helfen den Sinn des Unternehmens, den Sinn der Tätigkeit und den Sinn für Kunden zu begreifen. (Sinn zu begreifen ist ebenfalls metaphorisch.) Geschichten berichten sehr viel über die jeweilige Unternehmenskultur.

Die Finanzwelt ist ebenfalls voll von Metaphern. Cashflow, flüssige Mittel, Geldwäsche und Schwarzgeld sind hier nur einige Beispiele. Genauso wollen Unternehmen »den Markt erobern«, »Kunden verführen«. In der Medizin sprechen wir vom »Kampf gegen den Krebs« und davon, dass unser Immunsystem eine »raffinierte Eingreifgruppe« wäre.

Alltagssprachlich verwenden wir Metaphern zum Beschreiben unseres Befindens, oft in Form von Organsprache:

Ich bin völlig ausgebrannt. Du machst mich krank. Sie geht mir auf den Geist. Zeig mehr Rückgrat! Du brichst mir das Herz. Es geht mir auf die Nerven. Das liegt schwer in meinem Magen. Das war schwer zu schlucken.

Diese Redewendungen treffen natürlich nicht wortwörtlich zu. Sie haben allerdings einen erstaunlich großen Einfluss auf unser Wohlbefinden. Deepak Chopra schreibt in seinen

Büchern, dass unser Immunsystem unsere Selbstgespräche ununterbrochen und heimlich belauscht. Wir können uns sowohl gesund als auch krank reden. Die Art und Weise, welche Metaphern wir wie verwenden, hat einen Einfluss auf unser Wohlbefinden. Stärkende Metaphern stärken, schwächende Metaphern schwächen uns und andere, denen wir diese jeweiligen Metaphern erzählen.

Metaphern schaffen Realitäten, sie erschaffen unsere Realität. Lassen Sie mich noch ein Beispiel bringen, das mir nach der Abwahl von Sebastian Kurz als Bundeskanzler im Mai 2019 aufgefallen ist. Sebastian Kurz berichtete eine Zeit nach seiner Abwahl in metaphorischer Sprache, dass er an der damaligen Situation »schwer zu schlucken« hätte. In seinem ORF-Sommergespräch mit Tobias Pötzelsberger berichtete Sebastian Kurz von einer hartnäckigen Speiseröhrenentzündung, mit der er die vergangenen Wochen zu kämpfen hatte. Eine interessante Beobachtung, wie metaphorische Sprache und Gesundheitszustand vielleicht zusammenhängen könnten.

Ankern

Metaphern rufen einen Zustand hervor, den wir als *Ankern* bezeichnen. Sie rufen, jedes Mal, wenn wir sie hören, den gleichen emotionalen Zustand in uns wach. Sie lösen in unserem Körper ein bestimmtes Milieu, eine bestimmte Menge und Konzentration von Hormonen, Botenstoffen und Neuro-Transmittern aus. Diese bestimmen, wie es uns gerade geht.

Anker sind Metaphern. Wenn wir uns an eine bestimmte Situation erinnern, eine Geschichte oder eine Erinnerung aufrufen, an einen wunderschönen Urlaub oder an eine zärtliche Begegnung denken, dann kommen wir sofort in den damaligen emotionalen Zustand. Dies gilt auch für Vorstellungen, die wir uns über die Zukunft machen. Ankern ist ein mächtiges Werkzeug. Es bestimmt, welche Emotionen wir in unserem Körper spüren. Daher legt es auch fest, zu welchen Handlungen wir gerade fähig sind. Wir wissen aus eigener Erfahrung: Geht es uns richtig gut, dann können wir der Welt ein Bein ausreißen, Berge versetzen und alles erreichen, was wir wollen. Fühlen wir uns hingegen ängstlich und ärgerlich, dann sind wir kaum zu etwas Besonderem in der Lage.

Metaphern sind wirkungsvolle Werkzeuge, um Zuhörer in einen von uns gewünschten emotionalen Zustand zu versetzen. Wir können bestimmen, welche Leistungsfähigkeit sie an den Tag legen können, und wir haben Einfluss auf deren körperliche Gesundheit. Dies gilt für beides: sowohl für wohlwollende ethisch einwandfreie Rhetorik als auch für Kampfrhetorik, die auf Kosten der Zuhörer ausgetragen wird.

Realitätsstrategien

Wann halten Sie etwas für wahr und wann für falsch? Diese Frage ist nicht so leicht zu beantworten. Aus Sicht der Rhetorik jedoch entscheidend. Wir wollen als Sprecher erreichen, dass am Ende unserer Rede unsere Zuhörer unserer Empfehlung folgen. Das bedeutet, die Zuhörerschaft muss am Ende der Rede das Gefühl haben, dass die in der Rede vorgebrachte Sache Sinn macht, dass die Rede das in der Sache innewohnende Überzeugende ans Tageslicht befördert hat.

Offensichtlich geht es um ein Gefühl, dass die Zuhörerschaft entwickeln soll, nämlich dass es das Gehörte in Bekanntes einordnen kann, einen Bezug, eine Assoziation herstellen kann und diese mit einer Emotion verknüpft. Möchte der Sprecher seine Zuhörer zum Kampf auffordern, dann wird er ein Feindbild an die Wand malen. Die dazu passenden Emotionen sind Ärger, Wut und Hass. Möchte der Sprecher seine Zuhörer zu einer guten Tat bewegen, für das Engagement gewinnen, dass das Leben der Menschen besser gelingen lässt, dann muss er wohl ebenfalls einen Bezug herstellen, der eine positive Emotion auslöst. Positive Emotionen sind Empathie, Nächstenliebe, Hilfsbereitschaft, Zuneigung usw. Was die Zuhörerschaft für gut, richtig und wahr hält, entscheidet sich nicht objektiv an der Sache selbst, sondern an den Assoziationen, die der Sprecher herstellt, und an den Emotionen, die er damit in Verbindung bringt. In beiden Fällen, Aufforderung zum Kampf und Engagement für die Mitmenschen, wendet die Zuhörerschaft dieselben Denkstrategien an, die zur Entscheidung ihrer Beteiligung oder Ablehnung führen.

Die Realitätsstrategie eines Menschen hat als Ergebnis, ob eine bestimmte Erfahrung oder ein Ereignis als wahr bzw. real oder als Fantasie eingestuft wird. Es besteht aus einer Sequenz von mentalen Tests und Kriterien, die, vollkommen unbewusst, angewendet werden. Kinder halten auch Dinge für real, die sie geträumt haben oder sich in ihrer Fantasie ausgedacht haben. Wenn Kinder über ein für sie reales Ereignis erzählen, ist man als Erwachsener oft nicht sicher, ob dies wirklich stattgefunden hat oder der Fantasie des Kindes entsprungen ist. Es kommt auch vor, dass sich eine Person ganz sicher ist, mit jemanden über etwas gesprochen zu haben, sich allerdings später herausstellt, dass die gedankliche Vorbereitung auf das Gespräch so intensiv war und sie das nur im Geiste geübt hat, jedoch niemals real zur anderen Person gesagt hat.

Wir Menschen wissen nie genau, was die Wirklichkeit ist, da unser Gehirn den Unterschied zwischen einer imaginierten Erfahrung und einer erinnerten Erfahrung nicht mit letzter Sicherheit unterscheiden kann. Beides wird mithilfe derselben Gehirnzellen repräsentiert. Wir benötigen daher ein Testverfahren, das uns hilft, sensorisch aufgenommene Information von imaginärer Information zu unterscheiden.

Machen wir ein kleines Experiment: Stellen Sie sich etwas vor, dass Sie gestern hätten tun können, obwohl Sie genau wissen, dass Sie es nicht getan haben. Vielleicht hätten Sie Rad fahren gehen können, waren aber nicht. Denken Sie nun an etwas, von dem Sie genau wissen, dass Sie es gestern getan haben, wie z. B., dass Sie einkaufen gegangen sind. Stellen Sie sich nun beide Vorstellungen gleichzeitig vor. Wie können Sie feststellen, dass Sie das eine getan haben, das andere jedoch nicht? Der Unterschied mag sehr subtil sein. Die Qualität der beiden inneren Bilder, Geräusche und Töne sowie der kinästhetischen Gefühle wird sich wahrscheinlich auf irgendeine Art und Weise unterscheiden. Vielleicht ist es die Größe der Bilder, die Farbbrillanz, der Kontrast oder die Schärfe, die jeweils unterschiedlich sind. Vielleicht ist das eine Bild näher, das andere weiter weg. Ebenso bei den Geräuschen und Tönen sowie bei den Gefühlen über die beiden Vorstellungen kann es Unterschiede geben.

Im Falle realer Erfahrung werden diese feinen Unterschiede, wir nennen sie *Submodalitäten*, in irgendeiner Weise präziser codiert als bei imaginären Phänomenen. Ihre persönliche Realitätsstrategie macht es Ihnen möglich, den Unterschied zu erkennen. Diese feinen Unterschiede, die Submodalitäten, sind die Kriterien, die uns helfen, zwischen wahr und falsch, real und erfunden, zu unterscheiden.

Manche von Ihnen erinnern sich vielleicht noch an die alten Fernsehgeräte mit den vielen Einstellknöpfen. Da gab es einen für Helligkeit, einen für Kontrast und einen für die Bildschärfe. Bei unseren realen und wahren visuellen Vorstellungen sind Helligkeit, Kontrast und Bildschärfe oft subjektiv besser »eingestellt« als bei imaginären Vorstellungen, nicht wahr?

Helligkeit, Kontrast und Bildschärfe sind gute Beispiele für Submodalitäten. Diese Einstellknöpfe können Sie sich auch für innere Bilder vorstellen. Rufen Sie nochmals die Vorstellung auf, von der Sie wissen, dass Sie es gestern nicht getan haben, wie z. B. vielleicht Rad fahren. Verstellen Sie nun der Reihe nach Helligkeit des Bildes, Kontrast und Bildschärfe und machen Sie sie Ihrem Geschmack nach besser, z. B. das Bild etwas heller, den Kontrast etwas stärker und das Bild etwas schärfer. Je »besser« diese Parameter, diese Submodalitäten, für Sie subjektiv sind, je mehr sie Ihren Kriterien für etwas Wahres entsprechen, desto eher werden Sie das Bild, die Erinnerung, als wahr einstufen.

Wenn wir nun bei unseren inneren Vorstellungen jene Submodalitäten, die wir als Kriterien für unwahr und erfunden so adaptieren, dass sie zu jenen für wahr und richtig werden, desto wahrer und realer speichern wir unwahre und erfundene Gedanken ab. Diese Adaptierung von außen kann vom Sprecher gesteuert werden. Gute Sprecher und gute Redner adressieren daher diese Submodalitäten, wenn sie detail- und facettenreich über unterschiedliche Bilder, Töne, Geräusche, Berührungen und Emotionen sprechen. Kriminologen verwenden die Unterschiede in den Submodalitäten ebenfalls, um Lügner zu entlarven.

Wenn wir weiterdenken, können wir nun sagen, dass jede unserer inneren Emotionen durch Submodalitäten für Bilder, Geräusche und Gefühle unterschiedlich abgebildet ist. Die inneren Bilder, Geräusche und Gefühle, die wir entweder mithilfe unserer Sinnesorgane oder durch unsere Vorstellungen kreieren, sind ebenfalls mit einem Set von Submodalitäten versehen und lösen somit unsere Emotionen aus. Unsere Werte, Überzeugungen, Erfahrungen, Entscheidungen und Erlebnisse sind mit dieser Codierung in unserem Unbewussten emotional positiv oder negativ besetzt, als real, wahrscheinlich oder erfunden abgespeichert. Die Summe an Werten, Überzeugungen, Erfahrungen, Entscheidungen und Erlebnissen bezeichnen wir als *Einstellung.* Erkennen Sie diese Metapher? »Welche Einstellung haben Sie dazu?«, diese Redewendung kennen Sie sicherlich.

Daraus können wir Folgendes schließen: Wie eine Person einen Satz versteht und welche Bedeutung er für diese Person hat, ist niemals personenunabhängig oder objektiv. Die Bedeutung ist immer von der persönlichen *Einstellung* der Person bestimmt. Aus diesem Grund ist Wahrheit nicht absolut oder objektiv, sondern beruht auf Verstehen. Die folgende Frage kennen wir ebenfalls aus dem Sprachgebrauch, wenn sich jemand unverständlich ausgedrückt hat: »Wie soll ich das verstehen?« Wenn dies gesagt wird, kann keine passende Einstellung gefunden werden, die für das Verstehen erforderlich ist. Sie bemerken schon, wie metaphorisch Sprache ist, die wir täglich unbewusst verwenden, und wie viel sie über uns verrät.

Unsere Einstellung im Sinne von Werten, Überzeugungen, Erfahrungen, Entscheidungen und Erlebnissen lässt sich als ein umfangreiches Set an unterschiedlichsten Metaphern beschreiben, die das Milton-Modell zur Formulierung nutzen. Deswegen sind Metaphern, wie z. B. in Form von Geschichten, so mächtig. Sie haben das Potenzial, in uns vorhandene Metaphern zu beeinflussen, zu verändern und zu überschreiben. Sie können unsere Einstellung verstellen. Damit ändern sich die Bedeutungen, die wir unseren Erlebnissen und Vorstellungen geben. Wir empfinden anders, unsere Emotionen wandeln sich mehr in Richtung positiv oder in Richtung negativ. Unser Verhalten folgt entsprechend.

Wenn Menschen, die miteinander kommunizieren, nicht den gleichen kulturellen oder wissensmäßigen Hintergrund haben oder unterschiedliche Wertevorstellungen und Weltanschauungen vertreten oder sehr unterschiedliche Lebenserfahrungen gemacht haben, kann gegenseitiges Verstehen außerordentlich schwierig sein. Verstehen ist also nur durch ein gemeinsames Aushandeln von Einstellungen möglich. Dieses Aushandeln wurde entweder durch gemeinsame Kultur geregelt oder ist tatsächlich durchzuführen.

Ein Gedanke ist mir sehr wichtig: Sie können Ihre Einstellung und somit die Bedeutung, die Sie Ihren Erlebnissen, Wahrnehmungen, den Worten aus Ihrer Umgebung und Ihren Fantasien geben, verändern. Sie haben es in der Hand. Mit der geeigneten Coaching-Technik geht es in den allermeisten Fällen viel schneller als vermutet. Diese Vorhersage gebe ich Ihnen mit. Der Glaube, ausgeliefert zu sein, darf hier ein Ende haben und von Ihnen gehen. Sie haben mehr mentale Stärke, als Ihnen vermutlich jemals zuvor gesagt worden ist. Mit diesem Gedanken fest verankert können Sie jeden kampfrhetorischen Angriff abwehren und jede Trance-Einladung mit einem Lächeln dankend ablehnen.

UNSERE TÄGLICHEN FATALEN DENKFEHLER – KOGNITIVE VERZERRUNGEN

Von besonders attraktiven Menschen sind wir überzeugt, dass sie ein glückliches Leben führen. Wir suchen nach Belegen, die unsere Meinung bestätigen. Den schlechten Nachrichten schenken wir Glauben, die guten interessieren uns nicht. Hässliche Menschen sind erfolglos und bis vor Corona glaubten wir, dass es immer so weitergehen würde – ein Denkfehler nach dem anderen. Doch woher kommen diese? Lassen Sie uns darüber sprechen.

In der Psychologie bezeichnet Kognition die Summe der geistigen Prozesse und Strukturen eines Individuums. Das sind Gedanken, Meinungen, Einstellungen, Überzeugungen, Werte, Wünsche und Absichten. Kognitionen können als Informationsverarbeitungsprozesse verstanden werden. Das betrifft einerseits die Wahrnehmungen, die wir mit unseren Sinnesorganen machen, und andererseits unsere internen Vorstellungen, die wir generieren. Mit Kognition ist oft umfassend das menschliche Denken gemeint.

Kognitive Verzerrungen meint »Denkfehler«, die uns Menschen unterlaufen. Aus dem Alltag kennen wir viele Wahrnehmungs- und Denkfehler. Ein einfaches Beispiel ist, dass Menschen in leicht alkoholisiertem Zustand die Umwelt ganz anders wahrnehmen, als wenn sie nüchtern sind. Magier nutzen ebenfalls kognitive Verzerrungen, wenn sie die Aufmerksamkeit ihres Publikums auf etwas ganz anderes lenken, um dann mit etwas Unerwartetem zu überraschen. Kampfrhetorik macht sich diese Verzerrungen ebenfalls zunutze, ohne dass die Zuhörer es bemerken.

Es gibt eine Vielzahl von kognitiven Verzerrungen, die die meisten Menschen nicht kennen, uns aber dennoch im täglichen Leben unterlaufen, über die wir uns gleich unterhalten werden. Unser Denken unterliegt mehr oder weniger immer unterschiedlichen kognitiven Verzerrungen, je nach dem, in welcher Umgebung wir uns befinden und wie wir uns fühlen.

Hier eine Auswahl von kognitiven Verzerrungseffekten, die im Kontext der Kampfrhetorik verwendet werden.

Der Dunning-Kruger-Effekt

Die beiden Sozialpsychologen David Dunning und Justin Kruger haben im Jahr 1999 publiziert, dass Unwissenheit zu mehr Selbstvertrauen führt. Sie kamen zum Resultat, dass weniger kompetente Menschen dazu neigen, ihre eigenen Fähigkeiten zu überschätzen, bei anderen deren überlegene Fähigkeiten nicht zu erkennen und das Ausmaß ihrer Inkompetenz nicht richtig einzuschätzen.

Wenn jemand inkompetent ist, dann kann er nicht wissen, dass er inkompetent ist, lautet das zusammenfassende Statement von Dunning und Kruger. Es handelt sich also um die Tendenz von wenig kompetenten Menschen, sich selbst zu überschätzen und andere zu unterschätzen. So lassen sich wenig kompetente Menschen leicht von etwas überzeugen, das ihnen zum Nachteil gereicht.

Der Selbstüberschätzungs-Effekt

Verwandt mit dem Dunning-Kruger-Effekt ist der Selbstüberschätzungs-Effekt. Dieser ist auch bei intelligenten und kompetenten Menschen zu finden. Sie neigen dazu, ihre eigenen Fähigkeiten zu überschätzen. Dadurch sind sie anfällig für Komplimente.

Beispiele aus sozialen Umfragen ergeben immer wieder, dass sich die meisten Autofahrer als überdurchschnittlich gut einschätzen, die meisten Lehrkräfte als überdurchschnittlich pädagogisch, die meisten Männer als gute Liebhaber und die meisten Anwälte als überdurchschnittlich erfolgreich. Der Selbstüberschätzungs-Effekt wird auch als »Above-Average-Effect« oder »Überdurchschnittlichkeits-Effekt« bezeichnet.

Bei Erfolgen schreiben wir den Grund für den Erfolg meist unseren eigenen Fähigkeiten zu. Egal in welchem Beruf wir tätig sind, die Neigung dazu ist groß, uns selbst zu rühmen. Führungskräfte tappen oft in die Falle und stellen den Erfolg ihres Teams als ihren eigenen dar. Bei Misserfolgen hingegen waren es die anderen, die die unerwünschte Situation verursacht haben. Die Kunden, die Kollegen, der Markt oder die Lieferanten werden gerne als Schuldige genannt. Führungskräfte, zumindest jene der alten Schule, geben die Schuld gerne den unmotivierten Mitarbeitenden. Die damit zusammenhängende Kommunikation, die Schuldzuweisungen und Vorwürfe, die durchaus der Kampfrhetorik zuzurechnen sind, kennen Sie wahrscheinlich aus eigener Erfahrung.

Der HALO-Effekt

Der HALO-Effekt beschreibt die Tendenz, von bekannten Eigenschaften einer Person auf deren unbekannte Eigenschaften zu schließen. Hat ein Mensch besonders positive Eigenschaft, so wird dieser Mensch insgesamt als besonders positiv bewertet, egal wie gut oder schlecht seine anderen Eigenschaften sind. Jemand, der als besonders attraktiv erscheint, ist sicherlich auch besonders erfolgreich.

Ja, Dutzende Experimente belegen, dass attraktive Menschen von anderen als besonders erfolgreich eingeschätzt werden. Es wird vermutet, diese Menschen wären unter besseren Bedingungen aufgewachsen, kamen in den Genuss von Chancengleichheit, hätten reichere Eltern, wären klüger und vertrauenswürdiger und sie hätten daher auch bessere Jobs.

Ein gutes Aussehen hilft im eigenen Leben ungemein. In Social Media stellen sich Menschen meist als besonders attraktiv und erfolgreich dar und die meisten von uns glauben, dass es wirklich so sei. Wenn man sich selbst als nicht so hübsch einschätzt, kann man seine Idole stundenlang auf Facebook, Instagram und YouTube verfolgen.

Gutes Aussehen wird mit guten Anlagen und großen Fähigkeiten gleichgesetzt. Dies ist evolutionär bedingt und wird auf Online-Dating-Plattformen genutzt. Kaum jemand wird ein Date mit einem »hässlichen« Menschen vereinbaren, auch wenn er oder sie vielleicht noch so intelligent, reich, treu, warmherzig und einfühlsam wäre.

Zum HALO-Effekt entgegengesetzt ist der HORN-Effekt. Menschen mit einem äußerst negativen Merkmal verzerrt das Gesamtbild deutlich hin zum Negativen. Beginnt jemand bei einem Vorstellungsgespräch von seinen schlechten Eigenschaften oder Misserfolgen zu erzählen, dann wird der Interviewpartner alles Folgende auf diese negativen Informationen projizieren und den Bewerber insgesamt als unpassend einstufen. So kann häufiger Berufswechsel als negativ ausgelegt werden. Hätte der Bewerber mit all seinen positiven Eigenschaften begonnen, dann wäre der häufige Berufswechsel ein Zeichen von großer Flexibilität, Lern- und Risikobereitschaft gewesen.

Wenn sich Vortragende am Beginn ihrer Rede gleich dafür entschuldigen, dass sie schlecht vorbereitet oder nervös wären, dann strahlt dies auf die gesamte Rede ab und sie wird tendenziell schlechter bewertet. Selbstkritik wirft einen negativen Schatten auf alles Weitere und sie ist somit besser zu vermeiden. Haben Sie eine schlechte Nachricht zu verkünden, privat oder beruflich, dann bringen Sie zunächst eine gute Botschaft und Sie nutzen den HALO-Effekt. Die schlechte Nachricht wird im Lichte der guten Botschaft als nicht mehr so dramatisch wahrgenommen werden.

Der Priming-Effekt

Der Priming-Effekt ist gewissermaßen eine Verallgemeinerung des HALO-Effekts. Priming bedeutet wörtlich »vorbereiten« oder »grundieren«. Es beruht auf der Tatsache, dass die Bewertung unserer Erlebnisse und Wahrnehmungen davon abhängt, ob unsere zeitlich davor liegende Erfahrung positiv oder negativ war.

Jeder Reiz beeinflusst die Wahrnehmung des darauffolgenden Reizes und bestimmt daher das Verhalten der Person. Man bezeichnet dies auch als »kognitive Bahnung«, der die nachfolgende Assoziation in eine bestimmte Richtung lenkt. Vorinformation »prägt«, wie wir auf die nächste Information reagieren, ohne dass uns dieser Zusammenhang bewusst ist.

Betrachten wir folgendes Experiment: Einer Gruppe willkürlich ausgewählter Personen wird auf der Straße ein Becher mit kaltem Getränk in die Hand gegeben mit der Bitte, es einige Minuten zu halten. Einer anderen Gruppe willkürlich ausgewählter Personen wird ein Becher mit heißem Getränk in die Hand gegeben, ebenfalls mit der Bitte, es einige Minuten zu halten. In beiden Fällen spüren die Personen, die die Becher halten, es jeweils unangenehm kalt oder angenehm warm in ihrer Handfläche. Den Personen wird gedankt und sie gehen weiter. An der übernächsten Straßenecke werden diese Personen befragt, wie sie denjenigen, der sie gebeten hatte, den Becher zu halten, einschätzen: warm und fürsorglich oder kalt und eher unfreundlich. Richtig! Die Einschätzung entspricht größtenteils der Temperatur des Bechers, den sie gehalten haben.

Wenn Sie eine Gruppe von Kursteilnehmern am Ende der Veranstaltung befragen, was für sie die wichtigste Erkenntnis war, können Sie ebenfalls Priming beobachten. Während die Ersten noch für Sie wichtige Erkenntnisse eigenständig formulieren, schließen sich die anderen mehr und mehr den Vorrednern an und übernehmen deren Erkenntnisse für sich.

Der Effekt der *Selektiven Wahrnehmung* ist ebenfalls dem Priming-Effekt zuzuordnen. Bitten Sie Menschen im Raum, innerhalb der nächsten 60 Sekunden alle Gegenstände in roter Farbe zu zählen. Fragen Sie anschließend, wie viele blaue Gegenstände gezählt wurden. Natürlich keine. Ich wette: Die blauen Gegenstände wurden nicht einmal bemerkt. Der Auftrag lautete, die roten zu zählen.

Die meisten Menschen im Raum sind, je nach Tiefe des zuvor etablierten Rapports, diesem gefolgt. Die Art und Weise, wie man seinen Gesprächspartnern begegnet, primed diese ebenfalls. Habe ich eine hohe Wertschätzung, dann äußert sich diese in meinen Handlungen. Meine Gesprächspartner spiegeln diese Wertschätzung und meine Einschätzung wird bestätigt. Bringe ich anderen Menschen eine Geringschätzung entgegen, wird meine Einschätzung ebenfalls durch deren Handlungen bestätigt. Dieser Effekt ist auch als *Rosenthal-* oder *Pygmalion-Effekt* bekannt, wo gezeigt wurde, wie die Leistungen von Schüler:Innen mit den Erwartungshaltungen der Lehrenden korrelieren. Jene, von denen die Lehrer bloß glaubten, sie hätten einen besonders hohen Intelligenzquotienten, obwohl dies nicht zutraf, zeigten eine deutlich bessere schulische Leistung als die anderen. Das kann nur daran liegen, dass diese Schüler:Innen vom Lehrpersonal unbewusst »anders« behandelt worden sind.

Das Phänomen der selbsterfüllenden Prophezeiung ist mit dem Priming-Effekt verwandt. Eine Vorhersage, an die man selbst glaubt, wird über direkte oder indirekte Handlungen tatsächlich erreicht. Der Zusammenhang liegt auf der Hand: Jeder Schritt wird vom davorliegenden Schritt beeinflusst.

Durch Priming kann man sich selbst beeinflussen. Ich habe für mich folgende positive Eigenschaften definiert, die ich mir am Beginn des Tages aufrufe: inspirierend, spirituell, hilfreich, wertvoll, empathisch, warmherzig. Interessant ist die Beobachtung, dass mich sowohl meine Gesprächspartner und Klienten als auch mein Publikum so beschreiben.

Der Kontrast-Effekt

Der Kontrast-Effekt führt zu einer intensiveren Wahrnehmung einer Information, wenn diese im Kontrast zu einer anderen Information steht. Ein Objekt erscheint schwerer, wenn es mit einem leichteren verglichen wird, und umgekehrt.

Wir kennen diesen Effekt aus dem Physikunterricht. Sie tauchen für eine Minute Ihre linke Hand in eine Schale mit sehr kaltem Wasser und gleichzeitig Ihre rechte Hand in eine Schale mit heißem Wasser. Nach Ablauf einer Minute tauchen Sie beide Hände wiederum gleichzeitig in eine Schale lauwarmen Wassers. Was passiert? Die linke Hand wird das lauwarme Wasser relativ heiß im Vergleich zum kalten Wasser wahrnehmen. Die rechte Hand wird das lauwarme Wasser relativ kalt im Vergleich zum heißen Wasser wahrnehmen. Beide Hände empfinden das lauwarme Wasser komplett unterschiedlich. Der Kontrast ist spürbar.

Die Beurteilung von Dingen wird durch den Kontext der Wahrnehmung beeinflusst. Kontraste entstehen durch Gegenüberstellung und durch Vergleich. Aus der Werbepsychologie stammt die Erkenntnis, dass die Produktwahrnehmung sich mit den angebotenen Vergleichsmöglichkeiten verändert. In der Preispsychologie gilt das Gleiche: Ein relativ hoher Preis eines Angebots sieht neben einem noch viel höheren Preis relativ klein aus. Dieser Effekt wird regelmäßig durch Auszeichnung von »Preisnachlässen« und bei Gegenüberstellung von Produktvarianten verwendet und täuscht so das Publikum.

Der Bestätigungsfehler-Effekt

Darunter versteht man die Neigung, Informationen so zu ermitteln, auszuwählen und zu interpretieren, dass sie den eigenen Erwartungen entsprechen. Menschen neigen viel mehr dazu, nach Bestätigungen ihrer eigenen Annahmen zu suchen als nach Widerlegungen. Somit finden sie auch mehr Bestätigungen, die ihnen wiederum recht geben.

Bei der Mehrdeutigkeit von Aussagen, wie wir sie vom Milton-Modell kennen, sucht der Zuhörer intern nach Bestätigungen, um der Mehrdeutigkeit eine gewisse Eindeutigkeit und Referenz zu geben. Diese geschieht, Sie erinnern sich, in Form der transderivationalen Suche. Für die Dauer der Suche sind Menschen besonders offen für Suggestionen. Suggestionen »helfen« an dieser Stelle, die Mehrdeutigkeit subjektiv aufzulösen. Als Beispiel, wenn jemand, so wie Donald Trump, in Zusammenhang mit dem Mord an David Floyd sagte: »Ein schreckliches Ereignis … so was sollte nie wieder passieren ... « Wir alle finden viele Gründe, hier zuzustimmen, und Trump recht zu geben.

Der Österreicher Sir Karl Popper entwickelte das Konzept der Falsifizierbarkeit. Nach diesem wissenschaftlichen Konzept wird eine These nicht mehr dann als richtig erklärt, wenn man viele Beispiele findet, die diese These untermauern, sondern wenn man beweisen kann, kein Gegenbeispiel finden zu können, das die These widerlegen würde. Finden wir wirklich keine Gegenbeispiele zur Aussage: »Ein schreckliches Ereignis ... so was sollte nie wieder passieren ...«, dann hat die Aussage seine Richtigkeit. Ich gebe zu bedenken, dass die Möglichkeitsform »sollte« Donald Trump ein breites Spektrum offenlässt, eine andere ähnliche Begebenheit, wie den Mord an George Floyd, zu rechtfertigen.

Es macht somit viel Sinn, sich ausführlich mit Gegenargumenten zu den eigenen Überzeugungen auseinanderzusetzen. Einerseits erhöht es das Verständnis für andere Sichtweisen und es bringt die eine oder andere Überzeugung doch ins Wanken. Die dadurch entstehende leichte Verwirrung ist eine exzellente Chance, Neues zu lernen.

Der Verfügbarkeitsfehler-Effekt

Wir erachten Ereignisse als besonders häufig und wichtig, wenn wir entsprechende innere Bilder abrufen können. Was fällt Ihnen zum Thema Stau ein? Was zum Thema Autounfall? Was zum Thema Flugzeugabsturz? Was zum Thema Gewalt? Was zum Thema Terrorismus? Manche Ereignisse sind in unserem Kopf präsenter und verfügbarer, weil wir mehr Informationen dazu aufgenommen haben. Deshalb wird die Häufigkeit solcher Ereignisse massiv überschätzt.

Am 11. September 2011 kamen knapp 3.000 Menschen ums Leben. Gemäß Studien starben im Folgejahr mehr als drei Mal so viele bei Autounfällen, weil sie sich aus Angst gegen das Fliegen und für das Autofahren entschieden haben.

Informationen mit starken und emotionalen Bildern bleiben besser in den Gehirnen verankert. Das Wiederholen der Information verstärkt die Wichtigkeit. Mit einfachen Statistiken kann man dem Verfügbarkeitsfehler-Effekt entgegenwirken. Kampfrhetoriker und Verschwörungstheoretiker verzichten gerne auf leicht nachvollziehbare Zahlen, Daten und Fakten – sie agieren emotional.

Der Ankerheuristik-Effekt

Der Ankerheuristik-Effekt ist ein Priming-Effekt im Umfeld von Zahlen, die als Anker im Sinne einer momentanen Umgebungsinformation dienen. Zahlen wirken immer objektiv und verlässlich, vor allem, wenn sie von einer glaubwürdigen Quelle zu sein scheinen. Diese Umgebungsinformation hat allerdings einen massiven Einfluss auf die Entscheidung, obwohl kein Zusammenhang besteht.

Wir kennen diesen Effekt von Preisverhandlungen. Jene Person, egal ob Käufer oder Verkäufer, die als Erstes einen Preis nennt, hat diesen geankert. Alle nachfolgenden Gespräche drehen sich um diesen Preis, der nun weder deutlich nach oben noch deutlich nach unten gesetzt werden kann, ohne selbst an Glaubwürdigkeit zu verlieren. Dies gilt selbst dann, wenn der erstgenannte Preis mit dem Wert der Ware nichts zu tun hat.

Der Verlustaversionsfehler-Effekt

Menschen bewerten Informationen und Dinge, die bereits in ihrem Besitz sind, höher als jene, die nicht in ihrem Besitz sind. Deswegen haben wir mehr Angst davor, Dinge zu verlieren, als nicht zu gewinnen.

Beispielsweise ärgert man sich über einen Verlust von hundert Euro mehr, als man sich über den Gewinn von hundert Euro freuen würde. Chancen der Digitalisierung und Investition in Bildung sind weniger interessante Themen in Presse und TV als der Verlust von Arbeitsplätzen. Aus diesem Grund ist das Arbeitsplatzthema ein sehr beliebtes, wenn es darum geht, anderen Menschen die eigenen Überzeugungen aufzuerlegen. HC Strache schürt in seinen Reden gerne die Angst vor dem Verlust von Arbeitsplätzen, um seiner Argumentation Nachdruck zu verleihen.

Der Truthahn-Illusions-Effekt

Die Truthahn-Illusion ist ein Begriff aus der Verhaltensökonomik und beschreibt die »Risikointelligenz«. Überraschende Trendbrüche sind vorhersehbar, wenn man die Ursachen bzw. die Rahmenbedingungen für diesen Trend kennt. Nur die wenigsten Menschen untersuchen, warum sie gerade erfolgreich sind oder warum es ihnen gut geht. Die vorhandenen Risiken und Gefahren werden vernachlässigt.

Dies verdeutlicht die Truthahn-Illusion in der Geschichte vom induktivistischen Truthahn: Der Truthahn am Bauernhof erfreut sich jeden Tag seiner pünktlichen und hervorragenden Fütterung. Jeden Tag das gleiche Procedere: Der Bauer kommt und bringt ihm sein Futter. Tag für Tag. Mit jeder Fütterung steigt seine Gewissheit, dass ihm nichts passieren wird. Nun ist leider ausgerechnet am Vorabend seines

Todes die Wahrscheinlichkeit, am nächsten Tag auch wieder gefüttert zu werden, aus Sicht des Truthahns am größten. Trotzdem wird er am Thanksgiving-Day geschlachtet. Genau von jener Person, die ihn umsorgte und jeden Tag fürsorglich fütterte.

Die Schlachtung kommt für den Truthahn völlig überraschend, da dieser glaubte, es gehe jeden Tag so weiter. Durch diesen induktivistischen Schluss hat er die Vergangenheit extrapoliert, er versucht, aufgrund seiner Erlebnisse in der Vergangenheit die Zukunft vorherzusagen. Der Induktivismus ist eine Wissenschaftstheorie, bei der aus einzelnen Beobachtungen auf allgemeingültige Gesetze geschlossen wird.

Um den Trendbruch rechtzeitig erkennen zu können, hätte der Truthahn die Ursachen des Trends herausfinden müssen. Er hätte die Motive des Mannes, der ihn täglich fütterte, hinterfragen sollen. Der Blick über den Tellerrand wäre nötig gewesen. Das war dem Truthahn aufgrund unzureichender Information jedoch nicht möglich.

Die Überraschung des Truthahns ist übertragbar auf das vermeintlich unerwartete Eintreffen eines Börsencrashs. Die Anleger sind sich zwar der Möglichkeit einer Spekulationsblase bewusst, lassen sich aber von der allgemeinen Euphorie mitreißen. Massive Verluste sind die Folge.

Im täglichen Leben, beruflich und privat, ist es daher sinnvoll, Ausschau nach möglichen Risiken zu halten, wie z. B. Veränderungen am Markt oder die Serviceintervalle für unser Auto im Auge zu haben. So können wir den Risiken zeitgerecht entgegenwirken.

Der Bestätigungsfehler-Effekt und der Truthahn-Illusions-Effekt gehen Hand in Hand, indem wir nur jene Bestätigungen suchen, die unserem aktuellen Leben entsprechen, und nicht jene, die es möglicherweise gefährden.

Der Verzerrungsblindheits-Effekt

Dass Eigenbild und Fremdbild unterschiedlich sind, wissen wir. Wir haben über uns selbst immer ein anderes Bild als andere Menschen über uns. *»Mir wird das nicht passieren«* oder *»Das trifft bei mir nicht zu«* sind beliebte Denkfehler, wenn es z. B. um Gesundheitsvorsorge im eigenen Leben geht.

Unter dem Verzerrungsblindheits-Effekt versteht man die Tendenz, sich für unbeeinflusst zu halten. Man glaube, man sei völlig frei von Beeinflussungen und das Phänomen der Beeinflussbarkeit treffe nur auf andere zu.

Die eigene Betroffenheit entgeht der Entdeckung aufgrund einer verzerrten Eigenwahrnehmung. Deshalb wird dieser Effekt auch »Blind-Spot-Effect« genannt. Er bezeichnet die Teile des Selbst, die von der Person nicht wahrgenommen werden. Der blinde Fleck wird durch das »Johari-Fenster« illustriert: Teile der eigenen Persönlichkeit, die ich bei mir selbst nicht wahrnehme, andere jedoch bei mir sehr wohl wahrnehmen.

Kampfrhetorisch bieten sich diese blinden Flecken an, andere Menschen zu verunsichern, indem man ihnen erklärt, wie sie gesehen werden, auch wenn es so gar nicht der Wahrheit entspricht.

Der Beharren-auf-Überzeugungen-Effekt

Wir kennen dieses Phänomen aus der Anwendung von Taschenrechnern. Dem Ergebnis, das ein Taschenrechner ausgibt, wird auch dann blind vertraut, wenn eigene Überschlagsrechnungen zu einem ganz anderen Ergebnis führen.

Das Beharren auf einer ersten Hypothese, obwohl neue, widersprechende Informationen zur Verfügung stehen, nennt man den Beharren-auf-Überzeugungen-Effekt. Die anfängliche Hypothese, auf der beharrt wird, wird als hartnäckige erste Hypothese bezeichnet.

Wir beobachten, dass es für die Bevölkerung im Allgemeinen schwer verständlich ist, wenn Politiker oder Wissenschaftler einmal gemachte Aussagen oder Annahmen revidieren müssen, weil es berechtigte Gründe dazu gibt. Die Bevölkerung beharrt auf der ursprünglichen Aussage und unterstellt bei neuen, zu Recht vorgebrachten Adaptierungen Unglaubwürdigkeit. Ein typisches Beispiel ist Armin Wolf, Moderator der ORF-Nachrichtensendung ZiB2, als er in einer der Sendungen dem österreichischen Bundeskanzler Sebastian Kurz permanent vorwarf: »... aber vor zwei Wochen haben Sie noch Folgendes gesagt ...« Es ging damals um Verordnungen in der Covid-19-Krise, wo es aufgrund der vielen Unbekannten regelmäßig zu Anpassungen diverser Verordnungen gekommen ist.

Der Aufmerksamkeitsfehler-Effekt

Achten Sie mehr auf Fehler oder auf die Dinge, die gut laufen und funktionieren? Schon in der Schule haben wir gelernt, Fehlern eine hohe Beachtung zu schenken. Uns wurde gesagt, »aus Fehlern kann man lernen«. Das stimmt. Was uns jedoch nicht gesagt wurde, ist, dass wir aus Erfolgen noch mehr lernen können, damit wir Erfolge wiederholen können.

Der Aufmerksamkeitsfehler-Effekt beschreibt die Tendenz, dass Menschen eher wahrnehmen, was sie wahrnehmen wollen bzw. worauf ihre Aufmerksamkeit gerichtet wird. Das Richten der Aufmerksamkeit, bewusst oder unbewusst, bezeichnen wir als Priming-Effekt. Dieser wurde auf den vorigen Seiten bereits beschrieben.

Besonders beachtenswert ist der Aufmerksamkeitsfehler-Effekt als Ablenkungsmanöver, um interessante relevante Informationen nicht wahrzunehmen.

Mithilfe dieses Effekts, auch als selektive Wahrnehmung bekannt, lässt sich die Aufmerksamkeit auf ausgewählte Einheiten und Objekte steuern. Es kommt oft noch der Fehlschluss dazu, dass die wahrgenommenen Zahlen, Daten und Fakten auch die relevanten seien. Als Folge nehmen wir nur Dinge wahr, die wir erwarten. Es wäre, als lebten wir mit einem Tunnelblick und jeder bewertet seinen Ausschnitt als den relevantesten.

Es gibt viele Menschen, die ihre Aufmerksamkeit auf die Dinge lenken, die schieflaufen. Dies resultiert in negativen Emotionen, Stress, schlechteM Gesundheitszustand und noch mehr Unsicherheit. Wenn man sich nur auf seine Schwächen fokussiert, dann leidet das Selbstbewusstsein enorm. Der Fokus auf das Gute hingegen bringt das Gute zum Vorschein. Fokussiere auf das Positive, auf die Dinge, die gut laufen. Dieses Prinzip gilt auch in der Mitarbeiterführung. Der Fokus auf das Gute und auf das Positive verstärkt das Gute und das Positive. Der Rest folgt automatisch.

Deshalb habe ich die Initiative »*#smartsein Was läuft | echt gut?*« ins Leben gerufen. In meinen wöchentlichen Interviews frage ich Menschen, was in deren Leben echt gut läuft. Es ist überraschend und beruhigend zugleich, über die positiven Erlebnisse und hilfreichen Strategien zu erfahren, die diese Menschen aktuell haben und erfolgreich anwenden!

Interessant, denn schon alleine die Frage »*Was läuft gut?*« hilft uns, das Gute in unserem Leben einfach zu finden. Wer mehr erfahren möchte, findet Informationen hier: https://twa.life/wleg:

Der Kognitive-Dissonanz-Effekt

Wir alle wollen ein möglichst konfliktfreies Leben. Innere Widersprüche und Unsicherheiten nerven uns und machen uns krank. Sie führen zu inneren Konflikten. Genauso möchten wir äußere Konflikte, Konflikte mit anderen Personen oder Gruppen, vermeiden.

Der Kognitive-Dissonanz-Effekt beschreibt einen inneren Widerspruch. Er besteht darin, dass ein Mensch mehrere widersprüchliche Kognitionen haben kann, wie z. B. Überzeugungen, Annahmen, Erfahrungen und Erinnerungen, Wünsche und Absichten. Sind diese Kognitionen nicht miteinander vereinbar, kommt es zu inneren Konflikten. Je nach Schwere des inneren Konflikts können unterschiedliche Krankheitsbilder folgen.

Beim »Fuß-in-der-Tür«-Trick wollen wir konsistent handeln. Wenn wir A sagen, dann sehen wir uns auch innerlich genötigt, B zu sagen. Fragt man Menschen nach einer kleinen Gefälligkeit, so ist die Wahrscheinlichkeit groß, dass sie dieser nachkommen. Fragt man sie danach nach einer größeren Gefälligkeit, dann werden sie aus Konsistenzgründen eher zustimmen, als wenn man sie vorher nicht nach der kleinen Gefälligkeit gefragt hätte. Immobilienmakler haben in den USA mehrere Hausbesitzer gebeten, Werbetafeln in ihren Vorgärten aufstellen zu dürfen. Jene Gruppe von Hausbesitzern, die man einige Wochen davor bat, nur einen kleinen Sticker am Fenster anzubringen und die dieser Bitte Folge leistete, haben dem Aufstellen von Werbetafeln viel eher zugestimmt als jene, die man im Vorhinein nicht um das Anbringen des kleinen Stickers gebeten hatte.

Der Low-Ball-Trick ist aus dem Autoverkauf bekannt. Man nennt dem Kunden zunächst einen günstigen Preis. Wenn sich dieser innerlich für das Auto entschieden hat, dann erhöht sich der Preis aufgrund von vorgeschobenen Gründen, wie z. B. Kosten für die Vertragserstellung. Da der

Kunden kognitive Dissonanz vermeiden will, als nicht gegen seine ursprüngliche Kaufentscheidung handeln möchte, bezahlt er die Zusatzkosten. Er redet sich die Zusatzkosten klein, um nicht vor sich selbst blöd dazustehen. Der Verkäufer hat zum Nachteil des Kunden gehandelt, indem er ihn durch Anwendung dieses Effekts manipuliert hat.

Der Social-Proof-Effekt

Hoffen auch Sie darauf, möglichst viele Likes für Ihre Facebook-Einträge zu bekommen? Schauen Sie bei der Urlaubsreservierung im Internet oder bei Online-Bestellungen auf die Anzahl der positiven Bewertungen? Lesen Sie Rezensionen und Bewertungen anderer Käufer, bevor Sie sich entscheiden?

Menschen folgen gerne der Herde, wir sind Herdentiere. Wenn viele etwas tun, dann muss das richtig sein, ist unser Irrglaube. Die meisten Menschen lassen sich durch Mehrheiten, auch wenn diese irren, beeinflussen.

Social Proof ist in Social Media in aller Munde. Wir glauben den Produktbewertungen im Internet, wenn es viele sind. Gibt es nur einzelne Bewertungen, auch wenn diese sehr gut sind, stehen wir ihnen skeptisch gegenüber. Hat jemand viele Follower und viele Likes, dann macht er den Eindruck, wirklich gut zu sein. Dabei gibt es Dutzende Möglichkeiten, sich Follower und Likes zu kaufen.

Der Autoritäts-Effekt

Ärzte im weißen Kittel, Lehrerinnen, Polizisten, Uniformträgerinnen, Menschen mit entsprechenden äußeren Merkmalen und Abzeichen, werden oft als Autoritäten wahrgenommen. Unbewusst ordnen wir uns unter. Wir glauben meist bedingungslos ihren Aussagen, ohne zu prüfen, ob sie der Wahrheit entsprechen, oder haben Sie Ihrem Arzt bei der letzten Diagnose widersprochen?

Autoritäten sind in unserem Leben wichtig. Wir brauchen sie, wenn wir unsicher sind. Da wir meist nicht über genügend Information zu einem bestimmten Thema verfügen, sind wir auf die Einschätzungen und Meinungen anderer Menschen angewiesen. Menschen, von denen wir glauben, dass sie über dieses überlegene Wissen verfügen. Autoritäten sind wichtig, um Recht und Ordnung aufrechtzuerhalten und um unser Zusammenleben zu regeln.

Der Autoritäts-Effekt beschreibt, dass wir Menschen autoritären Anweisungen allerdings auch dann Folge leisten, wenn sie im Widerspruch zu unserem Gewissen stehen. Stanley Milgram hat dies in seinem Gehorsamkeitsexperiment ausführlich gezeigt.

In diesem Experiment gibt es einen Wissenschaftler, die Autorität, einen Schüler und einen Lehrer. Der Schüler ist Schauspieler, der Lehrer die Versuchsperson. Die Versuchsperson weiß natürlich nicht, dass der Schüler ein Schauspieler ist.

Das Experiment findet in einem Labor statt, der Wissenschaftler trägt einen weißen Kittel. Dem Lehrer wird erklärt, der Schüler unterziehe sich einem Lerntest. Der Schüler ist an einem elektrischen Schockgenerator angeschlossen. Bei jeder falschen Antwort hat der Lehrer einen elektrischen Stromschlag auszulösen, beginnend bei 15 Volt (leichter Schock), steigernd in 15-Volt-Schritten bis 450 Volt (bedrohlicher Schock). Der Schüler spielt nur eine Rolle, erhält selbstverständlich keinen Schock, sondern spielt nur so. Ziel des Experiments war es herauszufinden, wie weit ein Mensch in einer konkreten messbaren Situation geht, in der ihm befohlen wird, einem protestierenden Opfer Qualen zu-

zufügen. An welchem Punkt wird sich die Versuchsperson weigern, dem Versuchsleiter weiter zu gehorchen?

Bei 120 Volt schrie der Schüler vor angeblichem Schmerz. Bei 150 Volt verlangte der Schüler, losgebunden zu werden, weil er es nicht mehr aushielte. Bei 300 Volt mochte der Schüler nicht mehr antworten. Bei 450 Volt sagte der Schüler nichts mehr. Entscheidend war, dass der Lehrer das Experiment jederzeit abbrechen konnte, sich jederzeit gegen den Versuchsleiter stellen konnte. 65 Prozent der Probanden gingen tatsächlich bis 450 Volt. Kein einziger hat vor 300 Volt abgebrochen, obwohl qualvolles Schreien zu hören war.

In der Konfliktsituation wurde deutlich, dass die Probanden die Verantwortung für ihr Handeln abgaben. Sie übertrugen es auf die Autorität und fühlten sich nicht mehr verantwortlich für ihr Handeln.

Die fundamentalste Erkenntnis ist wohl folgende: Ganz gewöhnliche Menschen, die nur schlicht ihre Aufgabe erfüllen und keinerlei persönliche Feindseligkeit empfinden, können zu Handlungen in einem grausamen Vernichtungsprozess veranlasst werden. Selbst wenn ihnen die zerstörerischen Folgen ihres Handelns vor Augen geführt werden, es ihnen klar bewusst gemacht wird und wenn man ihnen dann sagt, sie sollen weitermachen, und es in krassem Widerspruch zu ihren moralischen Grundüberzeugungen steht, so verfügen doch nur sehr wenige Menschen über genügend Standfestigkeit, sich der Autorität wirksam zu widersetzen.

Gegenüber dem Ungehorsam gegen Autoritäten dürfte es eine Vielzahl von Hemmungen geben. Diese sorgen erfolgreich dafür, mitzumachen und nicht aufzumucken. Die Vermeidung akuter Dissonanz scheint wichtiger zu sein, als langfristige Dissonanz auszugleichen.

Markenartikel, Accessoires, Auto, Kleidung und Doktor-Titel spielen eine große Rolle für den Autoritätseffekt. Ruhiges Auftreten, Gelassenheit, Sprachpausen und Intonation, also der Habitus, machen Autorität aus. Unzählige Experimente bestätigen dies, auch wenn Sie es jetzt vielleicht nicht wahrhaben wollen.

Kampfrhetoriker nutzen diesen Effekt, um als Autorität wahrgenommen zu werden, obwohl sie es nicht sind.

Der Reziprozitäts-Effekt

Aug-um-Aug, Zahn-um-Zahn. Wer kennt nicht dieses Gleichnis aus dem Alten Testament? Wenn Menschen im Angestelltenverhältnis ihre Zeit gegen Geld tauschen, so spricht man von Reziprozität. Wenn wir als Kinder die aktuellen Panini-Aufkleber getauscht haben, damit wir unser Fußball-WM-Sticker-Album vollbekommen, so war das ein reziproker Vorgang. Ich gebe dir, du gibst mir. Der tägliche Einkauf, das Bezahlen an der Kasse, ist ebenfalls ein Beispiel für Reziprozität.

Reziprozität bedeutet wechselseitiger (Vorteils-)Tausch. Der Reziprozitäts-Effekt beschreibt die ungeschriebene Norm, niemandem etwas schuldig zu bleiben. Dieser Erziehungsgrundsatz wird von Generation zu Generation weitergegeben. Die Reziprozität, auch als Gegenseitigkeit bezeichnet, regiert überall, in Wirtschaft, Politik und im Privatleben.

Wenn A dem B etwas schenkt, dann entsteht ein Gefühl des Ungleichgewichts. A hat etwas aufgewendet, B hat dadurch einen Vorteil. Bei B entsteht ein psychologischer Druck und eine moralische Verpflichtung, diese Dysbalance auszugleichen. Wir haben auch nicht gelernt, Geschenke annehmen zu dürfen. Manipulativ wird es dann, wenn A bewusst dem B etwas gibt, eine Idee, Zeit oder Ressourcen, um in B eine Dysbalance auszulösen.

Korruption ist ein typischer Fall des Reziprozitäts-Effekts. Die Anti-Korruptionsgesetze sind streng, da die Handlungen von A und von B zu massivem Schaden unbeteiligter Dritter führen. A gibt B etwas und B gibt A etwas auf Gegenseitigkeit zurück, das weder A noch B gehört hat, wie z.B. Steuergelder.

Eine Beziehung langfristig auf Reziprozität aufzubauen, ist allerdings keine gute Idee. Da ein dauernder Ausgleich stattfindet oder gefühlt stattfinden muss, bleibt am Ende weder für A noch für B ein Vorteil übrig. Man bezeichnet diesen Effekt als Nullsummenspiel. Entscheidend ist, dass A und B kooperieren, um Nutzen für eine dritte Person C zu schaffen. Den erhaltenen Nutzen gleicht C z. B. durch Geldzahlungen an A und B aus. Somit profitieren A, B und C. Ein klassischer Triple-Win.

Kleinigkeiten im Alltag, ehrlich gemeinte Komplimente und der Austausch von kleinen Geschenken, ohne eine große Dysbalance auszulösen, sind selbstverständlich in Ordnung. Denn: Kleine Aufmerksamkeiten erhalten die Freundschaft.

Der Knappheits-Effekt

Wir kennt sie nicht, die Marktschreier, wenn sie uns erklären, das wäre das letzte Küchenmesserset, das es heute noch gäbe. Oder die Veranstalter, wenn sie auf ihren Webseiten von »Nur noch 1 Platz frei!« sprechen?

Dinge, die knapp oder schlecht verfügbar sind, werden geschätzt. Mangelware erscheint wertvoll. Das klassische Gesetz von Angebot und Nachfrage bestimmt in der Marktwirtschaft den Preis. Was selten vorkommt, kann nicht jeder haben, und es wird zu einem Statussymbol, das Autorität ausstrahlt.

In vielen Fällen wird Knappheit künstlich hergestellt. Typische Beispiele sind: »Das Angebot gilt nur bis ...«, oder:

»Nur noch 3 Stück auf Lager.« Wer sich im Privatleben rarmacht und damit Knappheit signalisiert, ist oft begehrt und hat Erfolg damit.

Der Wahrheits-Effekt

Wenn es ums Lernen geht, wurde uns immer wieder gesagt: »Übung macht den Meister.« In der Wiederholung liegt das Geheimnis von Veränderung. Nur wenn Sie üben, wenn Sie es sich oft genug vorsagen, hat es Wirkung. Nur wenn Sie das Gedicht mehrfach wiederholen, lernen Sie es. All das sind Annahmen und Überzeugungen, die dem Wahrheits-Effekt zuzuordnen sind.

Unter dem Wahrheits-Effekt versteht man die Tendenz, Aussagen, die man bereits zuvor gelesen oder gehört hat, einen größeren Wahrheitsgehalt zuzusprechen als jenen Aussagen, die man das erste Mal hört.

Experimente zeigen, dass die Wiederholung einer Aussage dazu führt, dass diese als wahrer angenommen wird. Somit kann man inhaltlich falschen Aussagen durch mehrfache Wiederholung einen Wahrheitsgehalt geben und die Zuhörerschaft täuschen.

Der Mitläufer-Effekt

Möchten Sie lieber auf der Seite der Gewinner oder auf der Seite der Verlierer stehen. Die Antwort ist klar: Die Gewinnerseite wird deutlich bevorzugt. Schon sind wir dem Mitläufer-Effekt erlegen.

Der Mitläufer-Effekt besagt, dass wahrgenommener Erfolg die Bereitschaft erhöht, sich voraussichtlich erfolgreichen Handlungen anzuschließen. So möchten Wähler z. B. gerne auf der Gewinnerseite sein, das heißt, sie wählen den Kandidaten, der voraussichtlich die Wahl gewinnen wird.

Vom Mitläufer-Effekt wird in der politischen Soziologie auch gesprochen, wenn sich Menschen aufgrund persönlicher Vorteile oder um Nachteile zu vermeiden, einer Partei oder sozialen Bewegung anschließen (z. B. nach 1933 der NSDAP). In der Mikroökonomie beschreibt dieser Effekt die Steigerung der Nachfrage nach einem Konsumgut aufgrund der Tatsache, dass andere Konsumenten diese Ware, wie z. B. modische Artikel, gekauft haben. Die Nachfrage erhöht sich dann in stärkerem Maße, als es bei normalem Verlauf der Nachfrage der Fall wäre.

Werden im Laufe einer Wahl erste Prognosen des Wählerverhaltens der Öffentlichkeit zugänglich gemacht, beginnen einige Wähler, ihre Wählerstimme nicht mehr dem präferierten Kandidaten zu geben, sondern dem vermeintlichen Gewinner dieser Wahl, und noch unentschlossene Wähler folgen der breiten Masse und geben ebenfalls dem prognostizierten Gewinner ihre Stimme.

Der Emotionale-Beweisführungs-Effekt

Was kommt zuerst, die Tatsache oder das dazugehörige Gefühl? Diese Frage ist nicht leicht zu beantworten. Gefühle sind Bewertungen von Tatsachen, von Dingen, die wir als wahr und wirklich erachten oder die wir uns nur vorstellen. Sie kennen vielleicht den Spruch: »Mein Leben besteht aus lauter schlimmen Ereignissen, die alle nicht eingetreten sind.« Wir neigen dazu, Tatsachen nur aufgrund unserer damit verbundenen Emotionen zu bewerten und die Fakten beiseitezulassen und somit eine emotionale Beweisführung zu machen.

Unter dem *Emotionale-Beweisführungs-Effekt* versteht man die Neigung, eine empfundene Emotion als Beweis für eine Annahme zu betrachten, also wenn jemand bloß aus seinen Gefühlen eine faktische Schlussfolgerung zieht oder eine Entscheidung trifft.

Emotionen werden durch die Bewertung von Ereignissen und Erinnerungen ausgelöst. Emotionen sind in Folge daher völlig ungeeignet, um daraus auf Tatsachen zu schließen. Wenn jemand speziell von negativen Emotionen auf Tatsachen oder auf Vorstellungen schließt, die Tatsachen werden könnten, mündet dies in eine Negativspirale. Depressionen und Wahnvorstellungen sind die Folge.

Beispiele solcher Fehlschlüsse sind: »Ich fühle mich schuldig, also habe ich etwas falsch gemacht«, oder: »Ich bin auf dich wütend, also hast du etwas falsch gemacht.«

Emotionen als »Bauchgefühle« sollten allerdings auf jeden Fall als Signal gewertet werden, eine Situation oder Tatsache zu überprüfen. Emotionen als Warnsignale sind sehr wertvoll, wie z. B.: »Ich fühle mich schuldig. Ich überprüfe, ob ich etwas falsch gemacht habe.«

Die gewaltfreie Kommunikation begegnet emotionalen Schlussfolgerungen, indem der Prozess der Gefühlsentstehung bewusst gemacht wird. Es wird Wert darauf gelegt, die Verantwortung für die eigenen Emotionen und Gefühle zu übernehmen. Annahmen, insbesondere solche, die in einer negativen Emotion resultieren, sollen hinterfragt werden.

Der Default-Effekt

Besonders in komplexen Situationen, die wir nicht ganz durchschauen, lieben wir es, wenn andere Menschen uns die Entscheidung abnehmen, wenn wir also keine aktive Entscheidung treffen müssen.

Unter dem Default-Effekt versteht man die übermäßige Bevorzugung derjenigen Option, die in Kraft tritt, wenn ein Akteur keine aktive Entscheidung trifft. Experimente haben gezeigt, dass die Wahrscheinlichkeit der Wahl einer Option steigt, wenn sie als Default gestaltet ist.

Menschen tendieren dazu, bei Voreinstellungen, dem Default, die Voreinstellung zu wählen. Selbst dann, wenn der Aufwand zur Wahl einer anderen Einstellung minimal wäre. Eine Anwendung besteht z. B. im Rahmen der Datenschutzgrundverordnung bei der Frage, ob Zustimmungserklärungen oder das Zulassen von Cookies als Default gesetzt sein dürfen (opt-out) oder aktiv angewählt werden müssen (opt-in). Eine Vorselektion von Möglichkeiten, die dem Betrachter der Webseite nachteilig sein könnten, ist ein Versuch einer Manipulation.

Kampfrhetoriker nutzen diesen Default-Effekt, um uns Entscheidungen abzunehmen, die in Wirklichkeit zu unserem Nachteil sind.

Der Decoy-Effekt

Unter dem Decoy-Effekt versteht man die Bevorzugung einer von zwei Optionen, wenn eine dritte Option als Köder hinzugefügt wird, die einer der beiden Optionen in allen Belangen unterlegen ist. Dieser Täuschungseffekt wird im Marketing als asymmetrischer Dominanzeffekt beschrieben.

Diese besondere Einflussnahme auf den Kaufentscheidungsprozess wird in der Marketingforschung untersucht. Ein Konsument, der Produkte nach Merkmalen auswählt, betrachtet nicht jedes Produkt einzeln, sondern er vergleicht alle Produkte bezüglich der ihm wichtigen Eigenschaften. Wenn der Konsument sich nicht zwischen zwei Produkten entscheiden kann, kann ein drittes Produkt als eine Art

Maßstab dienen. Wenn eines der beiden Produkte in allen Punkten dem hinzugefügten »Köder-Produkt« überlegen ist, tendiert der Käufer zu diesem Produkt.

Der Decoy-Effekt ist ein Framing-Effekt. Durch Veränderung der Produktdarstellung, also des Rahmens, wird die Bedeutung der dargebotenen Information verändert und möglicherweise verfälscht.

Der Einfachheits-Effekt

Der Einfachheits-Effekt, oder auch Verarbeitungsflüssigkeits-Effekt genannt, beschreibt das Phänomen, dass unser Gehirn einfache Informationen bevorzugt. Kurze Sätze, die sofort ins Gehirn gehen.

Der US-Präsident Donald Trump nutzt diesen Effekt in Form seiner Twitter-Nachrichten. Er verwendet bewusst eine einfache Sprache, die seine Wählerschaft versteht. Jedoch auch einfache schöne mathematische Lösungen werden intuitiv für wahr gehalten, ohne dass dies der Fall sein muss.

Sinkt die Verarbeitungsflüssigkeit, wird es komplizierter, Sprache aufgrund von Dialekten oder Akzenten zu verstehen, dann sinkt auch die Glaubwürdigkeit der gemachten Aussagen. Dazu kommt noch der Effekt, dass Menschen als unglaubwürdiger eingeschätzt werden, wenn sie nicht zur Gemeinschaft gehören, nicht einer von uns sind. Der Grund ist mangelnder Rapport, der durch die wahrgenommenen Unterschiede wenig unterstützt wird.

HABEN DINGE BEDEUTUNG ODER GEBEN WIR SIE IHNEN?

Dinge haben Bedeutung. Oder geben wir sie ihnen erst? Diese Frage beschäftigt die Menschheit schon lange. Ist Regen gut oder schlecht? Sind Krankheiten bedrohlich? Sind Konflikte schädlich? Ist eine Trennung verwerflich? Früher glaubte man, Wörter und Sätze haben eine Bedeutung. Er im Laufe der Zeit hat man entdeckt, dass wir es selbst sind, die ihnen Bedeutung geben. Diese zugewiesene Bedeutung ist subjektiv, also davon abhängig, wer sie gibt.

Alfred Korzybski (polnisch-amerikanischer Ingenieur, 1879–1950) gilt als Begründer der Allgemeinen Semantik. Die Semantik, auch Bedeutungslehre genannt, ist die Wissenschaft von der Bedeutung von Zeichen. Zu Zeichen zählt man Symbole, Sätze, Satzteile, Wörter und Wortteile. In seinem wichtigsten Werk, *Science and Sanity* (1933), erklärt er, Sprache sei eine Art Landkarte oder Modell der Welt. Mit ihrer Hilfe können wir unsere Erfahrungen zusammenfassen und generalisieren, an andere weitergeben und es diesen ersparen, die gleichen Fehler nochmals zu machen oder etwas bereits Entdecktes nochmals zu erfinden. Korzybskis Gesetz der Individualität besagt, dass keine zwei Personen oder Situationen einander in allen Einzelheiten gleichen. Er stellte fest, dass wir über wesentlich weniger Worte als Erfahrungen verfügen, wesentlich weniger sprachlich erfassen können, als wir erleben, und dies häufig zur Vermengung von zwei oder mehreren Situationen führt.

Korzybskis Unterscheidung zwischen Landkarte und Gebiet beinhaltet, dass unsere geistigen Modelle der Wirklichkeit in keinem Fall die Wirklichkeit selbst sind. Es ist unsere Landkarte der Wirklichkeit, die für unser Handeln ausschlaggebend ist. Deswegen ist es wichtig, unsere Landkarte ständig zu erweitern. Albert Einstein hat es aus anderer Sicht so formuliert: »Wir können Probleme nicht auf derselben Ebene lösen, auf der sie entstanden sind.« Zum Lösen eines Problems braucht es eine »andere« Landkarte als jene, die zum Problem geführt hat.

Unsere Landkarte der Welt steht unseren Sinneserfahrungen gegenüber. Erfahrung meint hier einerseits unsere tatsächlichen Sinneserfahrungen, wie das Beobachten des Sonnenuntergangs oder eine zärtliche Berührung, und andererseits all das Wissen, das wir im Laufe unseres Lebens gesammelt haben. Aus unseren Erfahrungen machen wir unsere jeweilige Landkarte der Wirklichkeit.

Mit neuen Erfahrungen, neuen Erlebnissen, zwischenmenschlichen Interaktionen, dem Lesen und dem Zuhören von Reden und Ansprachen ist es demzufolge möglich, unseren Erfahrungsschatz zu erweitern und unsere Landkarte der Wirklichkeit zu adaptieren. Diese Adaption kann je nach Stärke und Intensität der Erfahrung umfassend sein, sodass neue, danach gemachte Erfahrungen ganz anders bewertet werden, als dies zuvor noch der Fall gewesen wäre. Allein mit und durch Sprache, durch gekonnte Rhetorik, ist unsere Landkarte der Wirklichkeit von außen massiv beeinflussbar. Man könnte auch sagen, durch Anwendung von Sprache lassen sich unsere Erfahrungen aus einer neuen Perspektive betrachten, in einen anderen Zusammenhang stellen, bildlich gesprochen neu rahmen.

Worte rahmen unsere Erfahrung. Am Beispiel der Verbindungswörter »aber«, »und« und »obwohl« lässt sich dies leicht erklären. Wenn wir unsere Gedanken mit diesen Wörtern verbinden, veranlassen sie uns dazu, unterschiedliche Satzteile unterschiedlich zu betonen, den einen in den Vordergrund und den anderen in den Hintergrund zu stellen.

Ein Beispiel:

- »Heute scheint die Sonne, *aber* morgen wird es regnen.«
- »Heute scheint die Sonne, *und* morgen wird es regnen.«
- »Heute scheint die Sonne, *obwohl* es morgen regnen wird.«

Unabhängig vom Inhalt lenkt das Wort »aber« unsere Aufmerksamkeit auf den zweiten Satzteil, das Wort »obwohl« auf den ersten Satzteil, während das Wort »und« beide Satzteile gleichberechtigt stehen lässt. Durch die Verwendung des Wortes »aber« wird das vorher Gesagte abgetan, auch wenn es, wie in unserem Beispiel »Heute scheint die Sonne, …«, eine positive Erfahrung ist.

Der Rahmen macht den Unterschied – Framing und Re-Framing

Sie wissen wahrscheinlich aus eigener Erfahrung, dass der Rahmen eines Bildes den Gesamteindruck bestimmt. Es macht einen großen Unterschied, wie das Gemälde der Mona Lisa gerahmt ist. Wie würde es in einem zierlichen Metallrahmen wirken und wie in einem billigen Kunststoffrahmen? Der Wechsel des Rahmens macht einen entscheidenden Unterschied und lässt das Bild völlig anders erscheinen. Ähnliches gilt in der Kommunikation: Wir sprechen in diesem Zusammenhang von *Framing* und *Kontext.* Die Bedeutung unserer Kommunikation verändert sich mit dem Rahmen, sie ist vom Kontext abhängig.

Rahmen richten unsere Aufmerksamkeit aus, sie erzeugen einen Fokus. Sie geben unserer Aufmerksamkeit eine Richtung und beeinflussen die Interpretation von Ergebnissen. Durch Verlagerung des Fokus auf eine andere Situation, auf einen anderen Kontext, kann sich die Bedeutung einer Aussage völlig umkehren. Die Art der Formulierung von Sachverhalten, die Beschreibung des Kontexts, beeinflusst massiv, ob wir etwas als angenehm oder unangenehm empfinden und wie wir uns entscheiden. Es macht einen Unterschied, ob wir uns eine gemachte Erfahrung im Problemrahmen ansehen, wo wir das Problem weiter untersuchen, oder im Ergebnisrahmen, wo wir nach Lösungen suchen.

Durch Reframing werden Erfahrungen und Wahrnehmungen umgedeutet, in ein anderes, vielleicht besseres Licht gerückt. So wie ein Bild, ein Gemälde, gerahmt wird, bekommt es durch den Rahmen eine ganz bestimmte Ausdrucksweise, die es mit einem anderen Rahmen so nicht hätte.

Veränderung der Rahmengröße

Bei der Technik des Veränderns der Rahmengröße werden die Erfahrungen entweder in einen größeren oder in einen kleineren Zusammenhang gebracht. »Die Zeit heilt alle Wunden« meint eine Rahmenvergrößerung, die Betrachtung über einen langen Zeitraum. Fußballfans hingegen erleben bei einem erhaltenen Tor durch die gegnerische Mannschaft einen sehr kleinen Zeitrahmen, nämlich nur den aktuellen Augenblick, der schmerzt. Egal, wie sehr sich dieser Treffer auf das Gesamtergebnis der Meisterschaft auswirken wird.

Kontext-Reframing

Bei der Technik des Kontext-Reframings bezieht man sich auf die Tatsache, dass bestimmte Erfahrungen und Ereignisse je nach Kontext, in dem sie erscheinen, unterschiedliche Implikationen und Konsequenzen haben. Regen beispielsweise ist für Urlauber extrem nervig (Kontext = Urlaub), für die Einheimischen, die unter langer Trockenheit gelitten haben (Kontext = Landwirtschaft), ein Segen. Der Regen selbst ist weder gut noch schlecht.

Jedes menschliche Verhalten ist in einem bestimmten Kontext als nützlich anzusehen, so die These von Leslie Cameron-Bandler. So können Eigenschaften von Menschen, die wir als Schwäche in einer Situation sehen, in einer anderen sehr nützlich sein und sich als Stärke entpuppen. Durch Kontext-Reframing lässt sich jede »Schwäche« in eine »Stärke« verwandeln.

Inhalts-Reframing

Bei Inhalts-Reframing wird die Perspektive oder die Ebene, auf der ein bestimmtes Verhalten beobachtet wird, verändert. Ein und derselbe Leuchtturm ist für Schiffe eine lebensnotwendige Orientierungshilfe, während er für Spaziergänger ein nettes Ausflugsziel darstellt. Inhalts-Reframing sieht bzw. erforscht die unterschiedlichen positiven Absichten verschiedener Personengruppen (Seefahrer und Spaziergänger), die mit derselben Sache erzielt werden können.

Ein typisches Beispiel ist die Elektromobilität. Ein Elektro-Auto stößt ab dem Zeitpunkt seiner Fertigstellung und im täglichen Betrieb keine CO_2-Abgase aus. Es ist also umweltfreundlich. Der durch den Produktionsprozess verursachte CO_2-Ausstoß entspricht jedoch dem eines Autos mit Dieselmotor während seiner Kilometerleistung bis ca. 70.000 Kilometer. Ist Elektromobilität nun gut oder schlecht? Diese

Frage ist nicht so leicht zu beantworten. Ein Kampfrhetoriker wird jenen Inhaltsframe wählen, der seiner Argumentation dienlich ist.

Reframing von Kritikern und Kritik

Reframing kann eine wirksame Methode des Umgangs mit Kritikern und Kritik sein. Kritiker werden oft als diejenigen angesehen, die an den Ideen anderer generell Schwachstellen sehen. Ihre Betrachtungsweise ist häufig im Problemrahmen gelegen und Kritik wird häufig in Form genereller Urteile vorgebracht. »Dieses Angebot ist zu teuer« oder »Diese Idee ist nicht umsetzbar« sind typische Beispiele von verbalen Generalisierungen, die man entweder bejaht oder verneint. Problematisch wird es, wenn Kritiker nicht nur das Angebot oder die Idee als dumm bezeichnen, sondern die Person als dumm hinstellen, die das Angebot gemacht bzw. die Idee gebracht hat.

Eine gute Möglichkeit, Kritik zu äußern, ist es, die Absicht hinter dem Angebot oder der Idee zu hinterfragen und es entsprechend umzuformulieren. »Wie lässt sich das Angebot umbauen, damit es für uns erschwinglich ist und gleichzeitig unseren Anforderungen genügt?« bzw. »Welche Absicht steckt hinter der Idee und können wir die vorhandenen Ressourcen klug einsetzen?« Kritik wird entsprechend dem Meta-Modell der Generalisierung in Fragen umgewandelt, die die Generalisierung hinterfragen.

Framing in der Politik

Regierungsparteien verwenden positives Framing. Sie stellen ihre Vorhaben und Ergebnisse in einem positiven Licht dar: »Wir haben gute Nachrichten für Sie ...«, während die Oppositionsparteien meist in die Rolle der Kritiker fallen und negatives Framing benutzen, auf die Dinge schauen, die vermieden werden sollen. Sie machen dabei den Fehler, negative Emotionen bei der Bevölkerung auszulösen, indem sie auf das Schlechte den Fokus legen. Viel geschickter wäre es, positive Ergebnisse der Regierungsparteien zu nutzen und ihren positiven Einfluss darauf als Opposition ins rechte Licht zu rücken.

Alle Anti-Bewegungen, die gegen etwas sind, wie Anti-Krieg, Anti-Abtreibung usw. stellen das zu Vermeidende in den Vordergrund. Sie sprechen hauptsächlich darüber, was eben nicht geschehen soll, und richten ihren Fokus und ihre Energie darauf. Eine Pro-Friedens-Bewegung hingegen richtet sich am Frieden aus und daran, wie dieser erreicht werden könnte. Mutter Teresa soll einmal gesagt haben, dass sie erst an Kundgebungen teilnehmen werde, wenn diese nicht mehr gegen den Krieg, sondern für den Frieden wären.

Euphemismus

Unter Euphemismus versteht man einen beschönigenden oder verharmlosenden Ausdruck für Unangenehmes, Anrüchiges oder Negatives. Euphemismus ist eine Art des Reframings.

Hier ein paar Beispiele:

- flexibler Arbeitsmarkt für Kündigungswelle
- Freisetzung für Entlassung
- Preisanpassung für Preiserhöhung
- Account-Manager für Kundenbetreuer
- First-Level-Support für Reklamationsdienst
- Herausforderung für Problem
- bildungsfern für dumm

So wird Unangenehmes und Negatives beschönigend dargestellt, ohne dass es der Zuhörer bemerkt.

DIE KUNST, RECHT ZU BEHALTEN

Wie kann es gelingen, in jeder Situation recht zu behalten? Auch dann, wenn man inhaltlich nicht recht hat? Dieser Frage wollen wir in diesem Kapitel nachgehen, da es sich um Techniken handelt, die Kampfrhetoriker gerne einsetzen.

Arthur Schopenhauer gilt als Begründer der *Eristischen Dialektik*. *Eris* ist die griechische Göttin des Streits. Sie gelangte zur Berühmtheit, da sie zu einem Götterbankett nicht eingeladen war und sich rächte, indem sie dennoch erschien. Auf dem Apfel, den sie mitbrachte und in die Menge warf, war eingraviert: »Für die Schönste!« Das Ergebnis waren die Entführung Helenas durch Paris und der Krieg um Troja. So kam der sprichwörtliche »Zankapfel« oder »Erisapfel« zu seinem Namen.

Eristik ist die Lehre vom Streitgespräch und die Kunst der Widerlegung in einer Diskussion oder Debatte. 1864 wurde posthum die Eristische Dialektik von Arthur Schopenhauer veröffentlicht. Die Arbeit mit dem Untertitel »Die Kunst, Recht zu behalten« enthält 38 rhetorische Strategeme. Als Strategema werden eine List, ein Trick oder eine manipulative Aktion in Politik und Militär sowie im Privatleben bezeichnet.

Das Werk Schopenhauers will die nötigen Fähigkeiten vermitteln, um in einer Diskussion in jedem Fall als Sieger hervorzugehen, unabhängig von der Frage, ob die eigene Position der Wahrheit entspricht, und ohne Rücksicht auf Folgerichtigkeit oder Fairness dem Gegner gegenüber. Schopenhauer vergleicht das Streitgespräch mit einem Fechtkampf, in dem es darum geht, mit den erlernten Fähigkeiten den Gegner zu besiegen, und nicht darum, sich friedlich zu einigen oder zumindest Fakten herauszuarbeiten. Die ganze Konzeption kann als Kritik Schopenhauers am Diskussionsstil seiner akademischen Zeitgenossen verstanden werden, die sich dieser Mittel schon bedienen, sodass es aus Selbstschutz nötig ist, ebenfalls zu diesen zu greifen.

Kunstgriffe zur Ablehnung von Behauptungen

Der Gegner versucht, eine Veränderung der Streitfrage durchzuführen, indem er von etwas anderem redet als der Behauptung, die aufgestellt worden ist.

Kunstgriff 1: Erweiterung und Übertreibung der Behauptung des Gegners

Man nimmt die Behauptung des Gegners und verallgemeinert, erweitert und übertreibt sie. Wichtig ist, in den eigenen Äußerungen präzise zu sein. Damit erhält die Behauptung des anderen Lücken, die eigene hingegen Schärfe.

Beispiel: Wenn Person A sagt: »Freiheit ist gut!«, könnte Person B erwidern: »Unsinn! Wenn alle nur auf ihre persönliche Freiheit bedacht sind, dann hat keiner mehr die Möglichkeit, sich tatsächlich frei zu entfalten. Deshalb muss sich jeder einschränken.«

Kunstgriff 2: Nutzung mehrdeutiger Begriffe

Man achte auf mehrdeutige (homonyme) Begriffe des Gegners und benutze diese in einer abweichenden Bedeutung, die der Gegner so aber nicht meinte. Somit kann man ihm etwas unterstellen.

Beispiel: Person A sagt: »Was du sagst, ist nicht logisch.« Person B erwidert: »Welche Logik verwendest du? Was sind die Prämissen und wie kommst du zu diesem Schluss?«

Kunstgriff 3: Umdeutung der Behauptung

Man interpretiert eine spezifische Behauptung des Gegners als eine allgemeine Behauptung oder interpretiert sie in einer anderen Weise, als der Gegner beabsichtigt hat, und widerlegt die Behauptung auf diese Weise.

Beispiel: Person A sagt: »Wir Menschen reagieren auf äußere Umwelteinflüsse ganz automatisch. Das bringt uns manchmal in Bedrängnis, da unsere Reaktion zu schnell kommt.« Person B erwidert: »Das bedeutet, wir müssen unsere Emotionen beherrschen und dürfen ihnen keinen freien Lauf lassen, was uns ja noch mehr einschränkt und uns total unfrei macht.«

Kunstgriffe zur Einstreuung von Annahmen

Man streut Annahmen in die eigene Argumentation ein, denen der Gegner mühelos zustimmen kann. Erst im weiteren Zuge der Auseinandersetzung werden diese Annahmen zum Nachteil des Gegners verwendet.

Kunstgriff 4: Zustimmung zu scheinbar belanglosen Annahmen erhalten

Will man zu einem Abschluss des Disputs kommen, bringt man unbemerkt einzelne, eingestreute Prämissen (Annahmen), damit der Gegner ihnen zustimmt, ohne die Konsequenzen zu ahnen. Plötzlich präsentiert man den Schluss, dessen Richtigkeit der Gegner bereits durch Zustimmung zur Korrektheit der Prämissen bestätigt hat.

Beispiel:

- Alle Griechen sind Menschen. Nikolas ist ein Grieche. Also ist Nikolas ein Mensch.
- Viele Eheleute gehen bei Streitigkeiten zum Paartherapeuten. Anschließend lassen sie sich häufig scheiden. Daher erhöht der Gang zum Paartherapeuten die Wahrscheinlichkeit, sich scheiden zu lassen.

Kunstgriff 5: Annahmen, die der Gegner nicht widerlegen kann

Weiß man, dass der Gegner bestimmte Prämissen niemals widerlegen würde, weil er sie entweder nicht begreift oder aus irgendeinem Grund nicht widerlegen kann oder sie für wahr hält, so nehme man diese und ziehe seinen Schluss. Ein wahrer Schluss kann auch aus falschen Prämissen gezogen werden.

Beispiel: Eine Prämisse, die heute niemand widerlegen würde: »Kohlendioxidausstoß wirkt sich nachhaltig auf unser Klima aus.« Autos tragen massiv zur Kohlendioxidbelastung bei und sind deshalb mitverantwortlich für die Klimaveränderung. Deswegen muss sich jeder ein neues Auto leisten können, und wenn es der Staat bezahlt.

Kunstgriff 6: Der Zirkelschluss
Man behauptet, etwas beweisen zu können, und die zu beweisende Behauptung wurde bereits zu den Annahmen aufgenommen. Dabei handelt es sich um einen Zirkelbezug, da man eine Behauptung nicht auf eine Annahme stützen kann, die selbst die Behauptung ist.

Man postuliert dabei die Behauptung und verwendet zur Formulierung von Annahmen allgemeine Floskeln und freundliche, passende und wirkende Synonyme oder Euphemismen, um den Eindruck zu erwecken, der Beweis sei erbracht worden. Um eine Behauptung zu belegen, gibt es nach Schopenhauer drei weitere Möglichkeiten:

- Eine unverdächtige Verallgemeinerung wird bestätigt.
- Es wird eine andere unbelegte Behauptung aufgestellt, sodass sich die beiden Behauptungen wechselseitig stützen.
- Um eine allgemeine Behauptung zu bestätigen, werden viele Sonderfälle bestätigt.

Beispiele:

- Sie können uns vertrauen, denn wir sind absolut zuverlässig.
- Wir brauchen härtere Strafen, weil das heutige Strafmaß nicht mehr ausreicht.
- Wir müssen eine Obergrenze für Flüchtlinge einführen, denn ohne Beschränkungen kann es nicht funktionieren.

Kunstgriffe in Form von Frage-und-Antwort-Spielen

Der Gegner soll durch geschickte Fragen dazu gebracht werden, etwas zuzugeben oder aber seine Glaubwürdigkeit zu verlieren. Wenn die Disputation streng und formell läuft, stellt man dem Gegner viele Fragen und zieht aus den Antworten den gewünschten Schluss. Derjenige, der die Behauptung aufgestellt hat und sie beweisen soll, benutzt die Fragetechnik, um aus den Zugeständnissen des Gegners auf die Wahrheit der Behauptung zu schließen. Diese Technik war schon in der Antike im Gebrauch und wird heute noch bei Vernehmungen eingesetzt.

Kunstgriff 7: Sich mehr zugestehen lassen als nötig

Am besten viel und weitläufig fragen, um das, was man zugestanden haben will, zu verbergen. Die eigene Argumentation aus den bekommenen Antworten trägt man anschließend zügig vor, damit die langsam Denkenden dem nicht folgen können und etwaige Lücken oder Fehler in der Beweisführung übersehen.

Beispiel: Tochter (14 Jahre): »Ich möchte heute erst gegen 23 Uhr heimkommen.« Vater: »Hast du die Absicht, später einmal Kinder zu haben?« T: »Ja, auf jeden Fall.« V: »Glaubst du, dass Kinder Erziehung und Regeln brauchen?« T: »Ich glaube nicht, dass es ohne geht.« V: »Welche Regeln hältst du für besonders wichtig?« T: »Ernährung und Gesundheit, da müssen schon Regeln sein.« V: »Hältst du ausreichend Schlaf für einen gesundheitlichen Faktor?« T: »Ja, auf jeden Fall.« V: »Wie viele Stunden sind aus deiner Sicht ausreichend?« T: »Ich glaube zwischen acht und zehn Stunden bei Kindern und Jugendlichen.« V: »Wie alt bist du?« T: »14 Jahre.« V: »Das sehe ich auch so, dass du zumindest acht Stunden Schlaf benötigst. Da du morgen um 07:00 Uhr aufstehen musst, ist 23:00 Uhr zu spät zum Heimkommen, denn um diese Uhrzeit sollst du bereits schlafen.«

Kunstgriff 8: Durch Fragen provozieren

Wenn man den Gegner durch unverschämte Fragen und Schikanen reizt, bis er zornig ist, dann kann er weder rational denken noch argumentieren. Als Gegenmaßnahme niemals ärgern lassen, nur überlegt äußern und im Stillen rasche Schlüsse ziehen.

Beispiele:

- Wo kämen wir denn da hin?
- Dafür bin ich nicht zuständig.
- Das ist nicht bezahlbar!

Kunstgriff 9: Zugeständnis von Umwegen

Man stellt seine Fragen dem Gegner nicht in der erwarteten und konsequenten Reihenfolge, sondern verstreut und durcheinander. Der Gegner ist dann verwirrt und weiß nicht, auf was man hinauswill, und kann dem nicht vorbauen. Zur Aufstellung der eigenen Behauptung werden die Antworten benutzt, und zwar gleichgültig, wie sie ausgefallen sind und ob ihnen zugestimmt wird.

Durch das Aufstellen vieler einzelner Regeln mit der Absicht, Macht auf andere Menschen auszuüben, lässt sich eine eigene willkürliche Behauptung argumentieren.

Kunstgriff 10: Zugeständnis aus Trotz

Verneint der Gegner eine gemachte Behauptung, so dreht man diese um, um eine Bejahung zu erhalten. So weiß keiner mehr so recht, was mit Ja und was mit Nein beantwortet wurde.

Beispiel: Chef: »Während meiner Abwesenheit haben Sie alle stark nachgelassen, Sie sind schlampig geworden und haben sich nicht mehr weiterentwickelt.« Mitarbeiter: »Das stimmt überhaupt nicht. Wir haben uns sehr wohl weiterentwickelt.« Chef: »Ich meine, Sie haben sich auf eine Weise weiterentwickelt, in der Sie nicht mehr beurteilen können, ob Sie sich wirklich weiterentwickelt haben oder nicht. Es gibt ein Weiterentwicklungsstadium des Sich-Gehen-Lassens, und das ist nicht Weiterentwicklung.«

Beispiel: Verkäufer: »Wir haben hier das Produkt zum Preis XY.« Interessent: »Das ist aber teuer!« Verkäufer: »Gerade, weil dies so ist, können Sie hochwertige Produkte und besten Service erwarten! Qualität hat ihren Preis.«

Kunstgriff 11: Induktion von Zugeständnissen

Wann man induktiv argumentiert, aus dem Speziellen auf das Allgemeine schließt, dann lässt man den Bezug auf das Allgemeine offen und behauptet hinterher, dass das ja schon eine längst geklärte und besprochene Sache war.

Beispiel: Jemand sagt: »Wir haben jetzt etliche Beispiele zu diesem Thema und Übereinstimmung, dass wir alle was dagegen unternehmen müssen. Und wir haben Übereinstimmung dahingehend, dass dies für alle wichtigen Punkte zu diesem Thema gilt. Weitere Beispiele brauchen wir nicht mehr zu besprechen, sie sind ja jedem deutlich und klar. Wir alle gehen in dieselbe Richtung.« Normalerweise bekommt der Sprecher hier keine Widerworte, sondern eher Bekräftigung dafür, das Thema so schnell und gut auf den Punkt gebracht zu haben.

Kunstgriffe, den Gegner zu Zugeständnissen zu bringen

Man bringt den Gegner dazu, zu einzelnen Argumenten zuzustimmen, und nutzt die Verzerrung des *Kognitive-Dissonanz-Effekts*. Hat der Gegner schon einzelne Zugeständnisse gemacht, so möchte er diese nicht widerrufen, um nicht unglaubwürdig zu erscheinen.

Kunstgriff 12: Euphemismen und Dysphemismen

Wenn man eine Sache nur durch eine Metapher oder ein Gleichnis ausdrücken kann, so formuliert man das Gleichnis gleich direkt überzeugend und für den eigenen Zweck angemessen. Man verwendet, je nach Absicht, Dinge, die jeder direkt für gut und schön oder für böse und falsch ansieht.

Zum Beispiel kann eine bewaffnete Gruppe mit politischen Zielen legitimiert oder delegitimiert werden, wenn man sie als »Freiheitskämpfer« oder als »Revolutionäre« bezeichnet.

Kunstgriff 13: Kleineres Übel

Soll der Gegner eine Behauptung als wahr annehmen, so stellt man das Gegenteil möglichst drastisch und weit überzogen dar, damit der Gegner die Behauptung zugesteht oder sonst seine Glaubwürdigkeit verlieren würde. Es wird auch in Verbindung mit einem falschen Dilemma, einer falschen Dichotomie, verwendet. Das ist die Suggestion in Form eines Double-Binds, das wir aus dem Meta- und aus dem Milton-Modell kennen, wo zwei bestimmte, angeblich zueinander entgegengesetzte Positionen gar nicht im Widerspruch stehen.

Beispiele sind:

- Wir machen das entweder richtig oder wir machen das gar nicht.
- Entweder bist du für uns oder du bist gegen uns.
- Das ist entweder wahr oder es ist falsch.

Kunstgriff 14: Recht behaupten

Man nimmt die Antworten des Gegners, egal ob sie zu den eigenen Gunsten ausfallen oder nicht, und postuliert dann den eigenen Schlusssatz, auch wenn er gar nicht aus den Antworten des Gegners folgt. Wenn der Gegner schüchtern oder dumm ist und man selbst eine gute Stimme hat, dann kann das leicht gelingen. Es handelt sich um eine Täuschung durch Annahme des Nicht-Grunds als Grund.

Donald Trump benutzt dieses Muster regelmäßig für Angriffe auf seine Widersacher, die nur schweigend schwach aussehen.

Kunstgriff 15: Eine Finte legen – das Strohmann-Argument

Zunächst wird eine scheinbar unsinnige schwache Behauptung, ein Paradoxon, aufgestellt, wo man nicht mit einem Zugeständnis des Gegners rechnet (Strohmann-Argument). Um Zustimmung zu erlangen, wird eine andere Behauptung aufgestellt, die zwar wahr, aber nicht unmittelbar nachvollziehbar ist. Dann wird behauptet, die zweite Behauptung würde die erste belegen. Gesteht der Gegner die zweite Behauptung nicht zu, dann wird sie bewiesen und behauptet, damit sei auch die erste bewiesen. Gesteht der Gegner die zweite Behauptung doch zu, so wird ebenfalls behauptet, dass damit die erste Behauptung bewiesen ist. Der Gegner ist somit im Paradoxon gefangen.

Beispiel: Wirtschaft bringt Knappheit hervor. Das stimme überhaupt nicht, es gibt ja Güter im Überfluss. Güter im Überfluss bedingen jedoch Knappheit an anderer Stelle. Knappheit führt also zu Überfluss. Überfluss führt zu Knappheit ... Wirtschaft bringt also Knappheit hervor.

Defensive Kunstgriffe zur Untergrabung von Behauptungen des Gegners

Man findet Möglichkeiten, den Behauptungen des Gegners zu schaden, um ihn unglaubwürdig erscheinen zu lassen.

Kunstgriff 16: Persönliche Widersprüche

Man sucht in den Behauptungen des Gegners nach echten oder auch scheinbaren Widersprüchen im Vergleich zu seinen früheren Aussagen oder seinem früheren Leben. Falls der Gegner diese Behauptungen für wahr hält, überzeugt ihn dieser Beweis selbst, auf jeden Fall aber die Zuhörer. Der Gegner muss nun eine der Behauptungen widerrufen.

Um Widersprüche bei anderen Menschen zu entdecken, ist es hilfreich, auf »Ja, aber ...« sensibel zu sein und dieses zu hören. Ein gesagtes »Ja, aber ...« ist ein Zeichen für einen inneren Widerspruch oder Konflikt. Das Wort »aber« ist das Wort des Widerspruchs.

Kunstgriff 17: Spitzfindigkeit

Wenn uns der Gegner durch einen Gegenbeweis bedrängt, dann suchen wir nach feinen Unterscheidungen in seinen gewählten Begriffen, um so eine doppelte Bedeutung unseres Beweises zu bewirken. Es empfiehlt sich, die vom Gegner verwendeten Begriffe von Anfang an zu notieren, um sie später differenzieren und wieder aufgreifen zu können.

Beispiel: Ein streitendes Ehepaar. Der Mann meint, dass das Problem nicht emotional geklärt werden sollte, weil das nichts bringe und, solange man emotional sei, ohnehin nicht sagen könne, was man denke. Die Frau meint darauf, Emotionen und Gefühle seien ebenfalls Gedanken und sie wären Teil der Beziehung. Woraufhin er erwidert, dass sich Gefühle nur verbal beschreiben ließen und jedes sprachlich ausgedrückte Gefühl immer vom Verstand geleitet wird.

Kunstgriff 18: Diskussion unterbrechen

Bemerken wir, dass der Gegner mit einer Argumentation zu gewinnen scheint, dann lenken wir ab, verzetteln das Thema oder beenden die Diskussion zu unserem Nutzen.

Als Beispiel die Behauptung, dass das Gespräch an dieser Stelle nicht fortgeführt werden könne, da sich so viele neue Aspekte aufgetan haben, die in gesonderten Runden behandelt werden müssen.

Kunstgriff 19: Argumente ins Allgemeine führen

Fordert uns der Gegner auf, gegen einen bestimmten Punkt unserer Behauptung etwas vorzubringen, uns aber nichts Rechtes einfällt, dann werden wir sehr allgemein und lenken somit von der Präzision ab. Wenn wir z.B. sagen sollen, warum einer bestimmten physikalischen These nicht zu trauen ist, so reden wir über die Beeinflussung des menschlichen Verstands und erläutern sie sehr allgemein.

Beispiele:

- Wir brauchen hier nicht über Einzelheiten oder Details reden.
- Wenn Sie Ihr Thema nicht so erklären können, dass es jeder versteht, dann verstehen Sie es vermutlich selbst nicht.
- Jemand, der diese wichtigen Details nicht kennt, kann überhaupt nicht mitreden.

Kunstgriff 20: Beweise erschleichen

Hat uns der Gegner bereits mehrere, aber nicht alle Prämissen geliefert, so können wir schon hier den Schluss ziehen. Merkt der Gegner an, dass noch nicht alles gesagt wurde, so behaupten wir, dass alles noch nicht Gesagte unsere Behauptung ohnehin unterstützt.

Beispiel: »Aus all dem, was Sie nun erörtert haben, kann ich nur den Schluss ziehen, dass …«

Kunstgriff 21: Scheinargumente spiegeln

Kommt der Gegner mit Scheinargumenten, dann lassen wir diese stehen und bringen ebenfalls Scheinargumente. Wenn uns der Gegner dann Scheinargumente unterstellt, wird ihn das ziemlich blöd aussehen lassen. So wird eine Sachdebatte vermieden.

Beispiel: Person A: »Komm, lass uns darüber reden.« Person B erwidert: »Ich habe jetzt keine Lust, darüber zu diskutieren.« A: »Es ist aber wichtig.« B: »Jetzt nicht, vielleicht ein anderes Mal.« A: »Wann willst du denn darüber sprechen.« B: »Nicht jetzt.« A: »Du wiederholst dich.« B: »Du dich auch!«

Kunstgriff 22: Ein Argument als Zirkelbeweis ausgeben

Fordert der Gegner Zustimmung zu einem Argument, welches absehbar das strittige Problem zu seinen Gunsten löst, so wird das Argument mit Verweis, es sei ein Zirkelbeweis, zurückgewiesen und behauptet, das Argument enthält Thesen, die der Zielbehauptung ähnlich sind und somit die Thesen genauso beweisbedürftig wären. Wir liefern im Gegenzug eine verwandte Formulierung in unserem Sinne, die für das Publikum identisch klingt.

Beispiele:

- Das haben wir schon immer so gemacht.
- Das haben wir noch nie so gemacht.
- Da könnte ja jeder kommen.

Kunstgriffe, die den Gegner dazu bringen, sich selbst zu widerlegen

Hat man den Gegner dazu gebracht, sich selbst zu widerlegen, sich selbst zu widersprechen, so hat man seine Glaubwürdigkeit zerstört.

Kunstgriff 23: Übertreibung provozieren

Wir reizen den Gegner durch Widerspruch, das bringt ihn zur Übertreibung seiner Behauptung, sodass Bedingungen und Einschränkungen der Behauptung aufgehoben werden. Durch Anwendung von Kunstgriff 1 wird die Erweiterung der Behauptung widerlegt und somit zeitgleich die Widerlegung der Behauptung behauptet. Wir müssen im Gegenzug immer darauf achten, dass der Gegner unsere Behauptung nicht weiter ausdehnt, als wir sie gestellt haben, und ihn auf die Grenzlinie unserer Behauptung zurückführen.

Je mehr jemand sagt oder schreibt, desto mehr Angriffsfläche bietet er. Ziel ist es, die Darlegung des anderen nicht zu stören, um ihm die Möglichkeit zu bieten, möglichst viele Begründungsfehler zu machen. Dann fragen wir nach: »Wieso denken Sie das?«, »Welche Gründe hatten Sie dafür?«, »Könnten Sie das bitte genauer erläutern?«. Man fragt so lange nach Gründen und Motiven, bis man genug Material hat, das Gesagte mittels Kunstgriff 1 auseinanderzunehmen.

Kunstgriff 24: Die Konsequenzmacherei

Wir zwingen den Gegner in Konsequenzen, indem wir seine Begriffe verdrehen und aus seinen Behauptungen falsche Schlüsse ziehen, die jedermann als schädlich ansieht.

Beispiel: Person A: »Die aktuelle Lage erfordert Ausgangsbeschränkungen. Wir müssen aufpassen, unsere Spitäler nicht zu überfordern.« Person B: »Ausgangsbeschränkungen sind ein Eingriff in die persönliche Freiheit und somit zu verurteilen.«

Kunstgriff 25: Widerlegung durch Gegenbeispiel

Wir suchen in den Argumenten des Gegners einen einzigen Fall, der nicht hineinpasst, und bestreiten dann die Allgemeingültigkeit seiner Behauptung. Am besten setzt man noch in Zweifel, was von seiner Behauptung überhaupt zu halten sei.

Beipackzettel von Medikamenten sind voll von Widerlegungen durch Gegenbeispiele, die, wenn auch nur sehr unwahrscheinlich, eintreten können.

Kunstgriff 26: Retorsion

Wenn es möglich ist, verkehren wir das Gesagte des Gegners einfach ins Gegenteil.

Beispiel: Befürworter von Ritalin sagen: »Ritalin hilft den Kindern, sich zu konzentrieren und ruhiger zu werden.« Gegner sagen: »Das an Kinder verabreichte Ritalin ermöglicht es den Betreuungspersonen, mit ADS-Kindern (ADS = Aufmerksamkeits-Defizit-Syndrom) zurechtzukommen.«

Taktische Kunstgriffe, die den Verlauf des Disputs betreffen

Man verwendet Kunstgriffe, die den Gegner emotional negativ beeinflussen und ihn daher in seiner weiteren Argumentation und in seinen weiteren Gedanken schwächen.

Kunstgriff 27: Provokation ausbauen

Wird bei einem Argument der Gegner unerwartet böse, so wiederholen wir das Argument. Es ist gut, ihn in Zorn zu versetzen, und es ist zu vermuten, dass wir die Schwachseite seines Gedankengangs berührt haben.

Beispiel: Er: »Du bist einfach zu emotional. Du musst das ruhig durchdenken.« Sie: »Was glaubst du eigentlich? Mir immer vorzuwerfen, ich wäre nicht sachlich genug!« Er: »Siehst du, du bist schon wieder emotional!«

Kunstgriff 28: Ein nur für den Sachkundigen ungültiges Argument bringen

Hat man unkundige Zuhörer, so kann man auch dem Sachkundigen ein sachlich ungültiges Argument vorwerfen. Es ist darauf zu achten, die Sympathie der Zuhörer zu erwerben, weil ihnen das Argument selbstverständlich erscheint und es dem Gegner nicht gelingen kann, das falsche Argument zu widerlegen, da eine sachkundige Erklärung zu komplex ist, um von den Zuhörern verstanden zu werden. Das bringt den Gegner in einen ärgerlichen emotionalen Zustand, der ihn schwächt.

Beispiele:

- Die meisten unserer Zuhörer können doch schon erkennen, dass das nicht stimmt.
- Ich denke, ich spreche hier im Sinne der meisten Leser, dass Ihre Art der Darstellung nicht zweckdienlich ist.
- Wir sollten uns jetzt wieder beruhigen und sachlich werden.

Kunstgriff 29: Diversion und Provokation

Merkt man, vom Gegner geschlagen zu werden, so fängt man von etwas anderem an zu reden, tut aber so, als hätte es mit der Sache zu tun und wäre ein Argument gegen den Gegner. Dieser Kunstgriff scheint gleichsam angeboren zu sein: Zanken sich zwei gewöhnliche Menschen und macht eine Person der anderen persönliche Vorwürfe, dann antwortet diese nicht etwa durch Widerlegung derselben, sondern macht seinerseits dem Ersten ebenfalls persönliche Vorwürfe. Die jeweils empfangenen Vorwürfe bleiben stehen und die Zuhörer erfahren alles Schlechte von beiden Parteien.

Beispiel:

- Wie lange haben Sie für Ihre schlechte Präsentation eigentlich gebraucht?

Kunstgriffe zur Zurückweisung

Man weist den Gegner zurück und versucht, ihn aus dem weiteren Gesprächsverlauf mehr und mehr auszuschließen, bis er seinen Standpunkt verloren hat.

Kunstgriff 30: Berufung auf Autoritäten

Man erweckt die Ehrfurcht des Gegners, indem man Autoritäten zitiert, von denen man weiß, dass der Gegner sie respektiert und verehrt. Autoritäten, die der Gegner nicht versteht, wirken meistens noch mehr. Im Streit mit gewöhnlichen Leuten kann man eine allgemeine Meinung, auch wenn sie frei erfunden ist, als Autorität gebrauchen.

Kunstgriff 31: Unverständnis äußern, Unverständlichkeit behaupten

Sind die Argumente des Gegners so geartet, dass einem nichts darauf einfällt, bedient man sich der feinen Ironie: »Was Sie da sagen, übersteigt einfach meine schwache Auffassungsgabe.« Gerade wenn man Zuhörer hat, denen es ähnlich geht, so wirkt das, als spreche der Gegner puren Unsinn. Man muss also darauf achten, bei den Zuhörern in entschieden höherem Ansehen zu stehen als der Gegner. Der fein geschliffene Gegner könnte darauf antworten: »Erlauben Sie mir, bei Ihrer Intelligenz muss es Ihnen ein Leichtes sein, es zu verstehen, und es kann nur an meiner schlechten Darstellung liegen.«

Kunstgriff 32: Widerlegung durch Rekurs (Evidenztechnik)

Sagt der Gegner etwas gegen unser Argument oder gegen uns selbst, so kategorisieren wir das von ihm Gesagte als nicht plausibel, indem auf die Verwandtschaft zu einer bereits zurückgewiesenen Behauptung verwiesen wird. Oder man verweist auf etwas, das allgemein verhasst ist, wie z. B. Faschismus oder Rassismus.

Beispiele:

- Es weiß ja jedes Kind, dass ...
- Es wird jedem vernünftigen Menschen einleuchten, dass ...
- Zweifellos ist der Vorschlag von Herrn Mustermann besser als ...

Kunstgriff 33: Anwendbarkeit leugnen

Man behauptet einen Unterschied zwischen Theorie und Praxis, indem man z. B. sagt: »Das mag in der Theorie richtig sein, in der Praxis ist es falsch.« Durch diese Sophisma (= Fehlschluss) gibt man die Gründe zu, leugnet aber die Folgen. Man triumphiert und sagt, die Theorie sei fehlerhaft. Denn wenn es in der Praxis nicht funktioniert, dann ist die Theorie fehlerhaft.

Kunstgriff 34: Einkreisen

Weicht der Gegner einem Argument aus, indem er mit einer Gegenfrage antwortet oder gar nur indirekt antwortet, haben wir bei ihm eine Lücke in seiner Argumentationskette erwischt. Dieser gefundene Punkt ist zu verwenden und durch Nachfragen zu verwandten Punkten weiter einzukreisen. So wird klargestellt, wo der Gegner Probleme mit seinen eigenen Argumenten hat.

Kunstgriffe zur unmittelbaren Beendigung des Disputs

Man greift den Gegner persönlich an und lässt ihn aus Sicht des Publikums als persönlich schwach erscheinen. Es sind Angriffe auf der persönlichen Ebene, die mit der Sache nichts mehr zu hat.

Kunstgriff 35: Appell an die Interessen des Gegners

Kann man dem Gegner zeigen, dass seine Meinung, wenn sie Gültigkeit hätte, seinem Interesse schaden würde und seinen eigenen Interessen zuwiderlaufen würde, dann wird er sie schnell fallen lassen. Emotionale Ausbrüche, Appelle an die Freundschaft und an die Eitelkeit sowie Mitleids- und Angstargumente gehören hier dazu.

Beispiele:

- Wenn das publik wird, würde es deinem Ruf schaden.
- Mit diesem Argument glaubt dir keiner.
- Deine Glaubwürdigkeit steht auf dem Spiel.
- Bald wird jeder jemanden kennen, der an dieser Krankheit verstorben ist.

Kunstgriff 36: Simuliertes Argument (Totschlagargument)

Viel reden, sinnlose Umschweife schön formulieren und kompliziert klingende Phrasen verwirren den Gegner. Fürchtet der Gegner, unverständlich zu erscheinen, so widerspricht er nicht und der Disput ist gewonnen. Schopenhauer nennt dazu Goethes Maxime: »Gewöhnlich glaubt der Mensch, wenn er nur Worte hört, es müsse sich dabei doch auch etwas denken lassen.«

Beispiele:

- Das würde jetzt unseren Rahmen sprengen.
- Da gibt es leider keine gute Alternative.
- Das besprechen wir lieber ein anderes Mal.

Kunstgriff 37: Behauptung mit dem Beweis widerlegen (Dammbruchargument)

Wenn der Gegner offensichtlich mit seiner Meinung recht hat, aber ein schlechtes Beispiel oder einen schlechten Beweis verwendet, dann widerlegt man das Beispiel bzw. den Beweis, und gibt die Widerlegung als Widerlegung der gesamten Sache aus.

Beim Dammbruchargument geht es darum, den anderen davon zu überzeugen, dass man einen Präzedenzfall mit katastrophalen Folgen schafft, wenn man ein kleines Zugeständnis macht. Das begehrte Ansinnen würde dazu führen, dass früher oder später der »Damm breche«. Ein Beispiel war die Diskussion rund um die gleichgeschlechtliche Eheschließung. Man hörte Argumente wie: »Erst kommt die Homo-Ehe, dann die Legalisierung des Inzests und der Polygamie ... wer kann das wollen?« Es geht darum, den Teufel an die Wand zu malen. Je schlimmer die Konsequenz, desto abschreckender die Wirkung.

Kunstgriff 38: Angriff auf persönlicher Ebene

Bemerkt man, auf verlorenem Posten zu sein, dann greift man den Gegner persönlich an, wird beleidigend und grob. Man verlässt die Sachebene und richtet den Angriff auf die Person des Gegners. Diese Methode ist sehr beliebt, weil sie jeder ausführen kann. Dem Menschen geht nichts über die Befriedigung seiner Eitelkeit und keine Wunde schmerzt mehr. Die Befriedigung der Eitelkeit entsteht hauptsächlich aus dem Vergleich der Person mit jemand anderem in Bezug auf Aussehen und Intelligenz.

Sobald der Gegner persönlich wird, könnte man auch ruhig antworten, dies gehöre nicht zur Sache. Das ist aber wohl nicht jedermanns Sache. Aristoteles hat daher schon empfohlen, nur mit jenen zu diskutieren, die auch ausreichend Verstand haben. Voltaire sagte, der Friede ist mehr wert als die Wahrheit. Ein arabisches Sprichwort erzählt vom Baum des Schweigens, an dem die Frucht des Friedens hänge. Für den persönlichen Gebrauch zu Hause könnte man sich die Frage stellen: »Will ich recht haben oder einen ruhigen Abend?«

Beispiele:

- Andreas ist Mitglied einer Sekte, seine Meinung zählt nun wirklich nicht.
- Du hältst dich doch ebenfalls nicht an deine Prinzipien.
- Wenn ich die Gesetze machen würde, wären Sie im Gefängnis.
- Ich hab dir doch schon tausend Mal gesagt, dass …

KÖRPERSPRACHE UND STIMME WIRKEN

Alle Worte, Sprachmuster und Formulierungen, alle rhetorischen und kampfrhetorischen Kunstgriffe können nur dann Wirkung zeigen, wenn sie beim Gesprächspartner ankommen und von diesem wahrgenommen werden. Welchen Einfluss Körpersprache und Stimme haben, besprechen wir in diesem Kapitel.

Der Mythos von Mehrabian

Der iranisch-amerikanische Psychologe Albert Mehrabian wird sehr gerne zitiert, wenn es um nonverbale Kommunikation geht: Körpersprache zählt 55 %, Stimme 38 % und Inhalt zählt nur 7 %. Jeder, der darüber kurz nachdenkt, kommt zum Schluss, dass diese Aussage in dieser vereinfachten Form nicht stimmen kann. Wäre es nämlich so, dann wäre jeder Inhalt fast irrelevant. Das dem nicht so ist, wissen wir.

Was Mehrabian wirklich herausgefunden hat, ist Folgendes: Sobald Körpersprache und Stimme in Widerspruch zueinanderstehen, dann und nur dann zählt der Inhalt nur 7 %. Es wird mehr dem äußeren Erscheinungsbild geglaubt. Erst wenn dieses kongruent ist, dann kommt es auf den Inhalt an. Um glaubwürdig wahrgenommen zu werden, müssen Körpersprache, Stimme und Inhalt widerspruchsfrei sein.

Wie wir durch den HALO-Effekt täuschen

Passen äußeres Erscheinungsbild, Statussymbole, Körpersprache, Stimme, Inhalt und das Ambiente, in dem wir jemanden wahrnehmen, perfekt zusammen, dann kommt der HALO-Effekt besonders zur Geltung.

Der HALO-Effekt ist eine kognitive Verzerrung, bei dem eine besonders auffällige positive Eigenschaft bereits ausreicht, alle anderen Eigenschaften zu überstrahlen. Ist eine Person z. B. besonders attraktiv, so wird sie insgesamt positiv bewertet, trotz aller schlechten und negativen Eigenschaften, die jetzt in den Hintergrund treten. Auch die Frage, wie kompetent Politiker eingeschätzt werden, ist wesentlich durch deren Äußeres bestimmt. Vermeintliche Kleinigkeiten wie das (Nicht-)Tragen einer Krawatte können einen wesentlichen Unterschied machen.

Wir können mithilfe des HALO-Effekts nicht nur andere manipulieren, sondern auch uns selbst. Eine sichere Körpersprache und passende Kleidung machen uns definitiv durchsetzungsstärker. Wir empfangen ja auch nur Gäste in unserem Zuhause, wenn aufgeräumt ist und ein sauberer Eindruck gemacht werden kann.

Wie Satir-Typen ohne Worte sprechen

Die amerikanische Psychotherapeutin Virginia Satir entwickelte ein System zur Beschreibung von Kommunikationsmustern. An diesen Kommunikationsmustern ist der ganze Körper einschließlich der Hände beteiligt. Sie beinhalten spezifische Haltungen und Gesten. Weiters ist ein bestimmter Stimmcharakter mit ihnen verbunden.

Jede dieser Kategorien ist die Verkörperung einer bestimmten Physiologie (Körperhaltung). Diese aktiviert sowohl beim Redner als auch beim Publikum einen bestimmten inneren emotionalen Zustand.

Diese Muster haben kulturübergreifende Gültigkeit. Im Folgenden stelle ich Ihnen diese fünf nonverbalen Kommunikationsmuster kurz vor, wobei der Leveler erst später dazukam:

- *Der »Leveler« sagt die Wahrheit:* Der Leveler steht für Offenheit und Wahrheit. Die Physiologie ist symmetrisch und aufrecht, leicht nach vorne geneigt. Die Hände bewegen sich symmetrisch zur Körperachse, die Handflächen sind nach unten gerichtet, abwärts und nach außen. Typische Aussagen sind: »So liegen die Dinge.« Oder: »Das ist die Wahrheit.« Der Leveler strebt nach Glaubwürdigkeit.
- *Der »Beschwichtiger« bittet um Vergebung:* Er signalisiert Hilflosigkeit. Die Physiologie des Beschwichtigers ist ebenfalls symmetrisch und offen. Die Handflächen sind jedoch nach oben gerichtet, sie bewegen sich aufwärts und signalisieren: »Bitte hilf mir, ich möchte es dir recht machen.« Diese Rolle ist geeignet, um Ärger zu vermeiden. Sie ist bei sehr kontroversen Aussagen eine gute Dämpfungsmethode.
- *Der »Ankläger« spricht schuldig:* Der Ankläger signalisiert Stärke und Dominanz. Er ist asymmetrisch nach vorne gebeugt. Der Zeigefinger der Hand jenes Arms der nach vorne gebeugten Körperhälfte zeigt auf jemanden mit den harschen lauten Worten: »Du bist schuld!« Es ist eine starke Methode, um Uneinigkeit zu zeigen.
- *Der »Rationalisierer« ist über alles erhaben:* Der Rationalisierer ist der gefühllose Intellektuelle. Die Physiologie ist asymmetrisch, eine Hand am Kinn, der andere Arm vor dem Körper. Es ist die Haltung des Denkers und des Abgesonderten. Er fühlt sich als ultimativer Beobachter, dem nichts zu nahe kommt.

- *Der »Ablenker« weiß es nicht:* Der Ablenker zeigt in all seinen Bewegungen eine ganzkörperliche Asymmetrie. Er ist inkongruent, spricht unzusammenhängend. Er signalisiert, dass er es nicht weiß und es nicht kann. Das Gesagte macht keinen Sinn und ist irrelevant, egal was tatsächlich gesagt wird.

Die hier beschriebenen Satir-Typen sind in ihrer ausgeprägten Form dargestellt. In der Praxis sehen wir oft eine Mischform bzw. eine abgeschwächte Form unterschiedlicher Satir-Typen.

Hat der Sprecher jedoch die Verwendung der Satir-Typen in seiner Rede nicht bewusst eingesetzt, so wird er diese unbewusst zeigen. Er zeigt somit unbewusst Teile seiner inneren Haltung, die mit dem gesprochenen Wort nicht übereinstimmen müssen. Passen das gesprochene Wort und der gezeigte Satir-Typ nicht zusammen, so wird der Sprecher als nicht authentisch wahrgenommen. Ihm wird daher nicht oder nur sehr eingeschränkt geglaubt werden. Sind Sprecherinnen und Sprecher auf diesem Gebiet gut geschult, dann werden sie die Muster der Satir-Typen bewusst anwenden, trainieren und einsetzen.

Menschen haben Verhaltensweisen von wichtigen Bezugspersonen ihres Lebens angenommen und zeigen diese unbewusst und permanent. Sind jedoch diese Verhaltensweisen untauglich geworden, weil sie Ergebnisse produzieren, die nicht mehr gewollt werden, so dürfen sich Menschen verändern und verbessern. Das breite Feld der Persönlichkeitsentwicklung bis hin zur Verhaltenstherapie sind Beispiele dafür. Natürlich, man kann immer tricksen, seine Mimik mit Botox oder ähnlichen Substanzen verändern und beeinflussen. Es ist letztendlich eine Frage ihrer Ethik, wie Menschen handeln, und auch eine Frage, welche Annahmen und Überzeugungen Menschen über sich selbst haben.

Gut geschulte Sprecher werden alle ihnen zur Verfügung stehenden Muster nonverbaler Kommunikation nutzen und bewusst einsetzen, idealerweise zum Vorteil für die Zuhörerinnen und Zuhörer. Können Rednerinnen und Redner manipulieren? Ja, wenn sie es *können*, können sie es tun. Ist das in Ordnung? Natürlich nicht, da es eine Form der Gewaltanwendung ist, anderen Menschen seine Denkmuster aufzuzwingen, ohne dass sie es bemerken, und vielleicht sogar noch ein gutes Gefühl dabei entwickeln.

Stimme, Intonation und Augenkontakt

Menschen, die selbstbewusst und flüssig sprechen und Augenkontakt halten, werden glaubwürdiger wahrgenommen als jene mit zittriger, piepsender oder stotternder Stimme und als jene, die beim Sprechen den Augenkontakt verlieren.

Beginnt man in einer eher tieferen Tonlage aus dem Bauch heraus zu sprechen, geht dann weiter in eine etwas höhere Tonlage aus dem unteren Brustkorb sprechend und verlegt man anschließend den Stimmsitz in eine vergleichsweise noch etwas höhere Tonlage aus dem oberen Brustkorbbereich unterhalb des Kehlkopfs, wird man als charismatisch wahrgenommen. Begleitet wird die Veränderung des Stimmsitzes durch das Ansteigen der Sprechgeschwindigkeit. Am Beginn eher langsam mit langen Pausen hin zu etwas höherer Sprechgeschwindigkeit. Gleichzeitig variiert man die Wortwahl, beginnend mit kinästhetischen Wörtern, die beschreiben, was man fühlt. Weiter mit auditiven Wörtern hin zu visuellen Wörtern. Beispiele für kinästhetische Wörter sind: fühlen, packen, ziehen, greifen. Beispiele für auditive Wörter sind: hören, klingeln, klingen, rufen. Beispiele für visuelle Wörter wären: sehen, farbig, spiegeln, beobachten. Die Sequenz von kinästhetisch zu auditiv und weiter zu visuell bezeichnet man als *Charisma-Muster.*

Intonationsmuster helfen dem Zuhörer, das Gehörte besser gliedern zu können. Sie geben Orientierung bezüglich der Form und des Aufbaus der Rede. Sie zeigen, wo ein Gedanke abgeschlossen wird und ein neuer aufgegriffen wird. Sie zeigen, wo eine Frage gestellt wird oder eine Aufzählung gemacht wird. Intonation macht es einfacher, zuzuhören und dem Gesagten zu folgen.

Die Tonlage am Ende eines Satzes gibt der Aussage eine Bedeutung. Stimmen Tonlage und Wortwahl nicht überein, wird der Zuhörer verunsichert und vertraut eher der »Tonlage« als dem gesprochenen Wort.

Frage: Handelt es sich um eine Frage, dann soll die Tonlage der Stimme am Satzende angehoben werden. Dies signalisiert, dass etwas unabgeschlossen ist, eine Antwort fehlt. Das Anheben der Tonlage am Ende des Satzes bedeutet aber keine Handlungsaufforderung an das Publikum, sich aktiv zu beteiligen. Der Redner sollte daher beim Stellen seiner Frage auch keine aktive Antwort seitens des Publikums erwarten. Dass sich manche Zuhörer die gestellten Fragen innerlich beantworten, ist natürlich möglich und erwünscht.

Aussage: Am Ende eines Aussagesatzes wird die Tonlage der Stimme leicht gesenkt. Das gibt dem Zuhörer Orientierung. Handelt es sich noch nicht um das Satzende, sondern um einen »Beistrich«, dann wird die Tonlage leicht angehoben. Der Satz ist ja noch nicht fertig, es kommt noch etwas. Bei Aufzählungen werden die einzelnen Punkte am besten andeutungsweise gerufen, und zwar in jeweils leicht unterschiedlicher Tonlage. Dies dient ebenfalls zur Orientierung für das Publikum.

Befehl: Bei einem Befehl, bei einer Handlungsaufforderung, wird die Tonlage am Satzende rasch gesenkt und unmittelbar danach eine Sprechpause gemacht. Dies unterstreicht den Befehlscharakter.

Wie bereits beschrieben, werden Menschen, die beim Sprechen den Augenkontakt halten, als glaubwürdiger wahrgenommen als jene, die wegschauen. Das lässt sich darauf zurückführen, dass Wegschauen als Rapportbruch, als Unterbrechung der aufgebauten Beziehung, wahrgenommen werden kann. Rapportbruch lässt sich natürlich auch durch Wegschauen, während die andere Person spricht, gezielt einsetzen. Kampfrhetorisch lässt sich Rapportbruch zur Verunsicherung des Gegners gezielt einsetzen.

ZUM SCHLUSS …

Liebe Leserin, lieber Leser, Sie haben ein Werkzeug in Händen, das Sie zum Wohl Ihrer Mitmenschen einsetzen mögen. Gehen Sie verantwortungsvoll damit um. Sie sind nun in der Lage, Kampfrhetoriker zu entlarven. Sie wissen, dass es nicht nur auf Inhalte ankommt, sondern ganz wesentlich, wie die Inhalte gebracht werden und welche Formulierungen gewählt werden.

Achten Sie auch bei sich selbst auf ethisch korrekte Inhalte, die das Leben aller Menschen verbessern. Hinterfragen Sie Äußerungen anderer, so können Sie inhaltliche Konflikte auf elegante Art und Weise auflösen. Beobachten Sie die Körpersprache Ihrer Gesprächspartner. Prägen Sie sich ein, wie sich diese Menschen verhalten, wenn sie offensichtlich die Wahrheit sagen. So können Sie anhand abweichender Körpersprache bemerken, wenn das Gesagte vermutlich nicht unbedingt der Wahrheit entspricht.

Machen Sie sich den Spaß und analysieren Sie Reden von Politikerinnen und Politikern. Notieren Sie alles, was Sie am Verhalten dieser Menschen und an deren Formulierungen bemerken. Vergleichen Sie über einen längeren Zeitraum, wie sich Menschen verändern.

Behandeln Sie andere Menschen so, wie diese behandelt werden möchten. Kommen Sie Ihren Mitmenschen entgegen, holen Sie sie dort ab, wo sie gerade sind. Sie werden diesen Menschen einen großen Dienst erweisen, denn sie werden sich verstanden fühlen. Akzeptieren Sie andere

Sichtweisen und zeigen Sie Respekt, auch wenn Sie anderer Meinung sind.

Helfen Sie mit, unsere Gesellschaft friedlich zu machen. Unterstützen Sie das gegenseitige Stärken, das Erkennen von Fähigkeiten und bemerken Sie, was in Ihrem Leben wirklich gut läuft.

Bleiben Sie mit mir in Kontakt und lernen Sie mich auf meinen Veranstaltungen persönlich kennen.

Alle Termine erfahren Sie auf meiner Webseite:
kampfrhetorik.info

oder kontaktieren Sie mich gerne auf:
LinkedIn: linkedin.com/in/thomaswalbrecht/.
So können wir in Verbindung sein.

E-Mails an
hallo@kampfrhetorik.info
beantworte ich zeitnah, ebenso rufe ich Sie gerne persönlich zurück, sobald Sie mich unter +43 720 310 660 kontaktiert haben.

Mögen Sie gut ankommen, das wünsche ich Ihnen von Herzen!

Ihr *Thomas Wilhelm Albrecht*

Quellen- und Literaturverzeichnis

Albrecht (2019): Die Rhetorik des Sebastian Kurz, Was steckt dahinter? Goldegg Verlag, Wien

Bacher (2019): Sozialstruktur und Wertewandel in Österreich. Trends 1986 – 2016. Springer Fachmedien Wiesbaden GmbH, Wiesbaden

Bandler (2010): Kommunikation und Veränderung. Die Struktur der Magie II. Junfermann Verlag, Paderborn

Bandler (2010): Reframing. Neurolinguistisches Programmieren und die Transformation von Bedeutung. Junfermann Verlag, Paderborn

Bandler (2011): Metasprache und Psychotherapie. Die Struktur der Magie I. Junfermann Verlag, Paderborn

Bandler (2015): Patterns. Muster der hypnotischen Techniken Milton H. Ericksons. Junfermann Verlag, Paderborn

Beck (2009): Verbotene Rhetorik. Piper Verlag GmbH, München

Birkenbihl (1999): Stroh im Kopf? Gebrauchsanleitung fürs Gehirn. GABAL-Verlag, Speyer

Braun (2018): Die Macht der Rhetorik. Besser reden – mehr erreichen. Redline Verlag, München

Cameron-Bandler (1985): The Emprint Method. A Giude To Reproducing Competence. Real People Press, Utah

Carey (2002): Getting To Know You. How You Can Solve Your »People Puzzles« And Increase Success In All Your Personal And Professional Relationships. Creative Communication Publications, New York

Carnegie (2011): Wie man Freunde gewinnt. Die Kunst, beliebt und einflussreich zu werden. Fischer Taschenbuch, Frankfurt am Main

Charvet (2012): Wort sei Dank. Von der Anwendung und Wirkung effektiver Sprachmuster. Junfermann Verlag, Paderborn

Cicero (2000): Die Kunst der »Kampfrhetorik«. Junfermann Verlag, Paderborn

Covey (2006): The Speed Of Trust. The One Thing That Changes Everything. Simon & Schuster Inc., New York

Damasio (2007): Der Spinoza-Effekt. Wie Gefühle unser Leben bestimmen. List Verlag, Berlin

Dilts (1993): Skills For The Future. Managing Creativity And Innovation. Meta Publications

Dilts (1995): Strategies of Genius. Volume III. Sigmund Freud, Leonardo Da Vinci, Nikola Tesla. Meta Publications, Capitola

Dilts (2002): Alpha Leadership. Tools For Leaders Who Want More From Life. John Wiley & Sons LTD, New York

Dilts (2003): Strukturen subjektiver Erfahrung. Ihre Erforschung und Veränderung durch NLP. Junfermann Verlag, New York

Dilts (2003): Strukturen subjektiver Erfahrung. Ihre Erforschung und Veränderung durch NLP. Junfermann Verlag, Paderborn

Dilts (2013): NLP II – die neue Generation. Strukturen subjektiver Erfahrung – die Erforschung geht weiter. Junfermann Verlag, Paderborn

Dilts (2016): Die Magie der Sprache. Sleight of Mouth. Junfermann Verlag, Paderborn

Dispenza (2007): Schöpfer der Wirklichkeit. Der Mensch und sein Gehirn – Wunderwerk der Evolution. Koha-Verlag GmbH, Burgrain

Dispenza (2012): Ein neues Ich. Wie Sie Ihre gewohnte Persönlichkeit in vier Wochen verwandeln können. Koha-Verlag GmbH, Burgrain

Dispenza (2014): Du bist das Placebo. Bewusstsein wird Materie. KOHA-Verlag, Burgrain

Falk (2017): Gut gebrüllt und schon gewonnen. Was Ihre Stimme über Sie verrät und wie Sie ihre Kraft wirkungsvoll einsetzen. Goldegg Verlag GmbH, Wien

Fisher (2004): Das Harvard-Konzept. Der Klassiker der Verhandlungstechnik. Campus Verlag GmbH, Frankfurt am Main

Gabriel (2013): Die Erkenntnis der Welt. Eine Einführung in die Erkenntnistheorie. Verlag Karl Alber, Freiburg

Gabriel (2013): Warum es die Welt nicht gibt. Ullstein Buchverlage GmbH, Berlin

Glaser (2014): Conversational Intelligence. How Great Leaders Built Trust And Get Extraordinary Results. bibliomotion, Cupertino

Glasersfeld (1997): Radikaler Konstruktivismus. Ideen, Ergebnisse, Probleme. suhrkamp taschenbuch wissenschaft, Frankfurt am Main

Hall (2011): The Structure of Personality. Modeling »Personality« Using NLP and Neuro-Semantics. Crown House Publishing, Wales

Huber (2017): Der holistische Mensch. Wir sind mehr als die Summer unserer Organe. edition a, Wien

Jachtchenko (2019): Dunkle Rhetorik. Manipuliere, bevor Du manipuliert wirst. Wilhelm Goldmann Verlag, München

James (1918): The Principles of Psychology. Pantiano Classics, New York

James (2005): Die Magie gekonnter Präsentation. Wie Sie mit Hilfe von NLP Ihr Auftreten optimieren können. Junfermann Verlag, Paderborn

Jung (2001): Archetypen. Deutscher Taschenbuch Verlag, München

Jung (2017): Gesammelte Werke. Edition C.G. Jung. Patmos Verlag, Ostfildern

Kegel (2017): Epigenetik. Wie unsere Erfahrungen vererbt werden. DuMont Buchverlag, Köln

Krapinger (1999): Rhetorik. Reclams Universal Bibliothek, Stuttgart

Lakoff (2016): Auf leisen Sohlen ins Gehirn. Carl-Auer-Systeme Verlag, Heidelberg

Lipton (2015): The Biology of Belief. Unleashing the Power of Consciousness, Matter & Miracles. Hay House, London

Milgram (2003): Das Milgram-Experiment. Zur Gehorsamsbereitschaft gegenüber Autorität. Rowohlt Taschenbuch Verlag, Reinbeck bei Hamburg

Robbins (1986): Das Powerprinzip. Grenzenlose Energie. Wie Sie Ihrer persönlichen Schwächen in positive Energie verwandeln. Ullstein Taschenbuch, Berlin

Robbins (1991): Awakening The Giant Within. How to take immediate control of your mental, emotional, physical, and finanical destiny! Simon & Schuster Inc., New York

Rosen (2015): Die Lehrgeschichten von Milton H. Erickson. iskopress, Salzhausen

Rottler (2020): Die geheimen Muster der Sprache. Redline Verlag, München

Rupp (2016): Story Telling für Unternehmen. Mit Geschichten zum Erfolg in Content Marketing, PR, Social Media, Employer Branding und Leadership. mitp Verlags GmbH & Co KG, Frechen

Schopenhauer (um 1830, 2009): Die Kunst, Recht zu behalten. Nikol Verlagsgesellschaft mbH & Co. KG, Hamburg

Schulz von Thun (2008): Miteinander Reden: Kommunikationspsychologie für Führungskräfte. Rowohlt Taschenbuch Verlag, Reinbek bei Hamburg

Spaemann (2005): Natürliche Ziele. Geschichte und Wiederentdeckung des teleologischen Denkens. Klett-Cotta, Stuttgart

Sprenger (2002): Das Prinzip Selbstverantwortung. Wege zur Motivation. Campus Verlag GmbH, Frankfurt am Main

Sprenger (2002): Das Prinzip Selbstverantwortung. Wege zur Motivation. Campus Verlag GmbH, Frankfurt am Main

Tetens (2006): Philosophische Argumentieren. Eine Einführung. Verlag C. H. Beck, München

The Arbinger Institute (2006): Leadership And Self-Deception. Change The Way You Deal With Other People – And Transform Your Life. Penguin Books, San Francisco

Wehling (2019): Politisches Framing. Ullstein Taschenbuch, München

Zapke-Schauer (2003): The Art of Leadership. Reflexionen und Inspirationen für wirkungsvolle Führung. Gabler Verlag, Wiesbaden

Zapke-Schauer (2005): Management-Inspirationen 2005. So verstärken Sie Ihre Wirkung als Führungskraft. Gabler Verlag, Wiesbaden

Zeig (2016): Einzelunterreicht bei Erickson. Hypnotherapeutische Lektionen bei Milton H. Erickson. Carl-Auer-Systeme Verlag, Heidelberg